问渔文库

朱智贤教育思想研究

刘　娟　张梓逸 / 著

东南大学出版社
·南京·

内容提要

本书在对朱智贤教育活动进行梳理的基础上,从教育本质、儿童教育思想、师范教育及民众教育思想几方面分析、归纳和总结朱智贤教育思想。本书对朱智贤教育思想进行历史梳理,总结其教育思想的主要特点,对我国当前教育改革和发展具有重要的借鉴作用和启发。

图书在版编目（CIP）数据

朱智贤教育思想研究 / 刘娟, 张梓逸著. — 南京：东南大学出版社, 2024.12. — ISBN 978-7-5766-1693-4

Ⅰ. G40-092.7

中国国家版本馆 CIP 数据核字第 2024CP6945 号

责任编辑：刘 坚（635353748@qq.com）　　责任校对：张万莹
封面设计：王 玥　　责任印制：周荣虎

朱智贤教育思想研究 Zhu Zhixian Jiaoyu Sixiang Yanjiu

著　　者	刘　娟　张梓逸
出版发行	东南大学出版社
出 版 人	白云飞
社　　址	南京市四牌楼 2 号（邮编：210096　电话：025 - 83793330）
经　　销	全国各地新华书店
印　　刷	广东虎彩云印刷有限公司
开　　本	787mm×1092mm　1/16
印　　张	13.25
字　　数	320 千
版　　次	2024 年 12 月第 1 版
印　　次	2024 年 12 月第 1 次印刷
书　　号	ISBN 978-7-5766-1693-4
定　　价	78.00 元

本社图书若有印装质量问题,请直接与营销部调换。电话（传真）：025 - 83791830

总序

连云港师范高等专科学校是一所省市共建、以市为主的公办全日制普通高等学校，学校前身为始建于1914年的江苏省立第八师范学校，后历经江苏省东海师范学校、海州师范学校等重要发展阶段，曾是"海赣沭灌"地区的最高学府。"却顾所来径，苍苍横翠微"，连云港师范高等专科学校这所承载着百年教育荣光的学府，历经风雨洗礼，始终坚守着教书育人的神圣使命，不断砥砺前行。

在迎来建校110周年的重要时刻，我们深感责任之重大，使命之光荣。为更好地传承与弘扬学校百余年来发展壮大的历史与精神，我们积极发掘与利用校本文化资源。2023年，学校立项一批校本研究专项项目，旨在深入挖掘学校历史底蕴与文化内涵，为未来发展提供坚实的精神支撑与文化滋养。经过各级领导和教师的共同努力与辛勤耕耘，我校推出了五本重要的学术著作——《江恒源教育思想谫论》《连云港〈镜花缘〉研究史稿》《朱智贤教育思想研究》《朱智贤评传》《自觉与求索——彦涵艺术研究》。

《江恒源教育思想谫论》一书采用差异化研究策略，重点探讨江恒源的育人思想、劳动教育思想、职业指导思想、农村教育思想等，与江恒源职业教育思想研究形成了互补关系，共同构成了较为完整的江恒源教育思想体系。对于江恒源教育论述中那些具有超越时代价值的成分，该书尽量做到辩证对待、有所扬弃，适当发掘其当代价值和启发意义，以期为当下教育发展提供参考。连云港市的《镜花缘》研究历史已近百年，《连云港〈镜花缘〉研究史稿》系统梳理了连云港地区对《镜花缘》这一古典文学名著的研究历程，深入挖掘了地方文化特色与文学研究的交融点，呈现了独特的地域文化研究视角。《朱智贤评传》介绍了中国心理学泰斗朱智贤教授生平、学术贡献及其影响，为我们了解朱智贤教授的学术成就和人生经历提供了宝贵的资料，也为我们认识中国心理学的发展历程提供了重要的参考。《朱智贤教育思想研究》在对朱智贤教育活动进行梳理的基础上，从教育本质、儿童教育思想、师范教育及民众教育思想几方面分析、归纳和总结朱智贤教育思想。对朱智贤的教育思想进行历史反思，总结其教育思想的主要特点以及对我国当前教育改革和发展的借鉴与启发意义。《自觉与求索——彦涵艺术研究》深入剖析了彦涵的艺术世界与创作心路历程，彦涵总是能够敏锐地将艺术创作融入对现实生活的关注，对时代演变的体察，对民生发展的思考，并努力寻找与之相适应的艺术表现形式，从而实现其创新之目的。这种"自觉与探索"的艺术品质，使其艺术创作始终能够保持与时代和人民同步，也是其旺盛的艺术生命力和创造力的根源。

这五本著作不仅是我校校本研究专项项目的丰硕成果，更是我们着力打造的"问渔文库"校本研究项目品牌的首批力作。"问渔文库"这一命名，寓意深远，它源自我校老校长江恒源先生的字"问渔"。江恒源先生一生致力于教育事业，他的教育思想和实践经验对我校的发展产生了深远的影响。以"问渔"命名文库，既是对江恒源先生教育精神的传承和弘扬，也寄托了我们对未来学术研究的期许和追求。

这批专著成果的出版，是我校百年建校历程中的一件大事，标志着我校在校本研究方面迈出了坚实的步伐。它们从不同的角度和层面，深入挖掘和整理了连云港地区的历史文化资源和教育实践经验，不仅展示了我校在教育教学、文化传承和学术研究等方面的实力和水平，更彰显了我们学校对百年历史和精神的传承和弘扬，对于推动我校乃至整个连云港地区的学术研究和文化传承具有重要意义。

展望未来，我们将深入挖掘并利用校本文化资源，以"问渔文库"为平台，汇聚更多的学术力量和资源，推动校本研究不断深化和发展。我们期待通过这一品牌的建设，进一步彰显我校的学术特色和优势，为学校的持续发展注入新的活力与动力，为地方文化的发展和传承贡献更多的智慧和力量。

"潮平两岸阔，风正一帆悬"，我们坚信，在各级领导的鼎力支持与全体师生的齐心协力下，连云港师范高等专科学校必将迎来更加灿烂的明天！

杨浩

2024.7.26

前言

朱智贤先生是我国现代著名的心理学家和教育家，从事教育工作60多年，成就卓然。他在广泛的教育领域里辛勤耕耘，是我国科学儿童心理学的奠基人，对我国儿童心理学的贡献人所共知。他早年求学时就立下了以教育事业为生的大志。数年的小学教育实践，让他对推动我国儿童教育实践与理论发展充满热情，撰写了大量论文和专著，提出了许多真知灼见。作为我国心理学界的泰斗，他为我国发展心理学的研究建构了科学的、系统的理论框架，培养了数以千计的心理学和教育学理论工作者；同时，也对中国现代教育作出了卓著的贡献。作为教育家，朱智贤先生为了探求发展教育与教育兴国之路身体力行，不乏真知灼见，不论是对教育本质、儿童教育，还是对师范教育、家庭教育、民众教育，都有深邃的思考和独到的见解。他对学校教育症结的剖析、对师范教育问题及改革的探讨、对民众教育问题及策略的研究，以及其独特的儿童教育理念，今天我们依然能感受到其鲜活性。朱智贤先生的教育思想蕴涵着深刻的现实意义，是我国现代教育史上的宝贵财富，对我国现代教育事业的发展起到了一定的推动作用，对当代教育的改革和发展具有重要启示。

江苏省立第八师范学校是连云港师范高等专科学校的前身，朱智贤先生在这里系统地接受了5年正规师范教育，并坚定了他一生的信念——做一名教师，一名热爱、接近、理解儿童的教师。朱智贤先生是连云港师范高等专科学校1928届杰出校友。连云港师范高等专科学校始终传承"智贤"精神，以"智贤型"幼儿园教师培养为目标，培养适应城乡中小学、幼儿园教育所需要的德才兼备、一专多能的专科层次的卓越教师。一是教书启智目标，培养专业理论知识扎实、教育教学能力突出的实践型人才；二是育人达贤目标，培养职业理念坚定、师德高尚的高素质人才。既要让学生掌握知识、提升能力，成为有智慧之人，同时又注重对学生进行师德修养教育，使之成为有德行之人，充分体现连云港师范高等专科学校在人才培养方面的"启智达贤"理念。

值连云港师范高等专科学校建校110周年之际，特别梳理朱智贤先生教育思想理论内容及特点，以朱智贤的教育教学实践活动为主线，以历史唯物主义为指导，坚持实事求是的原则，以事实为依据，企盼在充分占有资料的基础上对朱智贤教育思想进行较为全面、系统、深入的分析，揭示出朱智贤教育思想的主要内容，探讨其教育思想的显著特点，阐明其学术价值和现实意义。整理连云港师范高等专科学校在"智贤"精神传承道路上的现实做法，记录"智贤"成长道路的点滴，并以此表达对朱智贤先生的缅怀之情，为连云港师范高等专科学校建校110周年献礼。更希望能够通过此书，让广大读者能够进一步了解朱智贤先生的教育思想，并从朱智贤的教育思想中获得人生启迪，继承"智贤"精神，将朱智贤先生的教育思想传承下去，发扬光大。

第一篇　八师启航　功勋卓著

第一章　朱智贤生平 ········· 002
第一节　幼时求学，成绩优异 ········· 003
第二节　选择师范，坚持求真 ········· 003
第三节　留学海外，情系祖国 ········· 007
第四节　人民教师，晚年入党 ········· 008

第二章　教育活动简介 ········· 032
第一节　勤苦治学，教书育人 ········· 032
第二节　潜心教研，笔耕不辍 ········· 033
第三节　专心学术，影响广泛 ········· 038
第四节　师范传承，桃李芬芳 ········· 041

第二篇　育人达贤　思想卓越

第三章　论教育的本质 ········· 062
第一节　学校教育的问题及症结 ········· 062
第二节　学校教育存在问题的原因 ········· 065
第三节　学校教育的改进与出路 ········· 067
第四节　教育的本质 ········· 070

第四章　教育研究的方法 ········· 074
第一节　教育研究概述 ········· 074
第二节　教育研究问题 ········· 075
第三节　教育研究方法 ········· 075

| 第四节　教育研究材料 | 076 |
| 第五节　教育研究结果分析 | 076 |

第五章　儿童教育思想 … 078
- 第一节　教育与发展的辩证关系 … 079
- 第二节　全面发展的教育目标 … 081
- 第三节　儿童教育的原则与方法 … 084
- 第四节　儿童心理发展理论 … 086
- 第五节　儿童心理发展的年龄阶段 … 087
- 第六节　儿童的心理特点与教育 … 089
- 第七节　独生子女教育及儿童早期教育 … 090
- 第八节　儿童自治 … 092

第六章　师范教育思想 … 095
- 第一节　师范教育的重要性 … 095
- 第二节　师范教育的状况 … 096
- 第三节　师范教育的改革 … 099
- 第四节　师范实习制度 … 103

第七章　民众教育思想 … 105
- 第一节　民众教育的本质 … 105
- 第二节　民众教育的目的 … 106
- 第三节　民众教育的目标 … 109
- 第四节　民众教育的内容 … 109
- 第五节　民众教育的实施原则 … 111
- 第六节　民众教育存在的问题 … 112
- 第七节　民众教育改进的策略 … 115

第八章　家庭教育思想 … 118
- 第一节　朱智贤家庭教育思想的背景 … 118
- 第二节　家庭教育的重要性 … 123
- 第三节　家庭教育的时间 … 124
- 第四节　家庭教育的目的 … 125
- 第五节　家庭教育的内容 … 129
- 第六节　家庭教育的原则 … 130

第三篇　百年师范　薪火相传

第九章　朱智贤教育思想的特点 ······ 134
第一节　注重儿童心理特点研究 ······ 134
第二节　关注教育实际问题 ······ 135
第三节　重视教育科研工作 ······ 136

第十章　朱智贤教育思想对现代教育的启示 ······ 139
第一节　全面发展、德才兼备的教育培养目标 ······ 139
第二节　教育科学研究应结合国情走好自己的道路 ······ 141
第三节　儿童教育要遵循儿童心理发展规律 ······ 141
第四节　师范院校要突出师范教育的特点 ······ 142
第五节　教育应该为最广大的人民群众服务 ······ 143

第十一章　百年师范"智贤教育思想"传承 ······ 144
第一节　以智贤精神为起点，确立"启智达贤"育人目标 ······ 144
第二节　以智贤文化为背景，打造"尊师重教"校园文化 ······ 146
第三节　以课程建设为抓手，培养"乐教善教"卓越师范生 ······ 148
第四节　以实践活动为媒介，做活"智贤服务"文化品牌 ······ 152

结　语 ······ 186
附　录 ······ 187
参考文献 ······ 199

第一篇

八师启航　功勋卓著

第一章

朱智贤生平

朱智贤(1908—1991),字伯愚,著名心理学家、教育家,出生于江苏省连云港市赣榆县赣马镇(现连云港市赣榆区青口镇)城里村。1928年毕业于江苏省立第八师范学校(现连云港师范高等专科学校前身)。朱智贤先生是我国科学儿童心理学的奠基人、心理学界的泰斗,著有新中国第一部儿童心理学著作《儿童心理学》,曾主持心理学领域第一个国家哲学社会科学重点科学研究项目"中国儿童青少年心理发展与教育",创办我国第一个发展心理学研究所——北京师范大学(简称北师大、北京师大)儿童心理研究所,以及我国第一本发展心理学与教育心理学专业学术期刊《心理发展与教育》,培养出我国第一位教育学(心理学)博士林崇德,最早提出坚持在教育实践中研究中国化的发展心理学的主张。

图 1.1 朱智贤先生在书房

第一章　朱智贤生平

第一节　幼时求学，成绩优异

1914年，6岁的朱智贤进入赣榆县城初等小学读书。1918年，考入赣榆县城高等小学，受教于宋莆庵老师。1923年，朱智贤小学毕业。当时，多是有钱人家的孩子能够接受完整的初小、高小教育，穷人的孩子上完小学的很少。朱智贤虽家境贫困，但学习用功，品学兼优。在接受小学教育期间，无论学业还是品行都是甲等，成绩在班级名列前茅。有一次朱智贤考取班级第一名，宋莆庵老师赠送给他《小朋友》《儿童世界》等课外读物，让他看到了更为广远的知识世界，对他以后的学术方向产生了重要的影响。父母亲凭良心做人、凭本事吃饭的思想影响了他的整个童年和少年时代，使他从小就立志要做一个有本领的人、有知识的人、正直的人。同时，这种思想对他日后树立正确的世界观、人生观和价值观也产生了重大影响。

第二节　选择师范，坚持求真

1923年，朱智贤小学毕业后考入江苏省立第八师范学校，在灌云县板浦镇（现划归海州区）读书。当时海、赣、沭、灌四县考生有600多人，录取指标仅有50人。朱智贤凭借深厚的知识功底，拿到了录取通知书[①]。朱智贤回忆这一段经历时曾说：

> 我小学毕业后，无力出外升学，父亲已决定让我当个学徒。这时由于我的班主任老师（宋莆庵）是灌云县人，他暑假要回家，愿意带着我们十几个想升学的学生一起去报考第八师范，我也参加了。考试完毕有两个人被录取，我是其中之一，我成为一名师范生，从此，决定了我一生的命运——当一名教师，一位教育工作者。我一直很喜爱这个工作，因这我体验到，为了培养下一代而贡献出自己的精力和才智是光荣的，也是富有乐趣的。

自此开始，朱智贤接受了5年的师范教育，其间朱智贤认真好学、博览群书、成绩优秀，尤为喜爱文学及教育学、心理学、教育法等教育学科课程。江苏省立第八师范学校良好的校风与学风滋养着朱智贤。在校长董渭川的推荐下，他阅读了一大批国内外进步著作，校内浓郁的教育氛围使得朱智贤对儿童教育和儿童心理学产生了极大兴趣，为他以后的成长和发展奠定了基础。

---

① 李震. 朱智贤：心理学星空不落的巨星［M］. 北京：华文出版社，2013：13.

图1.2 董渭川（1901年3月10日—1968年9月15日）。原名董淮，字渭川，以字行。北京师范大学教育系教授，今山东省邹城市城南关人

1927年，朱智贤19岁，其处女作诗歌在《小朋友》杂志上发表。1928年，江苏省立第八师范学校和省立第十一中学合并，成立了东海中学，校址在原省立第十一中学内（地址在海州）。校长为董淮，字渭川。当时东海中学分为初中和高中两个学部，高中部分为普通科和师范科，朱智贤等26人入学成为东海中学高中部师范科三年级学生。

在短短一年的东海中学师范科学习中，朱智贤相当忙碌，既要撰写论文又要完成专著。他关注儿童教育，和几个志同道合者为学校附近街道的失学儿童办学，并试行了当时流行的设计教学法。教学实践使他获得了不少感性认识，再加上读了不少国外教育家书籍，他的眼界开阔了，把兴趣逐渐集中到儿童教育上。于是，他撰写了《儿童字典的研究》一文，后来发表在《中华教育界》杂志上。

朱智贤后来回忆说：那时，江苏省作为文教事业发达的省份，那里的师范学校有一个显著的特点，就是教育课程和活动多，教育专业气氛浓厚。我作为一个青少年，也曾有过各种梦想，例如，曾想当文学家，崇拜过鲁迅、郭沫若、高尔基等作家；也曾对历史和古籍下过一番功夫，但终于抵不过教师专业训练的严格要求，从而对教育学和心理学的学习兴趣，超过了当文学家、历史学家的幻想，而终于占据了优势地位①。

图1.3 东海中学校园风貌

---

① 黄永言. 朱智贤传［M］. 北京：人民教育出版社，2000：11.

第一章　朱智贤生平

5年的师范教育为朱智贤的成长和发展奠定了坚实的基础。师范学校不仅给他提供了学习的机会和条件，而且使他接触到了教育学、心理学。其间他受到裴斯泰洛齐、福禄贝尔等著名教育家思想的启迪，对儿童心理学、教育学都产生了浓厚的兴趣，他决心把自己的一生献给儿童的教育事业，并由此开启了研究儿童心理学、儿童教育的研究之路。在师范学校学习期间，朱智贤不仅在《中华教育》《小学教育》等刊物上发表了《中国学校教育的新生》《师范生实习问》《怎样讲故事》等教育学、心理学论文，而且还立志写一本专著，校长董渭川知道后，热情地鼓励他，这给了朱智贤莫大的鼓舞。1928年，其处女作《小学历史科教学法》由上海商务印书馆出版。

图1.4　朱智贤著《小学历史科教学法》封面

报考师范学校，是朱智贤人生道路上的一次重大选择。5年的师范教育不仅开拓了朱智贤的视野，丰富了他的学识，也使他走上了立志献身教育的道路。在教师工作被人看不起的20世纪20年代，朱智贤摒弃"当教师没出息"的论调，坚定地选择师范，选择教育，决心走自己的路，是相当难能可贵的。

在师范学校学习期间，朱智贤认识了杨汝熊、孙佳讯、刘百川等志同道合的益友，共同的志趣爱好促使他们走到一起。同学们在一起散步时还常喜欢高歌一曲，其中最爱唱的是《八师校歌》。

八师校歌

黄海茫茫，云台苍苍，我们八师兴起文明之光；

莘莘学子，济济一堂，同读同游同欢畅；

砥砺海隅，品格优良，练习做事，有法有方；

去研究教育，改造教育，实施教育，使海属的教育益昌；

看文明之光，山高水长！

他们有着共同的期待与共同的信念，希望将来能在教育方面有所成就，成为像宋荫庵老师一般受人尊敬的教师。孙佳讯爱好诗歌、童话与小说；朱智贤特别喜欢教育与文学；杨汝熊十分喜爱文学、教育与音乐。他们除了完成学校规定的课程以外，还喜欢阅读教育方面的课外书籍。学校图书馆里有关教育的图书，他们几乎都借阅过。当时，八师的师生皆称他们是"少年教育家"[①]。他们共同组办了"丙寅学社"，创办了《文学周刊》，供大家交流思想。

朱智贤在母校举行 70 周年校庆之际应约撰写了回忆文章《母校把我培养成为教育工作者》。他在回忆母校的文章中深情回忆了教导他的老师，并对他们表示了衷心的感谢。

图 1.5　江苏省立第八师范校园风貌

图 1.6　朱智贤著《小学课程研究》封面

1929 年，朱智贤 21 岁，他从国立东海中学毕业后，与同伴杨汝熊被留在东海中学附属实验小学，朱智贤兼儿童自治指导主任。其间他所著的《儿童自治概论》在中华书局出版，《小学课程研究》在商务印书馆出版。

1930 年，由于教学和科研成绩突出，朱智贤被保送到南京中央大学教育系学习，师从一批有名的学者，系统地学习和研究心理学、教育学。在大学期间，他先后发表了教育学和心理学方面的多种著作和论文，在《中华教育界》发表论文《儿童字典的研究》，在正中书局出版《教育研究法》，在开华书局出版《儿童教养之实际》，在商务印书馆出版《小学学生出席与缺席问题》，在儿童书局出版《小学行政新论》

---

① 黄永言. 朱智贤传［M］. 北京：人民教育出版社，2000：11.

等。在孟宪承教授的教育哲学课上，他第一次接触到有关唯物辩证法的思想。他还阅读了李浩吾（杨贤江）出版的《新教育大纲》等系统地用马克思主义观点和方法阐明教育原理的著作，这一切为朱智贤研究心理学和教育学打下了初步的方法论基础。

图1.7　1934年朱智贤毕业于中央大学时的学士照

图1.8　国立中央大学校门

第三节　留学海外，情系祖国

1936年，为了解其他国家教育学、心理学的研究和发展状况，朱智贤辞去山东省立民众教育馆的职务，自费赴日本留学。在东京帝国大学文学部大学院教育研究室做研究员，他边听课边在教授的指导下做研究工作。朱智贤读书期间利用在图书馆工作的机会阅读了许多在国内未读过的书籍。有一次他借阅野上俊夫编写的《青年心理与教育》，觉得书中的观点比较新颖，许多地方引起自己的共鸣，便决定将该书翻译成中文。最终在野上俊夫的指导下，《青年心理与教育》中译本得以完成，由商务印书馆印刷出版。1937年，抗日战争全面爆发，日本大举进攻中国的消息像一把火，把潜心于研究的朱智贤的心燃烧了起来。他毅然放弃攻读学位，回国参加救亡工作，表现

图1.9　1936年朱智贤教授在日本帝国大学时留影

出崇高的爱国主义气节。这一时期，他最重要的收获是开始比较系统地接触马克思、列宁的著作，为以后的心理学和教育学研究奠定了正确的思想方向。

朱智贤先后任江苏教育学院、四川教育学院、中山大学教授，香港达德学院教授兼教务长、中业学院院长。解放后，任人民教育出版社（简称人教社）副总编辑，1951年起任北京师范大学教授。在60余年的教学生涯中，他不仅桃李满天下，而且硕果累累，著作等身。据统计，他的论著有近200种。有影响的著作有《教育研究法》《儿童心理学》《思维发展心理学》等。其中1962年受高等学校文科教材会议约请编写的《儿童心理学》一书，是我国第一部贯彻马克思主义观点、吸收国内外科学成就、联系我国实际、能够体现我国当前学术水平的综合大学和高等师范学院的儿童心理学教科书，受到国内外学者的高度评价，对培养我国儿童教育学、心理学的专门人才和科学研究工作者发挥了重要作用。

第四节　人民教师，晚年入党

1979年11月，古稀之年的朱智贤光荣入党，迎来了他83年人生岁月中最充实、最光彩、最辉煌的12年，这也是他对党、对我国教育事业贡献最大的12年。党的十一届三中全会的召开，使中国获得了第二次解放，亿万人的命运发生了改变，朱智贤也获得了新生。"入党只是我重新迈步的一个起点。我现在所要追求的是以垂暮之年为党的事业再立垂暮之功。"[①]朱智贤认为，只有培养大批政治上可靠、业务上过硬的人才，才能使具有中国特色的心理学事业得以发展。为此，他不顾年高体弱，为实现党和国家提出的高级专门人才的培养逐步立足于国内的战略目标，为建设我国儿童心理学的学术梯队，积极承担了带硕士生、博士生的繁重工作，付出了全部心血，做出了重大贡献。他先后培养了19名硕士和9名博士，他们现在多已成为学术工作的骨干。他培养的我国第一位教育学博士林崇德，被评为"做出突出贡献的中国博士、硕士"，学生董奇被表彰为"做出突出贡献的留学回国人员"，这些是他教书育人工作成果的最好证明。

朱智贤先生曾说，他始终竭尽全力去做的一件事情，就是以一个教师的高尚师德，去教育影响自己的学生，坚持教书育人的方向，为国家培养德才兼备的人才。1989年，朱智贤先生在81岁高龄被评为"全国优秀教师"，并获"人民教师"奖章。

---

① 《人民日报》1981年6月9日

第一章 朱智贤生平

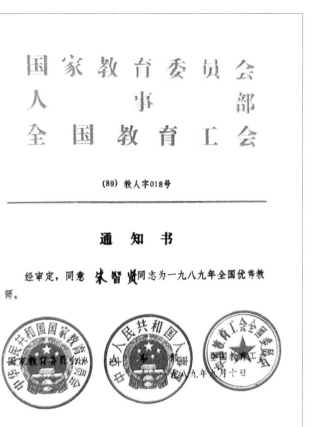

图1.10 朱智贤先生"全国优秀教师"通知书

朱智贤入党申请书

亲爱的师大党组织：

　　我于1956年正式向师大党组织提出入党申请，现在已经二十多年了，中间经过几次波折，迄未解决。在粉碎"四人帮"以后的今天，在祖国向四个现代化进军的大好形势下，我虽然是年过七旬的老人，各种条件都很差，但在经过思想斗争之后，仍然大胆地向组织再度提出这个问题，希望得到组织的关怀和教育，通过自觉的改造，使我多年追求的愿望能逐步实现。

　　1956年提出入党申请后，组织极为关怀。但到1957年上半年，我突然因翻车时大腿骨折断，卧床达一年之久，此事遂被搁置。1958年初，我扶拐勉可行动，积极参加"双反交心运动"和教研室领导工作，组织上对自己多所鼓励，自己也努力争取解决组织问题。但到1958年夏，师大突然发动"心理学大批判",我因为是心理学教研室负责人之一,成为批判重点,从此,插上了"白旗",被宣布为资产阶级知识分子,组织问题再度被搁置。60年代,特别在广州会议之后,为被批判的人平了反,我又向党组织提出解决组织问题的请求。1956年,响应组织的号召,和教研室的同志一起下放到河北省遵化县城关小学和农村蹲点锻炼,程今吾同志、张刚同志都对我的问题多加关怀、鼓励。1966年5月,我校在遵化的同志举行了学习毛著积极分子会,会上,我作了学习心得体会的报告,我系领导顾明远同志特地从北京到遵化参加了这次会,并鼓励我继续努力。可是到了1966年6月,忽然通知我们回校参加"文化大革命"。不久,在"四人帮"干扰破坏下,我们搞心理学的老一辈同行都被当作"反动学术权威",在心理研究所进行了联合批斗。从此,我也成了"臭老九",入党问题已经绝望。现在,时隔二十余年,在大好形势下,我再度向组织提出这个问题。明知自己距离一个党员的标准还很远,但我希望组织上再度给我以审查,帮助我解决组织问题,使我在有生之年,能够更好地为党工作。

致以革命敬礼!

朱智贤(教育系心理教研室)

1979年1月7日

1988年10月,北京师范大学举办了"庆贺朱智贤教授从教六十周年暨八十寿辰大会",国家原教委副主任、党组书记何东昌同志,中国教育学会会长张承先同志到会祝贺。

图1.11 何东昌(右二)、张承先(右三)、朱智贤(中间)在大会现场

第一章　朱智贤生平

1991年3月5日，朱智贤先生因病逝世。朱智贤教授一生勤奋好学、博览群书、学识渊博、治学态度严谨。朱智贤先生的离世令全国的教育界、学术界都感到悲痛，他的亲友、弟子，以及北京师范大学研究生院、出版社等各界人士纷纷发文悼念。

北京师范大学于朱教授去世当天就成立了朱智贤教授治丧委员会，通过媒体向海内外发布朱智贤教授逝世消息的讣告：

> 1991年3月5日凌晨1时30分，我国著名的心理学家、教育家朱智贤教授因心脏病突发与世长辞，享年83岁。

朱智贤教授一生从事教育事业，为社会主义教育事业呕心沥血，他终生追随共产党，对共产主义事业坚定不移，他的逝世也使党失去了一位忠诚的党员。

朱智贤教授千古！

朱智贤妻子回忆朱智贤病情

智贤虽年过八十，但脑子非常清楚，思路敏捷，讲话逻辑严密，心脏等内部器官多次检查都正常，腰疼只是外科病，我估计他再活十年、八年是没有问题的。1990年12月28日，国家教委和国务院学位委员会调查组来师大检查工作，智贤觉得自己还在工作，而且又是共产党员，应该服从大局，于是他放弃了到广东从化疗养的安排，冒着严寒前去参加这次会议，这也是他最后一次参加学术活动。

由于天气寒冷，在会议期间他着了凉，但他仍坚持向调查组做了近两个小时的发展心理学博士点工作的汇报。回家后，他感冒发烧并发展到了气管炎，整日整夜地咳个不停。我见到他这样，简直比我自己生病还难过，非常痛苦，后来连打了二十多天青霉素，一般人打80万，他却打160万。气管炎虽然好了，但身体已极度虚弱，腰疼得难以忍受，坐也不是，站也不是。我真不忍心看他这种痛苦的样子，但又不能代替他的痛苦。而他却又总是忙着工作，经常了解儿童心理研究所的工作情况，并发表自己的看法。

1991年3月4日晚9时，智贤还是好好的，因为第二天我要参加海淀区的一个活动，他叫我也早点睡。我盥洗完毕后，把闹钟定到5：30，接着我到他的房间，为他铺了被子。因最近两个月他腰疼较前一阵厉害，行动很不方便，需要人照料。哪想到二十多分钟后，他竟离开了我们……

智贤身体不好后经常便秘，每次如厕都要二三十分钟。3月4日晚9点，他又去厕所，约二十分钟后，小外孙要上厕所，一推门，见姥爷的头靠在水箱上，叫他不应。我与小女儿赶快把他抱到床上，我抱着他的头，使劲地叫他，没有一点反应。当时我急得心脏病发作了，孩子们马上给我吃了救心丸。

不大一会儿，林崇德叫来了救护车，小林、崇德、吴猛副校长、贾师傅把智贤抬上了车，迅速送到北医三院时，大夫说："我们知道朱老是有名的学者，一定尽最大的努力抢救。"医务人员的紧张抢救一直进行了两个多小时，但智贤的心脏还是停止了跳动，于3月5日凌晨1时30分永远离开了我们而去了。

资料来源：杨敏《鞠躬尽瘁——朱智贤教授逝世前后》

弟子悼文（选）：

深切的怀念[①]

董 奇

看到一直竭尽全力抢救的大夫脸上显出的无奈，我的脑子一片空白。渐渐地，神智清晰了一些，但我仍然无法相信、无法接受这眼前的事实，先生，我敬爱的先生，您昨天还在我申请课题的推荐书上亲笔签名，语重心长地勉励我努力工作，现在却突然地，永远地离开了我们，走得那样的匆忙，带着对学生未说尽的嘱咐走了。

悲痛万分地望着您那依然坚定、严肃、顽强、慈祥的熟悉面容，十多年来接受先生谆谆教诲的情景又一幕幕出现在眼前：记得是1979年您为教育系全体师生做报告时，我第一次见到先生。当时，您给我们讲了您经过半个多世纪的人生体验和独立思考而悟出的真理、思想和观点，谈了您几十年来的执著追求，可我却似懂非懂。然而，在过去十余年的风风雨雨中，我渐渐地懂了。我亲眼目睹了您在社会风向多变的情况下，始终如一，具有的是本色、真实、独立思考和坚定信念。从您脸上的坚定神情中，我看到了您这种科学态度和精神，也看到了我们学生和留在世上的人应当从您那里学习的最崇高、最珍贵的人格。

记得第一次从先生处领回我的第一篇研究生读书报告和心得，上面密密麻麻地留下了先生逐字逐句修改的字迹，其中包括对所用错字、标点符号的纠正，使我感动万分，同时又感到十分惭愧，我第一次领略到了早听人们传说的先生在做学问上的严谨，直接感受到了先生严肃面容的内涵。

记得有几次，我因深入中小学、幼儿园从事研究工作遇到不少困难而产生畏难情绪时，您都认真而耐心地以大量实例谆谆教导我：作为一名儿童心

[①] 北京师范大学发展心理研究所. 朱智贤教授纪念文集[M]. 北京：北京师范大学出版社，1992：41.

理学研究工作者，首先必须了解儿童，了解他们的真实生活，只有坚持实践标准，坚持理论联系实际，坚持在教育实践中研究我国儿童心理发展的特点与规律，才能真正切实地为促进我国新一代的健康成长做出我们的一点贡献。在您的指导和鼓励下，我几年来在中小学从事研究的工作中，不但加深了对儿童青少年心理发展的了解，而且也锻炼了进行科学研究和解决实际问题的能力。今天，我之所以能承担国家教委、卫生部、全国妇联的一些科研项目，这是与您在该方面的严格要求、训练分不开的。在我今天取得的任何一点成绩中，都倾注了您多年来的精心培育和心血。

记得有许多次，您告诉我馆里到了什么新书、在什么室和什么架上，我一直惊异于年迈的您是如何知道的。每次去书店，总能看见您在那儿看书、买书。在您生前最后一段时间里，每次去看望您时，您总是带着体弱的身体在忙着什么，或是在看书，或是在写文章，或是在为人写鉴定，或是在与人讨论工作。就在您凌晨离开我们前的七八个小时，您还在亲笔给研究心理学史的晚辈写信，肯定他在研究中国心理学史方面取得的成绩，鼓励他继续努力。您似乎预感到所剩时间不多，所以要把所剩的所有光和热都散发出来，您似乎要用剩下的最后一点时间去努力追回过去的宝贵时光，直到生命的最后一刻。此刻，您脸上依然顽强、慈祥的神情，是对您一生83年生命不止、奋斗不息、关心后辈、心胸豁达的最好概括。

先生，敬爱的先生，您放心地去吧。您的精神将长存、风范将永驻。作为您的学生，我们将牢记您的教诲，刻苦勤奋，努力工作，继承和发展您开创的事业。我想，这将是对先生最好、最深切的怀念。

亲属悼文（选）：

怀念我们的父亲——朱智贤[①]

朱米华　朱小梅　朱大南　朱大海　朱大京　朱小林

1991年3月19日，我们亲爱的父亲穿着一身整洁的中山装，面部依然是那样慈祥，安详地躺在鲜花丛中。他走完了一条追求进步和光明，一生为繁荣和发展社会主义中国心理科学事业而奋斗的路。但他的音容笑貌，仍栩栩如生地浮现在我们的脑海里。父亲出生在贫苦的家庭，他生活简朴，对衣着

---

① 北京师范大学发展心理研究所. 朱智贤教授纪念文集［M］. 北京：北京师范大学出版社，1992：33.

从不讲究，衣服总是破了就补，补了再穿。一件由母亲织的毛衣一直穿了多少年，父亲很少添置新衣服，他去世后，家里竟找不出一件新一点的衣服。在饮食上父亲从不过分要求，他喜欢吃面食，只要有饺子、包子吃，他就心满意足。去世前他一直身体不适，去世当天他胃口好一些，母亲给他做了鸡蛋饺，并买了一些芦柑。他吃了几个饺子，觉得很合口，没想到这是他一生中最后一顿饭。看着他吃剩的那盆饺子和一口没吃的芦柑，我们心里难受极了。

父亲经常教导我们要自立自强。他个性十分好强，晚年疾病缠身，腰痛十分厉害，每次起床要花费个把钟头，但他不愿意麻烦别人，总是自己照顾自己，并坚持工作。他曾说：我只要能动，就要和疾病斗，你不斗它，就会被疾病整垮。

父亲一生追求进步，追随中国共产党。从他年轻时就积极参加党领导的各种进步活动，对国民党蒋介石的反动统治进行抨击和斗争。1949年他和广大革命知识分子一样，欢呼雀跃地迎接新中国的诞生。建国初期，百废待兴、百业待举，在好友林砺儒的相邀下，他来到北京师范大学，专心从事教育工作。1962年他身体复原后不久，接受了党交给他的一项任务，用马克思主义唯物辩证法的观点编写一部高等学校《儿童心理学》教材。父亲干起工作真有些拼命的精神，我们记得很清楚，当时他把我们都动员起来，帮助他撰写书稿。书稿完成后，父亲又病倒了，组织上把父亲送到小汤山疗养院去休养。

父亲在政治上一直积极要求加入中国共产党，由于极"左"路线和"十年动乱"的影响，直到1979年才实现他的夙愿。他常常对我们说：革命知识分子的归宿是加入中国共产党。他对我们要求很严，要求我们为人要正直、要积极上进。我们没有辜负父亲的教导，先后加入了中国共产党，在各自的工作单位中都成为业务骨干。

父亲学识渊博，勤奋好学。他一生喜欢读书，涉猎的范围从文史哲到自然科学无所不至，在他70多岁高龄时，还准备跟着广播学习法语。同时他还努力学习和了解高科技和新兴学科的知识，他买了很多计算机的书，向学过计算机的子女请教。在科学技术的飞速发展面前，他没有固步自封，以甘当小学生的态度学习和钻研。父亲治学严谨、对学问精益求精，当我们问他一些问题时，他都能给予满意的回答。有时我们写的一些文章，送给父亲看，他不管多忙也给我们审看，连一个标点符号也要斟酌改正。

父亲一向把金钱看得很淡，称之为身外之物。几次提级调工资他都谦让了，他说：调我一个人的工资，就会少调几个人的工资。直到1988年国家有政策要求，工资才调到395元。但他买书却从不吝啬，他除了留下生活必需的费用，其余大部分工资都用来买书。他两次出国，别人都带回来几大件、几小件洋货，而他带回来的只有书。他的房间，书架上、桌上，甚至地上都堆满了书。他常教导我们要在事业上孜孜以求，不要在金钱待遇上斤斤计较。他没给我们留下什么遗产，但他留给了我们宝贵的精神和教导。

父亲还积极支持子女学习，不管是谁，只要肯学习，他就从各方面给以支持。在父亲的鼓励下，我们都克服了种种困难、完成了高等学校的学业。当我们在各条战线为祖国工作的时候，都会想起父亲的支持，我们的成长和进步包含着父亲的心血啊！

父亲突然离开了我们，我们感到极大的悲痛，使我们沉浸在对父亲的深切怀念之中。我们要把对父亲的怀念之情，化作对事业追求的动力，牢记父亲生前对我们的教导和期望，在建设有中国特色的社会主义事业中贡献自己的力量，以告慰父亲的在天之灵。

1991年3月19日

学界悼文（选）：

现代教育家、心理学家朱智贤[①]

北京师范大学出版社　庄永龄

生活中，每个人都会有这样的体会，在你度过的时日里，总有那么几天，你叫它为"闪光的日子"，它是你一辈子都忘不了的，是你一生中最值得怀念的日子。这种"闪光的日子"往往分布在你一生的几个重要阶段，成了你生活、工作、政治生命的里程碑或转折点。1979年的除夕，对于著名的儿童心理学家朱智贤教授来说就是这种"闪光"的一天。他刚刚参加了北京师范大学教育系党总支召开的新党员宣誓大会。在这个会上，他举起手，含着激动的泪花庄严地向党宣誓，要为共产主义事业奋斗终生。在过去的几十年的时间里，无论是顺利的时候，还是处于逆境，他都矢志不渝地追求着这一天的到来。寒冬腊月，道路两旁的柳树，叶子早就掉光了，只有细细的柳丝长长地垂着，现在让北风吹得上下翻舞。然而，朱智贤教授却没有一点寒意，相反，他的心里充满了春天的气息。他觉得有股热流在身里流动。是啊！入党虽说是自己一生的追求，但是这一天绝不是前进的终点，而是自己重新迈步的一个起点，他决心以垂暮之年为党的事业再立新功。还有多少事需要干呀，

[①] 北京师范大学发展心理研究所. 朱智贤教授纪念文集［M］. 北京：北京师范大学出版社，1992：6.

他不知不觉地加快了自己的步伐。望着这条熟悉的道路，他微微一笑。30多年了，春日里这路上纷纷扬扬的柳絮，秋天里这路上零零落落的黄叶，都是他生活的见证。多少个春秋啊！他踏着这条路去给学生上课，有多少个日子，他踏着这条路去接受批斗、指责。在这条路上，有他轻快的脚步，也有他沉重的足迹。这里记录着他一生坎坷的遭遇。

一

1908年12月31日，朱智贤教授出生在江苏省赣榆县城内一个城市贫民的家庭。朱家本是山东人，因为饥荒，曾祖父携儿带女逃到了江苏赣榆县里。一家老小辛辛苦苦地开了一小片荒地，指望靠它过日子，谁知当地的土豪又把这块荒地占领了。没办法，一家只好流浪到县城里。好不容易，祖父总算在县学府找到了一份杂差。每当科举时，他就成了报榜的信差。父亲在县城里做小买卖，卖点糖果、杂货，以维持一家的生活。日子虽然清苦，但是生活总算安定下来了。也许是接受了生活的教训，感到不识字不行，也许是祖父年年为别人报榜，而自家却满门白丁，受到刺激的缘故，父亲在朱智贤6岁时就送他到县里的初等学校（当时叫洋学堂）去读书。上学前，父亲千叮咛、万嘱咐，一定要好好念书，为朱家争一口气。父亲的人生哲学很简单、朴实，就是要凭良心做人、要凭本事吃饭。这个思想支配了朱智贤的整个童年时代。

带着父亲的教导，他进入初等学校后，学习非常用功，成绩优异。当时县城里有两所小学，一所初等小学，一所高等小学。朱智贤在初等小学读了四年后，又考进了高等小学。那时候能上学的差不多都是有钱人家的孩子，他们瞧不起朱智贤。不过这并没有使他灰心丧气，相反促使他更加勤奋。他记住父亲的话，要为朱家争一口气。他的学习成绩都是甲等。当时，教他们的级任老师姓宋，是个师范毕业生，课余经常爱讲些新鲜的思想给学生听。他很喜欢朱智贤的才能，他鼓励朱智贤去探求学问。

然而，升学的道路并不平坦，当朱智贤高小毕业时，父亲执意不让他再上学了。他认为谋生的本事有高小的文化已足够了，再说继续上中学，家里也供不起呀！父亲要送他去当学徒学手艺。宋老师听到这个消息后，深为他不能继续升学而感到惋惜，这岂不埋没人才！他登门拜访朱智贤的父亲，耐心做说服工作。父亲让步了，同意他继续上学。为了减轻家庭的负担，宋老师带着朱智贤及其他几位同学到离家120里路的灌云县去报考江苏省第八师范学校。上师范学校，不仅可以免交学费，学校还发膳食费和一套制服。这对穷苦家庭的学生来说，实在是个很好的去处。结果，朱智贤和另一名同学被学校录取了。

师范学校不仅给他提供了学习的机会和条件，而且使他接触到了教育学、心理学。一些著名的外国教育家像瑞士的裴斯泰洛齐、德国的福禄贝尔等的思想启迪了他，使他对儿童心理学、教育学产生了浓烈的兴趣，他决心像他们一样把自己的一生献给儿童的教育事业。这是朱智贤走上研究儿童心理学、儿童教育道路的一个起点。

朱智贤还遇到了一位好教师。他叫吴铁秋，原是位秀才，后来读了不少新书，接受了一些民主主义革命的新思想，在当时的教师中他还是思想比较开明的一位。他的教学方法也很独特，强调学生自学，培养学生独立钻研的能力。他要求学生们买两部书，一部是《诸子精华录》，一部是当时出版的新书《百科小丛书》，然后让学生自学，定期写读书笔记、日记，交给他批阅。这种教学方法把大量的时间让给学生，使学生有时间学习各种知识，既培养了学生的自学能力，又锻炼了他们的写作能力。后来，朱智贤教授在回忆这段生活时常说："师范学校的几年学习给我打下了扎实的知识基础，培养了我的自学能力和写作能力。"学习两年后已有不少学生可以写文章在报刊上发表了。有的写考证《西游记》《镜花缘》等书的论文，有的开始写童话、小说。朱智贤这时也开始写一些儿童诗歌、童话，在当时的《小朋友》《儿童世界》《少年杂志》等刊物上发表。当时他的想法是挣点稿费以减轻家庭的负担。他从自己上学的亲身经历中，深深感到穷苦人家的孩子上学是不容易的。因此，在师范毕业的前一年，他和几个志同道合的同学一起，热心地为学校附近街道的失学儿童办学，并试行了当时流行的"设计教学法"。教学实践使他获得一些感性的知识，再加上读了一些外国教育家的著作，他把自己的兴趣逐渐集中到研究儿童教育上面。他开始写一些教育和心理学的论文，如《中国学校教育的新生命》、《师范生实习问题》《怎样讲故事》等等，在《中华教育界》《小学教育》等刊物上发表。他开始从儿童心理的角度对有关教育的问题发表意见。1928年，也就是他师范毕业之前，就搜集资料写了《儿童字典的研究》一文，后来他当小学教师时又做了一些修改补充，1930年发表在中华书局编的《中华教育界》杂志上。这篇文章可以说是他在师范学校读书时所写的有关教育方面论文的代表。

在这篇文章的开头，他就提出："我为什么要研究这个问题？这完全是因为感到了实际的困难。我和许多小学教师谈到这个问题时，总是疾首蹙额的：什么时候书局里能出一本完全适用的儿童字典呀？'的确，目前各书局出的字典不能算少，可是能对于儿童很适用的，简直寥若晨星。"接着，他在文章中指出了当时的字典从查字方法到解释都是从成人的要求出发，解释多是文言文，同时字典的字体大小、标点、插图等等都不适合儿童使用。他认为儿童字典解说用的语句要适合儿童的经验和想象，要使儿童一看就懂。例如，解释"犬"字，旧字典是"犬，哺乳动物之一也"。若是解说为"犬是家里养来在夜里看守门户的"，儿童可以一看就懂。他在这篇文章中还指出：使用儿童字典可以养成学生自己解决问题的习惯，增长儿童的知识，以及训练读音准确等功用。当时，这是一篇比较全面地从儿童心理的角度研究儿童字典的文章。

　　在师范学校时，他对教学方法的研究也很感兴趣。临毕业前，他发奋要写出一本书。中学生要写书，当时有人讥笑他，也有人说他太狂妄了。但是他很坚决，立志要写成。他除上课之外，整天埋头在学校的图书馆翻阅资料和写作。功夫不负有心人，他终于成功了，写出一本《小学历史科教学法》，由商务印书馆出版了。朱智贤高兴极了，老师、同学也都祝贺他。书的出版也更加激励他去研究儿童教育的问题，书的出版也在一定程度上解决了他的经济困难。他收到了85元的稿酬，当时对他来说，已是一笔很大的钱了。1929年，朱智贤师范毕业了。由于在学习期间就常有文章在报刊上发表，还出版了一本书，他在学校可以说是小有名气的了。他的毕业成绩优异，学校把他留了下来，在母校的附属小学任教（此时改名为江苏东海中学附届实验小学），他担任四年级的班主任兼儿童自治指导主任。

　　在小学的教学实践使朱智贤有机会和儿童在一起，亲自去体验一些教学方法的效果和儿童的心理特点，为他深入地研究儿童心理学和儿童教育打下了必不可少的感情基础。他继续广泛地涉猎各方面有关儿童教育的材料，他自己试编过语文教材，试行儿童自治教育。他修改和写作了一些有关儿童教育的文章和书，先后出版了《儿童诗歌集》、《儿童谜语集》、《儿童自治概论》（中华书局出版）、《小学课程研究》（商务印书馆出版）等书。

二

　　工作、研究都在正常地进行，但是朱智贤这时心里渴望的是能到高等学校继续学习。机会终于来了。1930年，也就是他在东海中学附属实验小学任教一年的时候，南京中央大学有条规定，凡是江苏省各中等学校取得最优秀成绩的毕业生，可以免费保送到中央大学学习。他的母校准备保送朱智贤进大学学习，这对贫穷家庭的孩子来说，确实是一个难得的好机会。朱智贤非常高兴，回家把这个消息告诉父亲。他父亲沉默了一会儿，望望儿子那热情期待的目光，叹了口气，他细细地和儿子盘算起来了。如果上大学，虽说可以免交学费，可是当小学教师的薪水没有了。上学期间吃饭、穿衣、文具书籍等费用就要靠家庭负担，一年少说也要400元左右。很显然，靠小买卖过日子的家庭怎么承担得了这笔费用？父亲表示反对，上师范时的同学都支持他上大学。他反复考虑，最后和父亲达成了一条协议，上大学期间，朱智贤不再帮助家里维持生活，但上学的各项费用家里也不管了，靠自己想办法。就这样，朱智贤从苏北的赣榆县来到南京中央大学教育系学习。当时中央大学教育系有一批著名的教育学和心理学的教授，如我国第一部儿童心理学教科书《儿童心理之研究》的作者陈鹤琴、著名教育心理学家艾伟、教育理论家孟宪承，朱智贤就像蜜蜂飞进了百花园一样，他勤奋地采集、吸取各方面的知识。知识扩展了他的眼界，打开了他心灵的窗户，改变了他的人生观。大学里教育哲学课由孟宪承教授主讲，他详细地介绍了世界上哲学思想的各个派别，既介绍了唯心主义、实用主义，也介绍了黑格尔辩证法的基本规律。这是朱智贤第一次接触到辩证法，它是那么有吸引力，朱智贤感到十分兴奋。与此同时，他也贪婪地阅读了当时刚出版的李浩吾（杨贤江）用马克思主义观点写的《新教育大纲》，第一次接触到辩证唯物主义的教育学。父亲灌输给他的"凭良心做人"的观点动摇了，他逐渐弄明白了一切事物都是在发展变化的，良心也一样，各种人对"良心"的看法也都不一样。第一次国内革命战争失败后，社会的现实使他看清了只有革命者才是无私的，才有真正的良心。这点对他以后选择什么样的道路，怎样对待周围的人和事产生了很大的影响。

时间是多么的珍贵。朱智贤一面要学习大学的课程，一面还要为生活的费用奔波。他到中小学校去兼课，给报纸杂志写稿或翻译文章。那时候，他除了上课和到中小学兼课外，余下的全部时间几乎都是在学校图书馆里度过的。他悉心地钻研问题，查文献，翻资料。每学期都要写一本小册子出版，靠稿费使自己能在大学继续学习下去。

勤奋给他带来了成果。大学四年级的时候，他又完成了一部30万字的《教育研究法》，由正中书局出版。这本书被许多大学的教育系列为教学参考书。讲到参考书，朱智贤曾遇到一件有趣的事。在大学四年级时，学校开了一门课叫"课程论"，由一位姓王的老师讲授。这位王老师上第一课时就给同学们开列了一批参考书。当写到《小学课程研究》这本书的作者朱智贤时，同学们都转头看他。老师莫名其妙，一问才知道原来朱智贤就在班上。

他还相继发表了一些教育学和心理学方面的论著，如《小学学生出席与缺席问题》《小学行政新论》等等。

由于学习成绩优秀，朱智贤在学习期间就发表不少文章，所以在临近大学毕业时，他接到了厦门集美师范学校的聘书，请他当研究部主任兼教育学、心理学的教师。

1934年，26岁的朱智贤大学毕业后就南下到厦门集美师范学校当研究部主任了。在这期间他还主编了《初等教育界》《儿童导师》两种儿童教育刊物。

1935年，朱智贤中学时的教师董渭川约请他到山东济南市担任山东省立民众教育馆的编辑部主任，主编《山东民众教育月刊》和《小学与社会》两种教育刊物。这期间他还编写了《民众学校实施法》《通俗讲演实施法》等书。

这时，有不少朋友鼓动他到国外去学习。当时到国外学习手续比较简便，朱智贤自己也很想到国外了解一下教育学、心理学的研究状况。因此，1936年春天，朱智贤28岁时，辞去了山东省立民众教育馆的职务，到日本留学去了。

到日本后，他进了日本东京帝国大学文学部大学院，在教育学研究室做研究员。在这里他翻译了日本野上俊夫的《青年心理与教育》，编写了《小学研究工作实施法》一书。1936年12月"西安事变"期间，日本报纸大量报道了事变的情况。朱智贤从报道中看到中国共产党以民族存亡为重，正确地解决了"西安事变"。他对共产党开始注意起来了。他看到日本街头有马克思、列宁的书籍出售，就买了马克思的资本论回来认真地研读。这是他第一次读《资本论》，从这里他懂得了什么是剥削，学到了用辩证唯物论的方法分析问题。他也试着用辩证唯物论的方法去分析一些社会现象。回忆在日本留学这段短暂的时间，朱智贤认为最大的收获就是开始接触马克思主义的著作。

三

1937年，抗日战争全面爆发后，朱智贤从日本搭英国轮船回到祖国。当时，整个社会动荡不定，日本侵略者的铁蹄践踏我中华民族的领土。苦难的人民家破人亡，四处逃难。朱智贤先在上海，后来到武汉，后来又到了山城重庆，在重庆女子师范学校教了几个月的书后，他接到了江苏教育学院的聘书，这时江苏教育学院已内迁到广西桂林。1938年朱智贤从重庆到达桂林，在江苏教育学院担任教授。他讲授的课程很多，有心理学、教育心理学、儿童心理学、教育学和教育史等。

抗战期间，桂林是一个进步力量比较集中的地方，许多热血青年、进步人士、文化工作者从各地来到桂林。当时一些地下党员，如刘季平、程今吾等等都在这里活动。朱智贤由于在日本时已读过《资本论》，接受了一些马克思辩证唯物主义的观点，因此，在讲课时，他就运用这种观点去分析儿童教育和儿童心理的一些问题，尽管现在看来是十分肤浅的，但在当时，这种讲授方法是很受同学欢迎的。他和程今吾等一些共产党人以及进步人士共同组织教育座谈会，用马克思主义的观点探讨研究教育学和心理学问题。在和进步青年及进步人士的接触中，朱智贤开始接受党的影响。当时，在桂林可以找到一些马列的著作，他就一本一本地研读。他还到中苏文化协会主办的俄文夜校学习俄文，主动参加一些进步学生组织的读书会，大家一起畅谈读了马克思主义著作的体会。这些活动使他逐渐了解中国共产党，他听到了中国共产党担起拯救中华民族危亡的大任，为驱逐日本帝国主义而浴血奋战、英勇斗争的事迹后，感到无比激奋。这也进一步促使他更积极参加一些进步活动。在这期间，他写了《教育是什么》《一个教育定义的商榷》《心理学上三个行为公式之批评》《论人性的改造问题》等。从文章的主题就可以看出，这时朱智贤看问题的方法已和以前不同了。他开始重新思考过去的一些问题，试图用马克思的辩证唯物主义观点去探讨教育学与心理学的理论。

桂林毕竟不是解放区，朱智贤参加一些进步活动引起学校当局的注意。学院的院长找他去个别谈话，警告他不要跟着共产党走。学校的训导主任还跑到宿舍检查，当他发现书架上的马克思著作时，就阴阳怪气地对朱智贤说："你看看，你的书架上都是些什么书？你为什么要读这种危险的书呢，你想往什么路上走！"朱智贤严肃地回答："往正道上走！人各有志嘛！"训导主任惊讶地呆呆看着朱智贤，他没有料到会有这样的答复。他装模作样叹口气说："你何必呢？"朱智贤答："凭做人的良心。"训导主任转身走了。是啊，早年父亲就教育朱智贤要凭良心做人，现在他已完全明白了只有革命者才有真正的良心。朱智贤的行为激怒了反动的学校当局。1941年皖南事变时，学校把他解聘了。他住到朋友家里，依靠写一些教育和心理学方面的通俗读物维持生活。他先后出版了《青年心理》《心理常识漫话》等书。

这时，由于国民党反动派对进步人士的迫害，桂林的形势恶化了。经朋友的介绍，朱智贤从桂林进入四川，到四川教育学院任教。1944年2月又离开四川到广东中山大学当教授，讲授教育学、教育心理学、儿童心理学、普通教学法等课程。当时，中山大学辗转在广东的西北部山区，直到1945年日本投降后，他才跟中山大学一起到达广州。

1946—1947年，广州的青年学生举行反内战、反饥饿的示威游行。朱智贤支持和参加了学生的进步活动。1947年5月，反动的学校当局在朱智贤的聘书尚未到期的情况下，就把他和钟敬文、梅龚彬等五位教授一起解聘了，并策划进一步对他们进行迫害。这时，继续留在广州已有危险，朱智贤只好离开广州到了香港。香港的地下党组织安排他去达德学院。当时达德学院是党领导下各民主党派合办的。学生主要由两部分人组成，一是南洋来的，二是国内受到迫害逃出来的青年学生。当时，章乃器、邓初民、侯外庐、胡绳、杜国庠等都在这个学校任教。朱智贤在学校任教授兼教务长，教心理学和教育学，同时兼任生活教育社主办的中业学院院长（郭沫若同志任董事长）。这时在香港的地下党员冯乃超和黄焕秋经常和他联系。

经过这段革命活动的实践，朱智贤对党有了进一步的认识，他立下了为共产主义事业奋斗终生的决心。于是他向当时在达德学院经济系当主任的共产党员杜国庠提出了入党的要求。

但是，这时达德学院的活动也引起了香港当局的恐慌，1949年2月香港当局无理地封闭了达德学院。地下党组织正准备让大家到东江（曾生同志领导的东江纵队所在地），这时北平解放了，在党的关怀和邀请下，朱智贤与各方面的人士一起乘外轮经天津到达北京。他开始了新的生活。

四

到北京后，党先组织他们学习和参观。然后让朱智贤和钱俊瑞、柳湜等一起参加"中华全国教育工作者协会"的筹备工作（后来因为教育工作者划为工会会员范畴，而停止筹备工作）。这时全国已临近解放了，中央为了解决全国学校教科书和教学用书问题，就在当时董必武任主席的华北人民政府教育部设立一个"教科书编审委员会"负责这件事，并请叶圣陶任主任委员，胡绳为副主任委员，朱智贤被任命为委员，同时兼教育组组长，负责中等师范学校、高等师范学校的教育学、心理学教学用书与教育参考书的编审出版工作。

1949年10月中央人民政府成立后，朱智贤改任为中央出版总署编审局副处长兼教育组组长。不久出版总署撤销，他又改任人民教育出版社的副总编辑。这时他才42岁，由于工作紧张，他咯血病倒了，进了医院。经医生检查是肺病，当即决定动手术切去病变部位。手术后朱智贤的身体十分虚弱，已不能适应繁重的行政领导工作了。他的老朋友林砺儒教授（此时他被任命为北京师范大学校长）常来看他，劝他到北京师大工作，这样可以一边休养，一边进行研究工作。就这样，1951年他改任北京师范大学教育系教授，讲授普通心理学和儿童心理学，此后并兼任儿童心理学教研室主任、心理教研室副主任等职。

这时朱智贤43岁，虽然身体比较虚弱，但他还是决心要在心理学，特别是儿童心理学的理论方面进行探讨。1956年他的健康情况有了好转，他被邀请参加了我国12年科学远景规划的拟订工作,毛泽东主席和周恩来总理亲切地接见了他们。党号召大家要向科学进军。当时,朱智贤真是心潮澎湃,异常兴奋。他觉得自己在心理学的理论研究上有一定的基础,准备向心理学进军。他回顾过去,虽然也写了几本书,但都比较零散,这也是受当时社会条件所限制。抗日战争时期社会不稳定,怎么可能安心进行研究呢?现在,党为我们创造了这样好的条件,不干还更待何时?他读了许多苏联有关心理学研究的书籍和文章,并和其他同志合作翻译成汉语出版,像斯米尔诺夫主编的《心理学》,彼得罗夫斯基主编的《心理学》,沙尔达科夫写的《中小学学生心理学概论》等等。他还参加了我国中等师范学校的《心理学》《教育学》课本的编写工作。他像跌倒的运动员一样,爬起来后奋力追赶,要补回丢失的时间,他恨不得要把生病时失去的时间统统夺回来,他准备在研究儿童心理科学的道路上疾跑。就是在这个时候,他也没有忘记自己的追求,他向党组织递交了一份入党申请书。

正当朱智贤信心十足,准备大干一番的时候,灾难来临了。1958年在"左"的路线的影响下,北师大开展了批判心理学的运动。他首当其冲,被插上"白旗",定为"资产阶级分子"。人们从他的文章中断章取义地摘出几句话来进行批判,无限上纲。完全否定了解放以来心理学、儿童心理学的成就,心理学、儿童心理学从此陷于万马齐喑的局面。他也沉默了,但他对自己说:"要相信党,相信自己。"

1959年夏天,各地报刊重新恢复了心理学领域中百家争鸣的讨论,1961年党为心理学恢复了名誉。紧接着1962年初,全国召开了高等学校教材的编写会议。周扬主持了这个会议,他点名要朱智贤用辩证唯物主义的观点编写一部《儿童心理学》。朱智贤接下这个任务后,就立即开始了紧张的工作。他不顾自己肺部做过大手术,并有高血压症,夜以继日地进行工作。4月份教材编写会议散会,他6月就完成了《儿童心理学》上册的书稿。到秋天,下册还未写完时,他已经支持不住了,他累得晕倒过去,被大家送进了医院。他就是以这种拼命的精神,高效率地完成党交给的任务。这部30多万字的《儿童心理学》是他心血的结晶。这是我国第一部贯彻马列主义观点、吸收国内外科学成就、能够体现我国当前学术水平的儿童心理学教科书。在这部书中,朱智贤以辩证唯物主义的观点探讨了儿童心理发展的基本规律,正确地阐述了遗传、环境和教育在儿童心理发展上的作用。他明确地指出:"遗传素质是儿童心理发展的生物前提、自然条件,没有这个条件是不行的",但是遗传只是一个必要条件而不是决定的条件。"儿童心理发展是由儿童所处的环境条件

（生活条件）和教育条件决定的。"他又进一步分析说，环境和教育虽然是儿童心理发展的决定性条件，但是这并不意味着它可以机械地决定儿童心理的发展，因为外因是通过内因起作用的。"儿童心理发展主要是由适合于儿童心理内因的那些教育条件来决定的。"他清楚地阐述了先天和后天的关系。"先天的遗传对一个儿童来说，只能提供发展的可能性，而不能决定发展的现实性，决定发展现实性的则是后天的环境和教育，而教育则起着主导作用。"在书中他还指出："儿童心理发展也跟一切事物发展一样，是一个不断矛盾统一、量变质变的发展过程。"总之，朱智贤用辩证唯物主义的观点探讨了儿童心理发展过程中先天与后天的关系，内因与外因的关系，教育与发展的关系，年龄特点与个性特点的关系等重大的理论问题，为建立我国马列主义儿童心理学奠定了基础。这本儿童心理学教科书，受到国内外学者的高度评价，对培养我国儿童教育学、心理学的专业人才和科学研究工作都具有重要意义。

但是，正当朱智贤对许多问题还需要继续深入研究的时候，"十年动乱"开始了。不加分析、不顾事实的大字报铺天盖地而来，朱智贤被戴上"资产阶级反动学术权威"的帽子，拉出去批判、斗争。心理学被宣布为资产阶级的"伪科学"，心理学的研究和教学工作下马了，研究人员失散了。他被迫去接受劳动改造，心理学、儿童心理学濒临毁灭的边缘。

这时候，朱智贤已经进入花甲之年了，他感到痛心，然而又无可奈何。造反派勒令他一家七口人挤在两间屋里。十几年辛辛苦苦搜集来的书籍、资料都零散地堆在地上、床下。望着这一堆堆的书，勾起他回忆自己一生在研究儿童心理学上的坎坷历程，时间是有限的啊！他已从中年进入老年了，还能再做什么呢？他摸了摸这些书，终于横着心全部卖光了。望着书拉走后，他心里突然觉得少掉了一大块东西，他真想大哭一场，然而他哭不出来。就这样，十年，整整十年，心理学、儿童心理学的研究处于停滞状态。党的十一届三中全会之后，实行了一系列拨乱反正的措施，心理学家枯萎的树苗又得到了雨露的滋润，枝叶又舒展开了。心理学、儿童心理学的研究工作又开展起来了，它重新走上了繁荣的道路。朱智贤也恢复了自己的研究工作。1978年夏天，在杭州举行的中国心理学学术专门会议上，他不顾年老体弱，做了长达6个小时的有关皮亚杰心理学思想评价的学术报告，受到热烈欢迎。1981年秋天，北京师范大学建立了心理学系后，朱智贤担任了心理学系学术委员会主任兼副系主任，他又开始了自己的拼搏。

朱智贤一面继续自己的研究工作，一面带研究生，他要为我国心理学研究培养后继之人。1979年，他发表了几篇介绍苏联及西方儿童心理学研究的情况、总结我国30年来儿童心理学研究状况的文章。1981年春天,他应邀参加了美国儿童发展会议,在耶鲁大学心理系作了关于中国儿童心理学的报告,并参观访问了9所大学的心理学系和儿童发展研究中心。

1982年,北京师大建校80周年时,朱智贤把自己在师大工作30多年来发表的一些文章汇集成《儿童发展心理学问题》一书出版。他在这本书的序言中说:"回顾解放后30余年,心理学也走过一段曲折的道路。特别是1958年以来,由于"左倾"思潮,心理学的教学和科研工作,受到很大干扰。很多自己有兴趣的课题,常常不得不忍痛放弃。""可以庆幸的是,1976年拨乱反正以来,心理学不但恢复了元气,而且也在新的起点上蓬勃向前发展。七十几岁的老人,目睹这种情况,喜悦兴奋的心情,是难以用笔墨形容的。可是时光不等人,心情虽然还像青壮年,但毕竟老了,体力精力给自己的工作以不小的限制。虽然克服了困难,做了一些像补课一类的工作,但内心总不免有些遗憾。常常想:我还是青壮年……"这段话是他内心的自白,他经常说:"我抓了一切的机会工作,虽然年龄、精力不行了,但我没有偷懒。"事实也是如此。1983年,他为我国培养出第一位教育学博士林崇德。朱智贤同时担任了中国教育学会的副会长,中国心理学会常务理事,中国科学院心理研究所学术委员,北京师大校学术委员会(文科)副主任等职务。他除了给研究生讲课外,还结合教育深入研究儿童思维发展问题,和他的学生林崇德合写了一部专著《思维发展心理学》和比较系统、完整的《儿童心理学史》。他正在和时间赛跑,继续着自己的追求,"以垂暮之年为党的事业再立新功"。他要让自己的晚年,为党,为祖国的四化建设,为我国的教育事业发射出更多的光和热。

五

朱智贤继续不断地在学术研究上奋进;继续不断地以自己的心血浇灌、培育着青年一代。

"首先,我作为一名老教师,向新留校工作的教师同志们表示热烈欢迎……"在北京师大的一间教室里,从录音机里传出了朱智贤缓慢而深沉有力的声音。这是一批新留校工作的研究生在听朱智贤的讲话。教室里十分寂静,大家聚精会神地聆听着他朴实无华却激动人心的话语。"我年纪大了,今年82岁,身体有病,行走不便,只能在病榻上向你们谈几句心里话。……一个教师必须以自己高尚的师德去影响学生,坚持教书育人的方向,给国家培养德才兼备的人才。古人云:师者,所以传道、受业、解惑也。强调了教师既要教书又要育人的道理。""我对即将走上教师岗位的同志们提三点希望:

一、严格要求学生，也要严格要求自己。保质保量完成国家交给的任务。二、经常关心学生，注意工作方法，时时关心学生的思想状况和学习情况。三、要以身作则，政治上要不断进步，能够跟上改革的步伐。业务上要求不断更新，不能吃老本……"没有很多深奥的大道理，但是这是一位老教授坦诚地和年轻教师谈心，是一片赤诚的心。因为朱智贤不仅仅是这样说的，而且也是这样做的。这些话是他对年轻教师的希望，也可以说是他60多载教育生涯的总结。

朱智贤对自己的要求十分严格。他的肺部动过手术，去掉几根肋骨；他的腿部动过手术加了钢架；胃病也不时地折磨着他。但是，他从不以年老、体弱或多病为由放松自己的追求。1983年，他已75岁了，仍然承担了"六五"国家重点科研课题"中国儿童青少年心理发展与教育"。这是一项工作量大、任务繁重的课题。大家劝他多注意保重自己的身体。他却严肃地说："我要尽自己体力、精力之极，为党的事业鞠躬尽瘁，死而后已。"他不顾年迈体弱，多次抱病到外地参加专业会议。他强调要用辩证唯物主义的系统论观点去研究儿童青少年心理的整体发展。他决心要在教育实践中去探索和研究具有中国特色的儿童心理学。他花了7年的时间主持了"中国儿童青少年心理发展与教育"这个综合性的心理发展的系统工程。直到1988年，朱智贤已是80高龄了，他依然认真仔细地阅改了100万字的研究报告，出版了《中国儿童青少年心理发展与教育》一书。1986年，朱智贤又承担了一项国家"七五"规划的重点科研课题，领衔主编我国第一部大型综合性心理学工具书《心理学大词典》。他为了使这部书成为观点正确、内容丰富、科学性强的优秀图书，绞尽脑汁，集全国心理学界200多位专家、学者的集体智慧和力量完成了这部大词典的出版任务，比预定的5年出书计划提前了1年。

人们惊叹朱智贤的智慧和才华，更惊叹他那过人的顽强毅力。他常说："我还有许多工作要做。"是啊！要建立具有中国特色的儿童心理学，需要他做的事情确实还有很多，很多……

朱智贤曾语重心长地对学生们讲，当你们翻开西方的儿童心理学时，可以看到几乎全部是用他们自己的研究材料；你们再打开苏联的儿童心理学看看，几乎每本书里都有一种强烈的俄罗斯民族自豪感。我们应当用自己的严谨的研究，用自己的艰苦创造，去建立具有中国特色的儿童心理学，形成当代中国儿童心理学的模式。为了这个目标，朱智贤呕心沥血，倾注了毕生的精力。他身体力行，带着年轻的心理学工作者一步一个脚印地前进着、攀登着。

朱智贤心里非常清楚，人的生命是有限的，要建立具有中国特色的儿童心理学绝不是一朝一夕的事情，也不是一个人或几个人所能完成的。因此，他十分重视培养新人，关心、扶植和培养中青年学术带头人，注意学术梯队的建设。他常说："学术梯队建设是我学术生命的延续。"

朱智贤以自己治学严谨、精益求精的学风严格要求学生。对学生写的论文、研究报告，他都一丝不苟地逐字逐句审阅、修改，包括纠正错字和标点符号。他的学生林崇德留校工作后，第一次登上大学讲台时，朱智贤坐在教室的最后一排，仔细听完了两堂课，做了详细记录，课后做了认真的讲评，帮助青年教师尽快成长。

他经常对学生说，心理学的研究必须坚持三个方向：一是坚持辩证唯物主义方向，要以辩证唯物主义的观点去研究和论述教育学和心理学的问题，系统、全面地研究儿童的心理发展。二是提倡理论联系实际。他反对空谈，提倡多实践，到实践中去踏踏实实搞调查研究，搞科学试验。"闭门造车"是建立不了具有中国特色的儿童心理学的。他明确地提出，深入教育实践搞科研，绝不是单纯地为了取数据、写论著，更重要的是为了一代一代地大面积地培养人才，提高中华民族的素质。三是要"洋为中用""古为今用"，他鼓励学生注意汲取国内外的学术研究成果，不断丰富和更新自己的知识。

几十年来朱智贤以这几点严格要求自己，严格要求学生，始终如一。

他不仅在学业上对学生要求严格，而且很注意学生的思想状况。他经常和学生促膝谈心，用自己的经历和感受，帮助学生坚持正确的政治方向，告诫学生在学习、工作、生活的道路上要有信仰、追求和正确的方向。对学生的错误思想，他严肃地提出批评，认真帮助矫正。他先后介绍了4名研究生加入中国共产党。他是学生可敬的导师，又是学生做人的楷模。1986年，朱智贤被评为北京市教书育人先进工作者。

60余载，辛勤耕耘，桃李芬芳，弟子数千。朱智贤80寿辰时统计，他培养了数以千计的心理学工作者和教育理论工作者，其中有300多名学生获得副教授以上的职称。在"十年动乱"之后，他是国家公布的第一批博士生导师。他先后带的19名硕士生和9名博士生，现在都已成为学术工作的骨干。他的学生林崇德被评为"做出突出贡献的中国博士、硕士"，学生董奇被评为"做出突出贡献的留学回国人员"。一位导师培养的博士生，同时有两人受到国家表彰，这是朱智贤教育工作成果的最好证明。1989年，朱智贤被评为全国优秀教师。

人们看到朱智贤的晚年迸发出夺目的光彩。但是，这位耆宿教授付出了多大的代价,做出多大的牺牲,只有他的夫人杨敏心里最清楚。她细心地照料朱智贤的生活,热心支持他的工作。他们相处50多载,她明白,对朱智贤来说,最重要的是工作。朱智贤年老体弱,多种疾病缠身、腰疼得很厉害,每天起床要花个把钟头,行动很不方便,他在给弟弟信贤的信中说:"……自前年患病扭伤后又受风寒。严重时腹疼得不能起床,经按穴热敷针灸等,只能时好时坏,……平常生活全靠你嫂料理。"朱智贤每天都以坚强的毅力去和疾病斗争,去争取时间为党多做贡献,他说:"我要始终竭尽自己的全力去做一件事业,就是以一个教师的高尚师德,去教育影响自己的学生,坚持教书育人的方向,为国家培养德才兼备的专门人才。"这就是他生活、工作和学习的力量源泉。

1991年3月5日凌晨1时30分,朱智贤因心脏病突发与世长辞,享年83岁。

噩耗传出,唁电、唁函似雪片一般从祖国的四面八方,从美国、日本、欧洲向北京飞来。人们回忆、称颂朱智贤的高尚师德和卓著的学术成就,人们惋惜我国教育界、心理学界的一颗巨星陨落。

北京三月,春风初度,柳丝吐出嫩嫩的绿芽。校园里这条朱智贤走过几十年的道上走来了一群朝气蓬勃的青年、中年,他们是朱智贤辛勤培养的学生,他们将继承他的事业,为建立有中国特色的儿童心理学而奋斗。朱智贤那慈祥的笑容将永远留在人们的记忆当中。

学界悼文(选):

可敬的导师,做人的楷模
——深切悼念朱智贤教授①
北京师范大学研究生院

当听到朱智贤教授突然逝世的消息后,我们全院同志无不感到万分悲痛!

朱智贤教授是国务院批准的我国第一批博士研究生导师。10多年来,他为实现党和国家提出的高级专门人才的培养逐步立足于国内的战略目标,为培养新一代博士研究生,付出了全部心血,做出了重大贡献。正如朱老1990年所说的:"我始终竭尽自己的全力去做一件事情,就是以一个教师的高尚的师德,去教育影响自己的学生,坚持教书育人的方向,为国家培养德才兼备的专门人才。"

---

① 北京师范大学发展心理研究所. 朱智贤教授纪念文集[M]. 北京:北京师范大学出版社,1992: 36.

朱老的辛勤劳动现在已经开花结果了。不久前，在国家教委、国务院学位委员会、劳动人事部联合召开的表彰大会上，朱老培养的两名博士生受到表彰，其中，林崇德被评为"做出突出贡献的中国博士、硕士学位获得者"，董奇被评为"做出突出贡献的留学回国人员"。据我们所知，一位导师培养的博士生，同时有两人受到国家的表彰，这在全国500多名博士生导师中并不多见。

最近，国家教委北京博士生培养工作专家调查组负责人对于去年的调查结果发表了总结性意见，其中对我校的朱老为学术带头人的发展心理学博士点的工作给予了很高的评价，认为：这个博士点的培养工作成绩卓著，已毕业的博士生有较高的学术水平，政治素质好，他们的研究成果达到了国际水平，受到了国内外同行的好评。总结时指出，这个博士点有五点经验值得肯定和发扬，即：1. 重视博士点的建设，建立起了学术水平高、团结和谐、治学严谨、朝气蓬勃并有好的学术梯队的学术集体；2. 学术主攻方向明确，有自己的特色；3. 积极承担国家科研任务，带领学生进入学科前沿；4. 注意选拔人才坚持"宁缺毋滥"的原则，招生中严格把好质量关；5. 强调为人为学的一贯性，做到教书育人。

如今，朱老已经离开了我们，离开了他所热爱的事业，但是我们坚信，朱老亲自培养出来的学生一定会继承他的事业，作为他的学术生命的不断延续。

学界悼文（选）：

沉痛悼念朱智贤教授[①]

北京师范大学出版社

3月5日上午，当我们听到著名心理学家朱智贤教授与世长辞的噩耗时，深感震惊和悲痛，简直不敢相信这一不幸消息是真的。

是啊朱老，我们怎能相信？新春前夕，我们还有同志邀请您为对外出书的合同用印！也是新春前夕，我们还有同志为图书的再版问题去与您商量！您不是还好好的吗？！您那清瘦有神的面庞，饱学深思的气质，忠厚师长的风范，真挚亲切的话语，还时时清晰地萦绕在我们的心头。谁料想，您真的匆匆离我们而去了！

---

① 北京师范大学发展心理研究所. 朱智贤教授纪念文集[M]. 北京：北京师范大学出版社，1992：37.

朱老，我们要深深感谢您对我们的关心和支持。记得在我社成立之初，您就对我社的创建和发展提出了带有建设性的宝贵意见，曾满怀喜悦地对我们说："师大成立出版社是件喜事，它是我们的共同事业，我们全校每一个职工都应热情地关怀和支持这项事业，把出版社办好。"您建议我们："要使出版社立于不败之地，必须出版两种图书。这两种图书缺一不可。不出学术著作，与我们北京师范大学的名称不相符合，在社会上就没有学术地位。光出学术著作而没有经济效益，出版社就无法生存。"您还鼓励我们："出版社刚成立，还没有经验，这没有关系，可以边干边学。"您援引老前辈叶圣陶先生的话说，我们出版事业用什么来对人民负责？就是用在白纸上印许多黑字，用这个来向人民负责。有错别字，就要像秋风扫落叶那样，扫掉一批又一批。只要我们工作认真，就一定能提高水平，把工作做好。您的话，是多么的中肯，对我们是多么大的鼓舞啊！

朱老，您是我国著名的教育家、心理学家，科学儿童心理学的奠基人，我国心理学界的泰斗，蜚声国内外。但您并不因为我社的条件差、经验少而不向我社赐赠书稿，相反，您从我社一成立时就表示，要在有生之年，为我们自己的出版社多组织些书稿，贡献自己的一份力量。您是这样说的，更是这样做的。自我社成立以来，您为我社编著或主编了一系列的优秀图书，如《儿童心理学教学参考资料》（六本）、《儿童心理学史》、《心理学大词典》、《幼儿智力画库》、《发展心理学研究方法》等等。有的图书还获得了大奖，如《心理学大词典》1990年荣获第四届中国图书奖一等奖，1991年北京市第二届哲学社会科学优秀成果特等奖。《思维发展心理学》荣获1990年全国首届教育科学优秀成果一等奖，《幼儿智力画库》荣获1990年全国冰心儿童文学奖。您的辛勤劳作，为祖国的教育、心理科学事业的发展作出了巨大的贡献，也为我校和我社赢得了荣誉。另外，您对我们编辑工作的关怀和帮助，也使我们难以忘怀。每当我们的编辑同志找您去请教和商量工作的时候，您总是不厌其烦地给予指导，既有严格的要求，又有热情的鼓励，使我们的同志深受启发和鼓舞。

朱老，我们要特别提出的是，在您年近八旬高龄的时候，您还为我社领衔主编了国家"七五"规划重点科研项目《心理学大词典》这部大型工具书。为使此书成为观点正确、内容丰富、科学性强，并具有中国特色的优秀图书，您是呕心沥血，绞尽脑汁，费尽了心机。在此书编纂过程中，您不顾年迈体衰、严冬酷暑，甚至经常抱病工作。每次编委会议，您都亲自主持，并在会前制定了明确而切实可行的方案和要求，以提高会议效率和节省会议开支。

在您的主持下，集全国心理学界 200 多位专家、学者的集体智慧和力量，与我社一起，团结一致，齐心协力，终于共同完成了这部大词典的出版任务，比预定 5 年的出书计划提前了 1 年。

朱老，您不幸离开了我们。我们全社职工怀着无比沉痛的心情悼念您。我们决心化悲痛为力量，继往开来，决不辜负您生前的殷切期望，努力把出版社的工作做得更好！用我们的辛勤劳动来告慰您在天之灵。

朱老，请您安息吧！

第二章

教育活动简介

朱智贤始终关注教育实际问题,一生致力于儿童心理和教育事业。始终以发展教育与教育兴国为己任,60余年的教育历程中培养了数以千计的心理学与教育理论工作者,成绩卓著,充分奠定了他在我国现代教育史上的地位。

第一节 勤苦治学,教书育人

1929年1月,朱智贤从东海中学毕业后,与同学杨汝熊被留在东海中学附属实验小学任教,朱智贤兼儿童自治指导主任。在小学的教学实践使他有机会和儿童在一起,亲自去体验一些教学方法的效果和儿童的心理特点,为他深入研究儿童心理学和儿童教育打下了必不可少的感情基础。1930年被师范学校保送至南京中央大学教育系学习。1932年,在南京新中门小学代课。1934年,应集美师范学校校长王秀南的邀请,受聘为厦门集美师范学校研究部主任,并兼教育学、心理学教师。1936年留学日本。1937年在镇江大港乡村教育实验区与爱妻王书丹从事乡村教育工作。1938年,应江苏教育学院(时在桂林)邀请,到江苏教育学院担任心理学和教育学教授。由于经常参加一些进步活动,1941年皖南事变后,被反动的学校当局无理解聘,后到四川教育学院任教授。1943年,在国立社会教育学院做行政工作,教授心理课程。1944年至广东中山大学任教授。1947年,被中山大学反动当局无理解聘。后朱智贤经党组织帮助,携全家到香港,转到香港达德学院任教授兼教务长,同时兼任生活教育社主办的中业学院院长(董事长为郭沫若),在这里得以施展他教育行政管理的智慧和才华。他深入教学第一线,密切联系教师,了解教学情况,及时解决教学上存在的问题,总结教学经验,拟定各项措施,不断地进行探索和改革。朱智贤亲手拟定达德学院教学制度的改革方案,受到广大师生的欢迎和好评。这一方案是他多年从事教学工作研究的结晶,同时又是他结合当时实际进行改革的积极探索和实践,对达德学院在教学上建立集体的民主的意识和作风，起到了巨大的推动和促进作用。

1949年，北平解放后回到北京，受命参加"中华全国教育工作者协会"的筹备工作，不久，到华北人民政府教育部"教科书编审委员会"工作，担任编审委员会委员。由于身体原因，1951年，朱智贤离开人民教育出版社，到北京师范大学教育系任教授，并兼任儿童心理学教研室主任、心理教研室副主任等职。1981年，北京师范大学建立心理学系后，改任心理学系学术委员会主任兼系副主任。他在北师大任教长达40年，直至逝世。

朱智贤先生一生从教62年，培养了数以千计的心理学与教育理论工作者，在他的学生中，有300多名副教授以上的专家，他的博士生，有的被国家教委、国务院学位委员会表彰为"做出突出贡献的中国博士、硕士"，有的被国家教委、人事部表彰为"做出突出贡献的留学回国人员"。他一生思想超前，成就卓著，在我国心理学、教育学科发展史上占有重要地位。他的生平被编入国内外20多部辞书，其中有《中国现代教育家传》和《中国科学家辞典》（各只有三名心理学家入选）。他还被列入英国和美国世界名人传记的"世界名人"。

第二节　潜心教研，笔耕不辍

据统计，朱智贤一生共有200余种论著。他自师范教育时期就开始发表文章，正如朱智贤先生所说，关于教育研究，他不知是怎样会那么起劲。在师范学校毕业以前，他就写了不少的稿子，比如写一些儿童诗歌、童话。1926年，发表其最早的文章，小小说《采琴的旧痕》载于《少年杂志》第16卷第5期，这一年他才18岁，正在江苏省立第八师范学校读书。接着，他又在《儿童世界》《小朋友》《少年杂志》上发表了几篇文艺作品和杂文。当时他的想法是挣点稿费以减轻家庭的负担。他从自己上学的亲身经历中，深深感到穷苦人家的孩子上学是不容易的。

因此，在师范毕业的前一年，他和几个志同道合的同学一起，热心地为学校附近街道的失学儿童办学，并试行了当时流行的"设计教学法"。教学实践使他获得一些感性的知识，再加上读了一些外国教育家的著作，他把自己的兴趣逐渐集中到研究儿童教育上面。他开始写一些教育和心理学的论文，如《中国学校教育的新生命》《师范生实习问题》《怎样讲故事》等等，在《中华教育界》《小学教育》等刊物上发表。毕业之前，朱智贤的创作兴趣由文学变成了教育，他开始从儿童心理的角度对有关教育的问题发表意见。师范毕业之后，无论是在小学教书还是在大学学习，他都始终坚持研究和写作，一颗学术新星冉冉升起。

1930年，朱智贤在商务印书馆出版他的第一本著作——《小学历史科教学法》（该书是其读师范时撰写）；在教育学术杂志《中华教育界》上发表《儿童自治的组织与指导》《儿童字典的研究》《师范生参观问题》《中国学校教育的新生命》4篇论文；在《小学教育》《地方教育》《国立中央大学教育学院教育季刊》上发表《儿童自治问题》《小学生表演的指导》《怎样指导小学生做日记》《小学生的实际问题研究法》4篇论文；1931年，著作《小学课程研究》和《儿童自治概论》由商务印书馆和中华书局出版。自此以后，朱智贤开始潜心研究教育教学和儿童心理问题，之后多年不断发表论文和出版著作就成了他的工作常态。

1949年，朱智贤在《教育杂志》《中华教育界》《教育研究》《教育周刊》《教育与文化》《教与学》《初等教育界》《小学教育》《中等教育季刊》《建设月刊》《中央日报》等40多种报刊上发表文章达117篇，内容涉及教育教学思想和理论、教育研究方法、师范教育、民众教育、课程教材、学科教学、儿童心理、教育心理、大众心理和心理学基本理论等诸多领域。撰写出版了至少18部著作（含译著和合作），即《小学历史科教学法》（商务印书馆，1930）、《小学课程研究》（商务印书馆，1931）、《儿童自治概论》（开华书局，1931）、《小学行政新论》（儿童书局，1932）、《民教活动设施法》（山东省立民众教育馆，1932）、《通俗讲演实施法》（山东省立民众教育馆，1932）、《儿童教养之实际》（开华书局，1933）、《教育研究法》（正中书局，1934）、《小学学生出席与缺席问题》（商务印书馆，1935）、《小学写字教学法》（商务印书馆，1936）、《人民与国家》（商务印书馆，1936，六年级社会科学教材）、《小学研究工作实施法》（商务印书馆，1938）、《战时中小学科学教育之改进》（中山文化教育馆，1938）、《青年心理与教育》（商务印书馆，1940，译著，野上俊夫著）、《青年心理》（桂林文化供应社，1941）、《心理常识漫话》（与杨云美合作，乐群书店，1943）、《现代公民教学法》（1～8册，宋云彬、孙起孟主编，方与严、朱智贤、季信等编，上海书局，1948—1949）、《论新民主主义教育》（文光书店，1949）等。

朱智贤早在日本留学期间就开始接受马克思主义，学习了《资本论》，是一位毕生奋斗的马克思主义者。在担任江苏教育学院教授时期接触一批进步人士和中共地下党员，更使得他对马克思主义加深了认识，他开始试图运用辩证唯物主义的观点阐述教育和心理基本问题。在中山大学任教授时支持广州青年学生反内战、反饥饿示威游行，并发表《风雨如晦话学潮》（《广州每日论坛》1946年5月25日）。在香港达德学院任教期间，他与郭沫若、叶圣陶、林砺儒、邓初民等进步民主人士交往甚密，第一次提出加入中国共产党的要求，撰写了许多论述新民主主义教育的论文，如《"争取学术独立"的基本问题》（《国讯：港版》新1卷3期，1947年）、《迎接人民教育的新时代》（《生活教育丛刊》1948年第1期）、《新教育的任务》（《真善美（广州）》1949年第19期）等。

1949年是朱智贤人生和学术生涯的一个重大转折点。新中国成立初期，开创新中国文化教育事业迫在眉睫，党中央认为，及时向新解放区以及新中国成立后各级学校编选符合新中国要求的教科书，是十分重要的一件大事。由中共地下组织安排，朱智贤等共六批专家从香港抵达北平。朱智贤和叶圣陶等人还背负着一个重要任务，就是筹建新中国教科书编辑和审查机构。1949年4月15日，由中宣部直接领导的教科书编审委员会（挂靠在华北人民政府教育部）正式成立，叶圣陶为该委员会主任，周建人、胡绳为副主任，委员有金灿然、傅彬然、宋云彬、孙起孟、王子野、孟超、叶蠖生以及朱智贤、魏建功。朱智贤先后在中央教科书编审委员会（1949年4月—11月，挂靠在华北人民政府教育部）、出版总署编审局（1949年11月—1950年12月）、人教社编审部（1950年12月—1951年12月）工作近三年，并都兼任了这三个编审机构的教育组组长，具体负责全国中等师范和高等师范教育学科教材和一般教育用书的组织编写、审查和出版工作。朱智贤及其具体领导下的教育组主要做了以下几项工作：

（一）主要修订和审读师范学校教育科目的一些教材

1949年7月6日，华北人民政府教育部教科书编审委员会草拟的《中小学教科用书审读意见书》由中共中央宣传部印发，颁发给各地教育行政机关以供参考选用。其中，师范（教育科目）部分有教育概论、教育心理、教育行政、测量统计。

（二）编辑出版了一套"师范学校教育学科教学参考资料"

依照师范学校现有教育科目，选辑了"师范学校教育学科教学参考资料"一套（4种5册），即《教育学参考资料》《小学各科教材及教学法参考资料》《小学教育理论与实际参考资料》《小学教育典型经验介绍》（1~2册），并且分别暂作"教育概论""小学行政""教材及教学法""教育实习"4个科目的基本教材和必读书目。"教育心理学"一科则选用上海世界书局出版、林汉达编的《教育心理学讲话》作为暂用教材。与叶圣陶、蒋仲仁一起草拟了中小学课程标准总纲，并撰写了《教育学》部分章节。

（三）以"教育丛刊社"的名义编辑了一套"教育资料丛刊"

内容汇集当时国内各级各类教育的政策法规、工作报告和研究成果，以及老解放区的教育经验和苏联等国的教育经验和研究成果，并且分成专题在1950年间全部由新华书店出版发行，如《当前教育建设的方针》《苏联教师的教学经验》《怎样学习苏联的教育工作》《复式教学法》《怎样改造特殊儿童》《小学校的少年儿童先锋队》《小学教师的学习及其领导》《小学的行政管理》《小学教育典型经验介绍》《一年来各地小学教育概况》《儿童生活的民主管理》《小学的思想政治教育》《成绩考察与苏联五级分制》《苏联学生的思想政治教育》，以及《一个办农民文化学习班的报告》《在成长中的工农速成中学》《怎样办好干部业余教育》《怎样办好工人业余教育》等。其中，为了配合1950年9月教育部召开第一次全国工农教育会议，教育组还曾经赶编了4本"教育资料丛刊"。

（四）与出版总署翻译局共同组织翻译出版了苏联的两市教育学著作

一个是凯洛夫主编，沈颖、南致善等译的《教育学》（上下册，1948年版），由新华书店分别于1950年和1951年初版。该书是由华北大学译学馆16个人集体翻译的，1951年后改由人教社出版，到1956年间又多次修订，发行量达几十万册，成为当时国内影响最大的教育学译著或著作。一个是冈察洛夫著，郭从周、南致善、路宝槐译的《教育学原理》（初译稿，人民出版社1951年3月初版）。这些对于当时学习苏联教育科学和教育经验起到很大作用。

1949年4—11月在教科书编审委员会工作期间，朱智贤修订和再版了他撰写的《论新民主主义教育》。该书收录了他近年来撰写的《迎接人民教育的新时代》《新民主主义教育的历史背景》《新民主主义教育发展道路》《新民主主义的劳动原则》《论人性改造与教育》《论行为构成与教育》《论群众观点与群众路线》《论思想教育与生活改造》《论集体学习与个人学习》《新中国教育制度的规则》《新教育改革诸问题》《改造学习迎接时代》等12篇文章。朱智贤的《论新民主主义教育》与林焕平的《新民主主义教育的创造》（香港智源书局1949年版）、常春元的《新民主主义教育教程》（上海杂志公司1950年版），都是最早研究新民主主义教育的著作，且堪称此类探索的典型代表。

朱智贤在新中国成立前后，特别是1950年底在新成立的人教社担任副总编辑兼教育组组长以后的工作任务，是十分繁重的，也是富有成效的。他既要参与编辑部门的领导工作和决策部署，又要具体负责师范教育学科教材的编辑出版工作，还要自己撰写一些专业论著。不仅如此，他还坚持学习俄语（解放前已自学过俄语），并试图翻译苏联教育学和心理学方面的原版论著。他由于工作紧张、劳累过度，积劳成疾，终至患肺病吐血病倒在工作岗位上，住进了医院，做了切除肋骨的手术。手术后的朱智贤元气大伤，身体十分虚弱，已不宜在人教社做高强度的工作，更不能担任行政工作。截至1951年底，朱智贤调离人教社。

离开人教社后，在他的老朋友、北京师大校长林砺儒教授（后任教育部副部长）的促成下，经过人教社领导叶圣陶、柳湜批准（唯一的条件就是希望朱智贤身体恢复后能够继续参加人教社组织起草的师范学校教育学、心理学课本的撰写工作）和其家眷同意，朱智贤调到北京师大，可以一边休养，一边适当进行教学和研究工作。于是，

1951年底，朱智贤改任北京师大教育系心理学教研室教授，此后几十年便专心从事儿童心理教育的研究和教学工作。朱智贤在北京师大虽然有一段时间以养病为主，但他仍参与了大量专业论著的撰写和翻译工作，并先后担任了儿童心理学教研室主任、心理学教研室主任，讲授普通心理学和儿童心理学课程。虽然他离开了人教社，但仍是人教社的重要作者，他主持或参与组织编写和翻译的有关师范学校心理学、教育学教材和教育图书，也大都在人教社出版。在教学、研究、介绍及翻译苏联心理学成果方面，朱智贤很快做出了突出的贡献。短短几年间，他与同事们密切结合我国实际，共同翻译了斯米尔诺夫主编的《心理学》、彼德罗夫斯基主编的《心理学》、沙尔达科夫撰写的《中小学学生心理学概论》等著作，对推进我国心理学和教育事业的发展意义重大。由他主持编纂的《心理学大词典》获得第四届中国图书奖一等奖。

（五）参与了由人教社组织和出版的新中国第一部国人原创的《教育学》和《心理学》课本的编写工作

朱智贤1950—1951年在人教社任职时，就确定了在引进和翻译苏联教育学、心理学著作的同时，要采用内外结合的办法编写新中国自己的师范学校《教育学》和《心理学》课本的计划。这项工作是在教育部师范教育司的领导下，邀请国内知名的专家学者与人教社教育编辑室的编辑共同完成的。1952年8月，编写工作正式启动，已在北京师大任教的朱智贤教授参加了师范学校教材《教育学》（四册，人教社1953年初版）第四章"幼儿教育"的撰写工作（编写者有张凌光、丁浩川、朱智贤、陈选善、胡毅、许忆痴、苏竟存、蔡仪、陈琏、滕大春、杨铭、王静）；同时，他还参加了师范学校教材《心理学》上册（编写者有陈选善、曹日昌、周先庚、唐钺、孙国华、朱智贤、郭一岑，人教社1953年初版）和下册（编写者有邵鹤亭、郭一岑、朱智贤、彭飞，人教社1953年初版）的编写工作，从而为新中国第一部师范学校《教育学》和《心理学》课本的诞生做出了贡献。值得一提的是，这两本书出版之前，叶圣陶先生曾在1953年3月10天内花费大量时间修改《心理学》书稿，并在5—8月又多次对《教育学》书稿提出了一些修改意见。对此，《叶圣陶日记》都有明确的记载。

（六）先后组织翻译（含校订）了苏联心理学、教育学的一些教材，均在人教社出版

这些教材包括：

苏罗金娜著：《学前教育学》，高天浪译，朱智贤校订，人教社1953年；查包洛塞兹著：《心理学》，朱智贤、赵譬如译，人教社1954年；凯洛夫总主编，冈查（察）洛夫、叶希波夫、赞科夫主编：《教育学》，陈侠、朱智贤、邵鹤亭、于卓、李沂、熊承涤、郭如琴、张渭城、李子卓、陈友松译，人教社1957年；彼得罗夫斯基著：《心理

学的哲学基础和自然科学基础》，北京师大教育系心理学教研组译，人教社1957年；富尔顿纳多夫、彼得罗夫斯基著：《心理学》，朱智贤等译，人教社1957年；斯米尔诺夫总主编：《心理学》，朱智贤、张世臣、龚浩然、卢盛忠、曹飞、孙晔、李沂、胡士襄等译，人教社1957年；沃洛基亭娜著：《小学儿童心理学概论》，朱智贤、龚浩然、卢盛忠、张世臣译，人教社1957年；沙尔达科夫著：《中小学学生心理学概论》，朱智贤、李沂、张世臣、陈帼眉、陈世杰、章志光、关丽娟译，人教社1958年；彼得罗夫斯基著：《普通心理学》，朱智贤、伍棠棣、卢盛忠、张世臣、龚浩然、孙晔、王明辉译，人教社1981年。

（七）独立撰写了一些重要的心理学专著，先后在人教社出版

朱智贤著：《批判实用主义者杜威在心理学方面的反动观点》，人教社1956年；

朱智贤著：《儿童心理学》（上下册），人教社1962年；

朱智贤著：《朱智贤心理学文选：理论心理学、发展心理学、心理学小品集》，人教社1989年。

其中，《儿童心理学》（1962）是1961年全国高等学校文科教材会议指定朱智贤教授编写的教科书，供综合大学和高等师范院校心理及教育专业使用，被公认为我国第一部运用马克思主义观点、吸收国内外研究成果、联系中国实际的儿童心理学教科书，而且成为"文革"前唯一正式出版的具有完整体系、体现我国学术水平的心理学教材，受到了国内外学者的高度评价。2018年11月，人教社出版了该书的第六版。学者普遍认为，朱智贤的《儿童心理学》是新中国儿童心理学发展史上的"活化石"。

第三节　专心学术，影响广泛

一、广泛的学术活动

1978年12月，中国心理学会第二届学术年会在保定召开。朱智贤在大会上作学术报告《儿童心理学研究中的若干基本问题》，就儿童心理学的研究方向、发展规律、发展速度、研究方法等问题进行论述，提出了指导性意见和建议，为我国儿童心理学研究在理论和实践方面指明了方向。这篇学术报告随即发表在《北京师范大学学报》（1979年第1期）上，对全国数以万计的儿童心理学工作者都有启发和指导价值，从而推动了我国儿童心理学研究工作健康地向前发展。

1982年朱智贤与林巧稚、叶恭绍等共同主编《家庭育儿百科全书》，该书受到年轻父母们的欢迎和好评，并获全国优秀科技图书二等奖。他语重心长地说："在三亿多儿童身上，寄托着我们国家和民族的未来和希望。这一代人的健康成长，需要家庭、学校和社会各方面的共同努力。家庭是孩子的第一所学校，父母是孩子的第一任教师，因此，必须切实搞好家庭教育。"[①]

1983年，朱智贤承担并领导跨"六五""七五"规划的国家重点科研课题"中国儿童心理发展特点与教育"的科研任务，组织了全国50多个单位，遍及23个省市的200多位儿童心理研究工作者，经过7年的努力，从整体上第一次较全面系统地揭示了中国儿童心理发展的特点，并出版了专著《中国儿童青少年心理发展与教育》。该书出版后，在国内外心理学界、教育界产生了很大影响，获得广泛好评，被誉为"心理学研究中国化"的典范。

1984年与1988年，朱智贤与林崇德两度合作，共同完成心理学巨著《思维发展心理学》《儿童心理学史》。1986年，他又承担一项国家"七五"规划的重点科研课题，领衔主编我国第一部大型综合性心理学工具书《心理学大词典》。在他的主持下，集全国心理学界200多位专家、学者的集体智慧和力量，提前1年完成了这部大词典的出版任务。

朱智贤在校内外的兼职很多，如中国教育学会副会长、中国心理学会常务理事、中国科学院心理研究所学术委员、北京师范大学校学位委员会委员兼教育分会主任、《心理学报》编委、北京市家庭教育研究会顾问等职务，社会活动十分频繁。比较有影响力的活动主要有：1980年应天津教育界领导和广大教师的邀请，作《谈谈儿童心理规律和提高教学质量问题》报告；1981年应美国儿童发展研究会的邀请，参加美国儿童发展会议，并撰写了一系列文章；1985年率领中国教育学会代表团访问日本，考察日本的职业技术教育；1986年参加加强少年儿童思想教育工作座谈会，作《儿童的品德教育要遵循儿童心理发展规律》的专题发言，赢得多方面的好评。

（一）筹办《山东民众教育月刊》

1932年受时任山东省立民众教育馆馆长的董渭川先生的邀请，朱智贤赴济南帮助筹办《山东民众教育月刊》。他急切地投入这项并不十分熟悉的工作中，并及时总结成功的经验发表在月刊上。朱智贤是个有心人，他干什么就研究什么，并及时总结写成文字。接触民众教育虽然仅半年时间，他就编写了《民众教育实施法》《民众教育活动实施法》两本专著，受到全国民众教育界人士的欢迎和好评。1935年，受董渭川先生的邀请，他再次到济南，担任民众教育馆的编辑部主任，主编《山东民众教育月刊》

[①] 黄永言. 朱智贤传［M］. 北京：人民教育出版社，2000：第376页.

《小学与社会》两种教育刊物，投身于更加丰富多彩的民众教育实践中。

1956年1月14日，党中央召开了知识分子问题座谈会，周恩来作了《关于知识分子问题的报告》。报告要求在三个月内制订1956—1967年全国科学技术发展远景规划，并号召"赶超世界先进水平"和"向现代化科学进军"。朱智贤应邀参加了这次会议，亲耳聆听了党和国家领导人的讲话，亲身感受了老一辈无产阶级革命家团结党外人士、团结知识分子、尊重科学、尊重人才的博大胸怀。他全身心地投入这项工作中，亲自为心理学科规划撰写了课题说明。他写道："心理学是关于人的科学，是一门具有高度综合性的科学……它在将来必然会日益发展成为人类学术领域中一门最丰富多彩的科学。"①

（二）编写巨著《儿童心理学》

1961年初，朱智贤参加了中宣部召开的全国高等学校文科教材会议，被点名负责编写高校用的《儿童心理学》教科书。他以超常的高效率完成了书稿，1962年10月《儿童心理学》由人民教育出版社出版。在书中，朱智贤用马克思主义基本观点和辩证唯物主义方法，论述了儿童心理发展的基本理论问题和各年龄阶段儿童心理发展的特征。这是解放后我国第一本儿童心理学教科书，也是我国第一部以马克思主义观点为指导的儿童心理学教科书；在培养我国儿童心理学专业工作者方面起到了很大作用，在我国心理学界和教育界有着广泛的影响。

（三）创建儿童心理研究所，创办《心理发展与教育》杂志

1985年，高校中掀起出国热潮，青年教师中存在着人心思动、人才流失严重、教书育人意识淡薄的问题。在这种形势下，朱智贤为培养我国儿童心理学人才，毅然决然创建了北京师范大学儿童心理研究所，并出任所长。在北师大领导的支持下，他克服重重困难，开拓创新，把儿童心理研究所办得有声有色，成为北师大教书育人的典范和旗帜。同年，他还创办了《心理发展与教育》杂志，这是一份儿童心理学、教育心理学专业刊物，对传播国内外有关儿童心理学、教育心理学的科学知识，应用儿童心理学、教育心理学促进教育教学改革发挥了重要作用。

二、担任的社会职务

1956—1957年全国科学技术发展远景规划起草者

中国教育学会副会长

---

① 黄永言. 朱智贤传 [M]. 北京：人民教育出版社，2000：216.

中国心理学会常务理事
中国心理学会发展心理教育心理专业委员会副主任
北京心理学会顾问
中国科学院心理研究所学术委员
北京师大校学术委员会（文科）副主任
北京师大校学位委员会委员兼教育分会副主任
中国大百科全书心理学卷"发展心理"分卷主编
《心理学报》编委
北京市家庭教育研究会顾问
北京市幼儿教育研究会顾问

第四节 师范传承，桃李芬芳

改革开放以后，朱智贤是国务院公布的首批博士生导师，培养了新中国第一位教育学（含心理学）博士林崇德。

林崇德　　　　　董奇　　　　　程跃

庞丽娟　　　　　陈英和　　　　申继亮

图 2.1　朱智贤先生培养的六位著名博士

一、开门弟子林崇德博士

林崇德博士，1941年生，浙江宁波象山人。当代中国心理学家和教育家。1965年

图 2.2　林崇德博士

从北京师范大学首届心理学专业本科毕业后，在中小学从事基础教育工作 13 年。1978 年考回北京师范大学做研究生，师从我国著名心理学大师、教育家朱智贤教授。1980 年留校工作，1984 年获博士学位，是新中国培养的第一位教育学（心理学）博士。1986 年破格晋升教授，1989 年被国务院学位办批准为博士生导师。曾任北京师范大学发展心理研究所所长、校教学指导委员会主任、中国家庭教育学会副会长、中国心理学会理事长、中国教育学会常务理事兼学术委员会副主任、国务院学位委员会学科评议组成员等职务。荣获全国劳动模范、全国师德标兵、全国优秀科技工作者等荣誉称号。现任北京师范大学校务委员会委员；兼任教育部人文社会科学委员会委员兼教育学与心理学学部召集人，教育部中小学心理健康教育专家指导委员会主任，亚太地区健康心理学会第一副主席；中组部联系高级专家；32 所大学和研究机构的兼职教授、客座教授等。林崇德教授长期致力于心理学，特别是发展心理学与教育心理学的研究和教学工作，先后主持了 20 余项国家哲学社会科学、国家自然科学基金、教育部和科技部等重点项目。撰有学术专著近 20 部，发表学术论文与研究报告 400 余篇，并主编《心理学大辞典》、"应用心理学书系"、《中国少年儿童百科全书》和主持翻译《儿童心理学手册》等大型工具书和心理学系列教材。研究成果荣获普通高等教育国家级优秀教学成果一等奖、全国高校优秀教材特等奖和一等奖、教育部人文社会科学优秀成果一等奖、全国教育科学研究优秀成果奖和教育部科技进步二等奖等省部级以上奖励二十余项。

我国首位教育学博士

1981 年 11 月，我刚刚填完晋升讲师的表格，新成立的心理系主任彭飞教授找到我，我到了彭主任办公室，彭主任说，心理学学科作为教育的门类，和教育学、体育学一起构成了教育的大的门类。我们北京师范大学已经成为心理学四个博士点单位之一，博士生导师是朱智贤教授。全国首批这四位博士研究生导师，现在开始招生了。彭主任又说："我和朱老师商量，决定招你为第一个博士研究生，不知道在博士论文答辩会上你有什么想法？"

我顺利通过了博士生的入学考试。接着，一方面，我在学校里参加了一个外语提高班，实际上是出国人员的口语班；另一方面，我积极学习朱智贤教授给我布置的国内外的一些文献，为的是有一个扎实的知识基础。在做博士论文时，我利用自己的科研底子，围绕着小学生数学运算中的思维品质的发展与培养问题做了系统的研究。按现在博士论文送审要求，博士论文送给校内外五个评委就足矣，但我的博士论文从1982年年底开始，一直到1984年1月一年多时间，先后送给了三四十位专家审阅，心理学界的一些权威人士几乎都审阅了我的论文。

图2.3　1978年，朱智贤先生（右）指导他的学生林崇德

1984年3月3日，北京师范大学举办了我的博士论文答辩会。那天早晨不到8点，100多人的教室被挤得水泄不通，约200人赴会，近一半是站着听完答辩全过程。校党委书记陈静波同志、常务副校长肖敬若同志、校学位委员会主任白寿彝教授、国务院学位办的领导以及校内几乎所有的心理学老师和高年级学生都到会，校外的好多心理学同行也到会，听取了我——心理学乃至整个教育门类的第一个博士研究生的答辩。

答辩委员会主席是华南师范大学的前身华南师院的老院长、第二批博士研究生导师阮镜清教授。答辩专家有中国社会科学院哲学研究所博士研究生导师、心理学家陈元晖教授，有第二批博士研究生导师、首都师范大学的学术带头人，也是1957年以前我们北京师范大学的教务长林传鼎教授，有辽宁师范大学学术带头人韩进之教授，还有我们北师大的彭飞主任和我恩师朱智贤教授。一共6位专家，组成了博士研究生答辩委员会。

资料来源：《林崇德口述历史》

林崇德教授著作目录

1. 《教育的智慧》（独著），北京师范大学出版社，获第三届全国高校人文社会科学研究优秀成果奖一等奖（教育部奖），1999/2005；

2. 《学习与发展》（独著），北京教育出版社/北京师范大学出版社，获首届全国高等学校人文社会科学研究优秀成果奖一等奖（教育部奖），

1993/2002；

　　3.《我的心理学观》（独著），商务印书馆，2008；

　　4.《教育为的是学生发展》（当代中国心理学家文库　林崇德卷）（独著），北京师范大学出版社，2006；

　　5.《教育与发展——创新人才的心理学整合研究》（独著），北京师范大学出版社，2003，获教育部优秀教育科学成果奖一等奖；

　　6.《发展心理学》（独著），浙江教育出版社，1995；

　　7.《品德发展心理学》（独著），上海教育出版社，1989，获北京市哲学社会科学优秀成果二等奖；

　　8.《智力发展与数学学习》（独著），科学出版社，参加德国富兰克福国际书展，1984/2011；

　　9.《中学生心理学》（独著），北京出版社，1983，获北京市哲学社会科学优秀成果中青年奖；

　　10.《思维发展心理学》（与朱智贤教授合著），北京师范大学出版社，1986，获教育部优秀教育科学成果奖一等奖；

　　11.《儿童心理学史》（与朱智贤教授合著），北京师范大学出版社，1988，获国家高校优秀教材奖特等奖；

　　12.《发展心理学》（主编），人民教育出版社，获北京市哲学社会科学优秀成果一等奖，1995/2006；

　　13.《创新人才与教育创新研究》（合著），经济科学出版社，2009；

　　14.《应用心理学书系》（12本）（主编），人民教育出版社，2000，获国家高校优秀教材奖一等奖、国家（政府）图书奖；

　　15.《师德通览》（主编），山东教育出版社，2000；

　　16.《中国独生子女教育百科》（主编），浙江人民出版社，1999；

　　17.《当代学习心理学丛书》（5本）（主编），湖北教育出版社，1999；

　　18.《当代智力心理学丛书》（8本）（主编），浙江人民出版社，1996；

　　19.《儿童青少年心理学丛书》（8本）（主编），浙江教育出版社，1993；

　　20.《中国少年儿童百科全书》（主编），浙江教育出版社，1991，两次被评为全国十大畅销书之一。

二、董奇博士

　　董奇博士，四川岳池人，1961年生，1979年考入北京师范大学。1982年本科毕业后，被朱智贤教授招收为硕士研究生。两年后，硕士研究生转博士研究生，他有幸成为朱智贤教授晚年指导的继林崇德之后的第二位博士研究生。

他的博士论文答辩是由朱智贤教授亲自主持的。他获得博士学位后，赴美国留学；回国后，又在北师大儿童心理研究所从事研究工作，不久后任北师大教育与心理科学学院副院长、发展心理研究所副所长、博士生导师；1999年任北京师范大学副校长，2008年任北京师范大学常务副校长，2012年任北京师范大学校长。是国家杰出青年基金获得者、教育部"跨世纪人才培养计划"第一批人选，享受国务院政府特殊津贴。长期从事儿童心理发展与测评、儿童语言与数学学习及其脑机制、基因—环境—脑—心理发展的相互作用关系等方面的研究。

图2.4 董奇博士

出版《自我监控与智力》《儿童创造力发展》《心理与教育研究方法》等专著五部，在国内外重要学术刊物上发表科学研究报告和论文百余篇。

他回忆说："记得第一次从先生处领回我的第一篇研究生读书报告和心得，上面密密麻麻地留下了先生逐字逐句修改的字迹，其中包括对所用错字、标点符号的纠正，使我感动万分，同时又感到十分惭愧，第一次领略到了，早先听人们传说的先生在做学问上的严谨，直接感受到了先生严肃面容的内涵。"

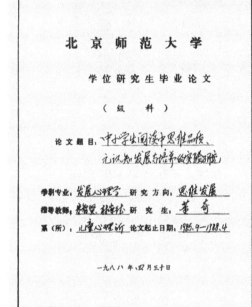
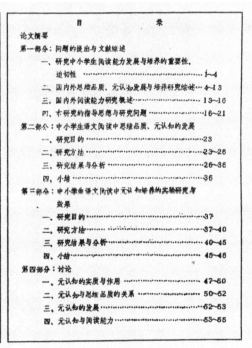

图2.5 董奇博士学位论文（一）

图 2.6　董奇博士学位论文（二）

图 2.7　董奇博士的著作与译著

朱老怎么指导我，我就怎样去指导你们。

1985 年，我协助朱老指导了一位博士研究生，他就是董奇。1982 年暑假，我协助朱老招收硕士生，这一届一共招了 5 位研究生，有董奇、张晓东、陈英和、朱建军和赵红。其中后两位是一对夫妻。从此，我就以副导师身份开始了"导师"生涯。董奇没有出国攻读博士学位，与他看到我当时工作任务繁重、想为我分挑负担有直接联系。这蕴涵了深深的师生情结。我在教他们班的儿童心理学时，他就跟着我搞科研。

我赏识董奇，不单纯是因为他对我尊重和信任，还因为他给我留下的印象太深。第一，他为人忠实坦白，有话讲在当面，可谓光明正大。第二，他生活异常艰苦，但学习特别努力。第三，他十分爱动脑子，每时每刻都在动脑子，所以他的主意特别多。第四，他事业心强，在大学求学阶段就想当国内一流、国际有影响的学者，所以他自己在工作、事业上的投入绝对下本。

他在美国深造的时候，几乎一个月要给我写两封信，直到现在这些信还保留在我家里。他在信中明确地写道："林老师，我们师生两个人的情谊之深是一般人或常人难以理解的。"每个导师都希望有几位合格的接班人，董奇是好样的，我必须带出一批像他那样的优秀人才，对国家做贡献的人才。

董奇是我协助朱老带的第一批硕士研究生中的一位，又是我协助朱老指导的第一个博士研究生。我预料并期待他超越我，使从朱老到我、从我到他的事业代代相传。

图2.8 董奇团队国家级教学成果奖获奖证书

董奇非常讲良心、重感情，多次在自己的论著里感谢导师朱老，感谢另一个导师——我。直到他当了常务副校长时，有一次见我很忙，不愿到校外大医院看病，竟提出要为我去校外医院挂号和取药。

董奇博士成就更出色。他是北京师范大学最早获得青年杰出基金（总理基金）的两位学者之一，2005年，董奇在教育部实验室的基础上创建了我国第一个心理学国家重点实验室。他还具有高度的社会责任感，能够恰当地运用科学手段服务大众。有一段时间，国内掀起"开发右脑"的热潮，有关开发右脑的书籍"洛阳纸贵"。作为专业学者，董奇没有人云亦云。他秉承研究者的科学精神，力排众议，用充分科学论据重申全脑开发的重要性。他的观点得到了包括时任国务院副总理的李岚清等领导同志的肯定。

董奇在心理学的研究上思维十分敏捷。他尽管是跟着朱老和我学发展心理学，他的博士论文和我原来从事的领域十分相近；但当他一旦拿到博士学位以后，他觉得不管从理论基础还是从研究的场地都应该扩展。

利用与国际交往的关系，董奇、庞丽娟夫妇一起先后成为斯坦福大学的访问教授、兼职教授，并且在这个基础上研究了儿童早期的发展，研究了心理健康教育问题这些国际前沿的课题。

资料来源：《林崇德口述历史》

三、程跃博士

程跃博士，1958年生于安徽合肥市，1977年考入安徽蚌埠医学院医疗系，1982年毕业后，从事儿童科临床工作三年。

图2.9　程跃博士

在工作之余，他想在心理学和医学之间找到一个发展方向，继续深造。当时社会上心理学书缺乏，只读到朱智贤教授的《儿童心理学》，于是他就给朱智贤教授写了一封信，表达了自己想继续深造的愿望。没想到的是，林崇德替导师朱智贤教授给程跃写了一封回信，鼓励他报考。程跃连续攻读了三年，经历了两次失败，最终于1985年考入北京师范大学儿童心理研究所，师从朱智贤教授学习儿童思维发展。两年后，在林崇德的努力下，程跃直攻博士并转为中美联合培养的博士生。回国后，以《智力表型表达登记及其环境条件》为题完成了博士论文，由林崇德代表导师朱智贤教授主持了博士论文答辩会，获得了儿童心理学博士学位。1990年，分配到国家教委教育发展研究中心未来教育实验室，从事素质教育研究工作。

1993年元月，程跃调入北京师范大学儿童心理研究所从事心理咨询和儿童早期发展指导工作。后策划了婴儿跟踪指导活动，获得了极大成功。1996年，辞去了北师大工作，创办了"金色摇篮"潜能开发婴幼园，并亲任园长，成为我国第一个心理学博士婴幼园园长。他还开办了"绿野天地"儿童青少年大自然学校，亲任校长，对儿童、青少年实施全程实验。

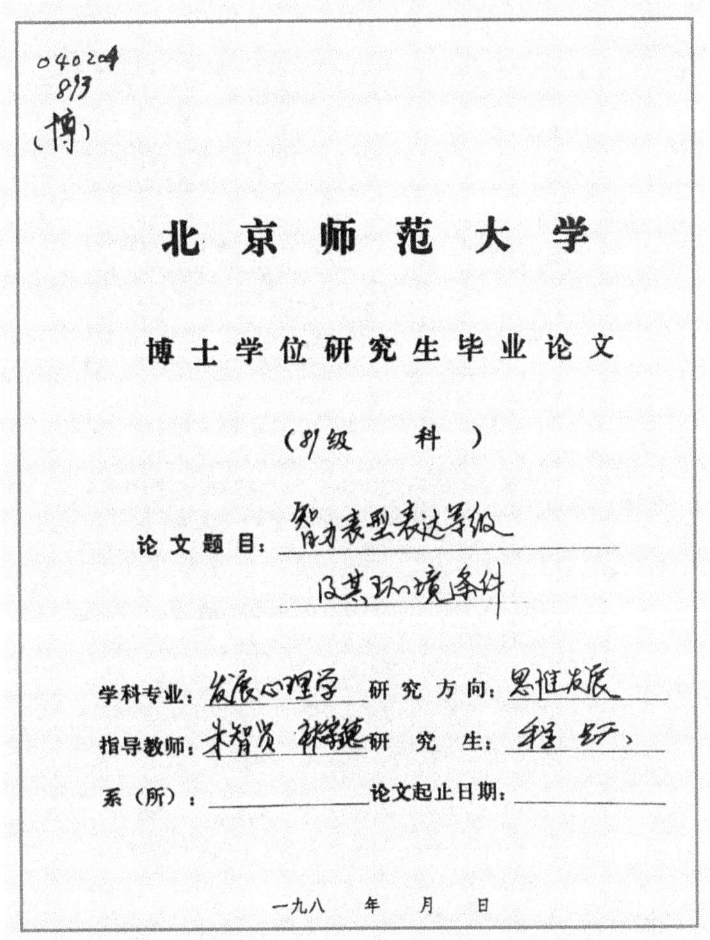

第二章 教育活动简介

> 040204
> 873
> （博）
>
> # 北京师范大学
>
> ## 博士学位研究生毕业论文
>
> （81级 科）
>
> 论文题目：__智力表型表达等级__
> __及其环境条件__
>
> 学科专业：__发展心理学__ 研究方向：__思惟发展__
> 指导教师：__朱智贤 林崇德__ 研究生：__程跃__
> 系（所）：_____ 论文起止日期：_____
>
> 一九八 年 月 日

图 2.10 程跃博士毕业论文扫描件（一）

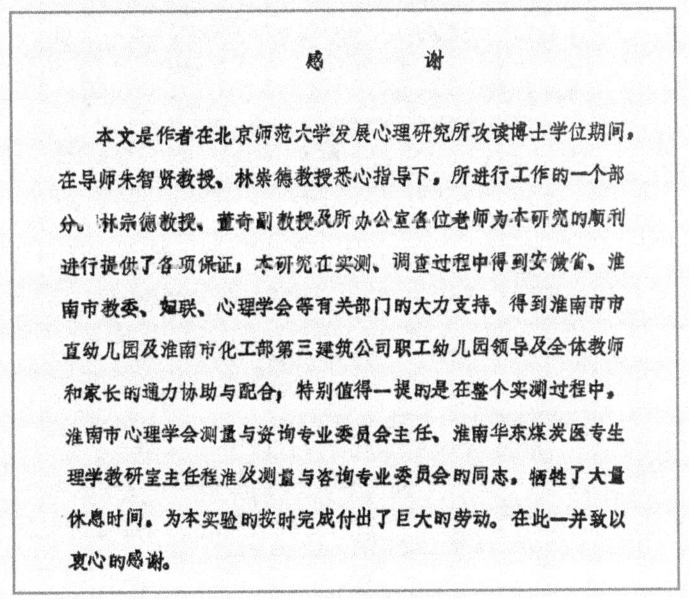

> ### 感　谢
>
> 　　本文是作者在北京师范大学发展心理研究所攻读博士学位期间，在导师朱智贤教授、林崇德教授悉心指导下，所进行工作的一个部分。林崇德教授、董奇副教授及所办公室各位老师为本研究的顺利进行提供了各项保证，本研究在实测、调查过程中得到安徽省、淮南市教委、妇联、心理学会等有关部门的大力支持，得到淮南市市直幼儿园及淮南市化工部第三建筑公司职工幼儿园领导及全体教师和家长的通力协助与配合，特别值得一提的是在整个实测过程中，淮南市心理学会测量与咨询专业委员会主任、淮南华东煤炭医专生理学教研室主任淮及测量与咨询专业委员会的同志，牺牲了大量休息时间，为本实验的按时完成付出了巨大的劳动。在此一并致以衷心的感谢。

图 2.11 程跃博士毕业论文扫描件（二）

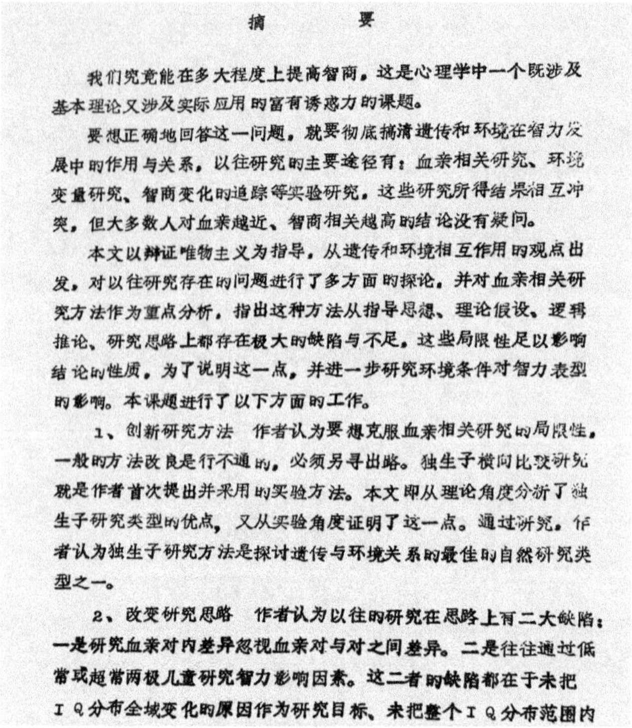

摘　要

我们究竟能在多大程度上提高智商，这是心理学中一个既涉及基本理论又涉及实际应用的富有诱惑力的课题。

要想正确地回答这一问题，就要彻底搞清遗传和环境在智力发展中的作用与关系。以往研究的主要途径有：血亲相关研究、环境变量研究、智商变化的追踪等实验研究。这些研究所得结果相互冲突，但大多数人对血亲越近、智商相关越高的结论没有疑问。

本文以辩证唯物主义为指导，从遗传和环境相互作用的观点出发，对以往研究存在的问题进行了多方面的探讨。并对血亲相关研究方法作为重点分析，指出这种方法从指导思想、理论假设、逻辑推论、研究思路上都存在极大的缺陷与不足。这些局限性足以影响结论的性质。为了说明这一点，并进一步研究环境条件对智力表型的影响，本课题进行了以下方面的工作。

1、创新研究方法　作者认为要想克服血亲相关研究的局限性，一般的方法改良是行不通的，必须另寻出路。独生子横向比较研究就是作者首次提出并采用的实验方法。本文即从理论角度分析了独生子研究类型的优点，又从实验角度证明了这一点。通过研究，作者认为独生子研究方法是探讨遗传与环境关系的最佳的自然研究类型之一。

2、改变研究思路　作者认为以往的研究在思路上有二大缺陷：一是研究血亲对内差异忽视血亲对与对之间差异。二是往往通过低常或超常两极儿童研究智力影响因素。这二者的缺陷都在于未把IQ分布全域变化的原因作为研究目标，未把整个IQ分布范围内

图 2.12　程跃博士毕业论文扫描件（三）

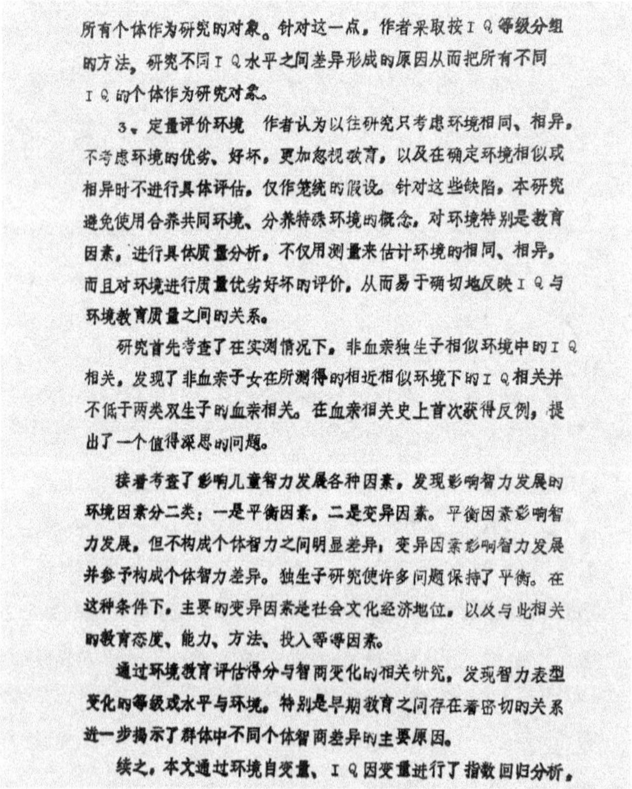

所有个体作为研究的对象。针对这一点，作者采取按IQ等级分组的方法，研究不同IQ水平之间差异形成的原因从而把所有不同IQ的个体作为研究对象。

3、定量评价环境　作者认为以往研究只考虑环境相同、相异，不考虑环境的优劣、好坏，更加忽视教育，以及在确定环境相似或相异时不进行具体评估，仅作笼统的假设。针对这些缺陷，本研究避免使用合养共同环境、分养特殊环境的概念，对环境特别是教育因素，进行具体质量分析，不仅用测量来估计环境的相同、相异，而且对环境进行质量优劣好坏的评价。从而易于确切地反映IQ与环境教育质量之间的关系。

研究首先考查了在实测情况下，非血亲独生子相似环境中的IQ相关。发现了非血亲子女在所测得的相近相似环境下的IQ相关并不低于两类双生子的血亲相关。在血亲相关史上首次获得反例，提出了一个值得深思的问题。

接着考查了影响儿童智力发展各种因素，发现影响智力发展的环境因素分二类：一是平衡因素，二是变异因素。平衡因素影响智力发展，但不构成个体智力之间明显差异，变异因素影响智力发展并参予构成个体智力差异。独生子研究使许多问题保持了平衡。在这种条件下，主要变异因素是社会文化经济地位，以及与此相关的教育态度、能力、方法、投入等因素。

通过环境教育评估分与智商变化的相关研究，发现智力表型变化的等级或水平与环境，特别是早期教育之间存在着密切的关系，进一步揭示了群体中不同个体智力差异的主要原因。

续之，本文通过环境自变量、IQ因变量进行了指数回归分析。

图 2.13　程跃博士毕业论文扫描件（四）

获得了一条估计绝大多数（80%左右）个体遗传潜力的指数回归曲线。作者根据分析认为这条曲线在IQ轴（Y轴）上的投影范围，就是多数个体IQ变化的潜力范围。在所测得的环境变异区域内，这个范围从IQ60左右到IQ140左右。据此，作者认为智力超常是一般个体智力遗传可能性范围内的一种良好表达状态，多数普通的儿童只要在良好教育下都有可能达到理想表达水平，即智力超常水平。绝大部分超常儿童不是因天赋优越，而是因环境优越。

本文接着又利用数学分析方法（L_2范数）对2个幼儿园IQ差异为10.06的两个分布，进行了遗传与环境关系的分析。证明了二个幼儿园IQ差异10.06不是由遗传差异造成的，而是由环境差异造成的。即证明了两个幼儿园的儿童并不具有伴随父母社会文化经济地位差异而存在的遗传天赋上的明显差异，研究还从不同IQ组父母文化程度、职业特点、教育能力等方面分析了这一问题。

本课题同时涉及到优生、优育、优教等方面的问题，并进一步回答了遗传差异、遗传潜力、智力表型、环境条件之间的辩证关系，用实验论证儿童心理发展的辩证过程，实验进一步表明儿童智力发展的水平是由环境，特别是教育决定的。

本文还同时讨论了不同智力发展水平的教育条件特点、教育与智力及非智力与特殊教育、与幼儿园教育等问题的关系，强调了环境测量的重要意义。认为相对论的观点和方法是认识和研究遗传和环境对智力影响的重要途径等等。

本研究通过调查并在理论上讨论了遗传环境的辩证关系，为早期教育理论提供了重要的依据，为父母认识子女的未来，增强早期教育信心，提供了具有积极意义的信息。

图 2.14 程跃博士毕业论文扫描件（五）

图 2.15 程跃博士著作封面

1985年我协助朱老招收程跃（现金色摇篮教育集团董事长）、洪建中（现芬兰赫尔辛基大学教授）为硕士研究生。1987年，我协助朱老招收程跃为直接攻博研究生，程跃于1990年拿到博士学位后，先是在教育部和北京师范大学工作过，最终他成为一个走入教育实践的杰出学者，"发展潜能心理学"的提出者。他在幼儿心理发展与教育领域的名望几乎响遍全国。

从1987年起，我先后送出博士研究生程跃、申继亮、李虹、陈英和、金盛华、邹泓、方晓义和俞国良等。

资料来源：《林崇德口述历史》

中央电视台《东方时空》节目、《东方之子》栏目、凤凰卫视《财智人生》栏目、《中国青年报》《中国教育报》等媒体对程跃博士的办学成果竞相报道。

2005年，程跃博士荣获"宋庆龄幼儿教育奖"；

2006年，荣获"北京学前教育品牌机构领军人物"称号；

2007年，荣获"和谐中国·2007年度十大影响力企业家"称号；

2008年，荣获"中国学前教育行业魅力领军人物"奖；

2009年，荣获"2008年度朝阳区教育系统年度人物"称号；

2010年，荣获"影响中国教育的风云人物"称号。

四、庞丽娟博士

庞丽娟博士，1962年生于浙江省宁波市。16岁时考入北京师范大学教育系。1982年毕业时，她选择了北师大教育系实验幼儿园，一头扎进了儿童心理与教育研究的最基层。一年后，庞丽娟回到系里从事学前教育教学和研究工作。在职期间，考取了朱智贤教授的硕士研究生。后与正在朱智贤教授指导下攻读博士学位的董奇相识相爱，两人于1985年结为伉俪。后两人先后飞赴美国深造。

1991年，庞丽娟回国后，在北师大儿童心理研究所所长林崇德的主持下，通过了论文答辩，获得了教育学博士学位。29岁被破格提拔为副教授，32岁任教授，34岁任博士生导师和系教研室副主任。后与董奇再赴美国做访问学者。一年半后，返回祖国。

图2.16 庞丽娟博士

她先后指导和培养了5名博士研究生和近20名硕士研究生。在科研方面取得了一系列研究成果。论著《婴儿心理学》经专家评审，被认为是"我国该领域的第一本专著，填补了我国在该方面的空白"。出版著作14本，在国内外学术刊物上发表论文160

余篇。1999年享受国务院"政府特殊津贴"。

1995年,庞丽娟当选为中国学前教育研究会秘书长;同年,又被世界学前教育组织中国委员会推选为副主席兼秘书长;1997年,被国家教委评为"跨世纪优秀培养人才";1998年,又当选为第九届全国政协委员;现任全国人大常委、国家督学、世界学前教育组织中国委员会主席、北京师范大学校务委员会副主任、民进中央常委兼教育委员会主任等职。

图 2.17 庞丽娟博士论文扫描件

图 2.18 庞丽娟著作封面

1988年，我协助朱老招收陈英和与庞丽娟（董奇妻子、美国的硕士，现为全国人大常委、我校校务委员会副主任、教育学部教授）为在职博士生。

1986年，我送董奇到美国学习，董奇夫妇二人都在国外，他们能否准时回来，并不单纯考验着博士研究生董奇，这对我当导师的本身也是一种考验。董奇后来按时回国了，他的妻子庞丽娟是先出国的，并在国外拿到硕士学位。1988年5月，他夫妇俩接时回国了。后来庞丽娟还考了博士研究生，朱老是她的导师，我为副导师。

资料来源：《林崇德口述历史》

五、陈英和博士

陈英和博士，1959年12月生于吉林省长春市。1982年于北京师范大学心理系本科毕业，获教育学学士学位；1985年6月获教育学硕士学位。先后任教北师大发展心理研究所助教、讲师；1988年报考博士研究生，指导教师是朱智贤教授和林崇德教授。两年后，她作为中美联合培养的博士生，在美国肯特州立大学教育学院心理学系学习博士课程。在此期间，与美国教授一起从事父母离异对儿童心理发展影响的合作研究，并为该系学生开设中国家庭结构特点及家庭教育的系列专题讲座等。

1995年10月至1999年12月，在英国伦敦大学心理系进修儿童认知、认知与语言等专业课程，参加英国儿童认知发展研究所的有关学术活动，并在伦敦的华语学校进行有关儿童心理发展的跨文化研究。2008年至2009年，在美国加州大学伯克利分校心理学系任富布赖特项目高级研究学者（儿童情绪）。

1992年6月，陈英和获教育学博士学位。先后任北师大发展心理研究所副教授、硕士生导师、教授、博士生导师。兼任《心理科学》编委、国际社会行为发展学会委员、中国学位与研究生教育学会常务理事、中国学位与研究生教育学会师范类工作委员会副主任兼秘书长、北京师范大学校学术

图2.19 朱智贤教授与弟子陈英和博士合影

委员会成员、教育部人文社科重点研究基地北师大发展心理研究所副主任、中国心理学会发展心理专业委员会副主任。2005年享受国务院政府特殊津贴。2006年入选教育部"新世纪优秀人才支持计划"。

研究领域：儿童早期情绪习得、表达、理解的发展机制；幼儿社会认知的理论探讨与实证研究；儿童、青少年认知能力的发展与培养；儿童问题行为的干预与认知治疗；儿童认知学习与多媒体环境等。主要著作有：《生命全程发展心理学》（译著），北京师范大学出版社，2009年；《认知发展心理学》，浙江人民出版社，1996年；《思维——开发无限的潜能》，北京师范大学出版社，2000年；《爱的哺育——儿童发展关键期捕捉》，明天出版社，1988年。另，发表论文百余篇。

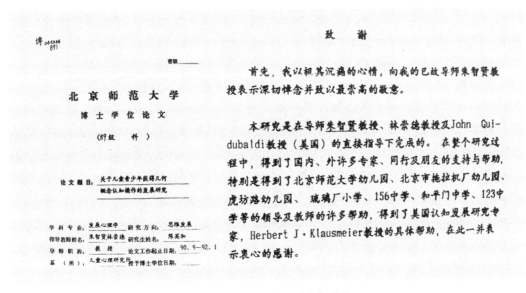

图 2.20　陈英和博士论文扫描件

陈英和，她是高级知识分子的女儿，聪慧、开朗、活泼、可爱，外语出色，在研究生期间能用熟练的英语与来访的外宾开玩笑。后来，她表现出多种能力，不仅仅学习能力强，而且行政能力也较出色。二十世纪九十年代中期，她曾与丈夫被国家派往国外工作了五年，受到国家的嘉奖。

资料来源：《林崇德口述历史》

图 2.21　陈英和译著封面

六、关门弟子申继亮博士

申继亮博士，1964 年出生于河南省封丘县。1986 年毕业于北师大心理学系，获学士学位。毕业后报考北师大发展心理研究所的硕士研究生，指导教师是朱智贤教授。1988 年 10 月参加工作，1990 年升为讲师，同年报考发展心理研究所博士研究生，系朱智贤教授培养的博士生中的关门弟子。

1991 年，申继亮作为中美联合培养的博士，赴美国进修一年。1992 年 6 月，由林崇德教授主持，通过了论文答辩并获得博士学位，时年 28 岁。

申继亮虽然是朱智贤教授的关门弟子，但由硕士到博士，跟随朱智贤教授也有四年之久，朱智贤教授对他言传身教，悉心培养。据申继亮教授回忆："朱老常常教导我们，学与用一定要结合，学以致用是最好的读书、治学方法。因为知识的使用，不仅能加深对知识的理解，乃至能触类旁通，从而对学习和研究有更深的感情和更大的动力。"①

申继亮教授牢记恩师教诲，刻苦努力，在教学科研方面取得了突出的成绩。

1995 年晋升教授后，翌年被批准为博士生导师，随即赴美国肯特州立大学开展合作研究半年；1997 年赴加拿大韦尔弗雷德大学访问，开展合作研究四个月；1998 年赴美国佐治亚南方大学访问，开展合作研究、讲学半年。1999 年任北师大发展心理研究所所长。2008 年 11 月任教育部基础教育二司副司长。曾荣获教育部评选的"全国高校百名优秀青年教师"称号，被列入国家跨世纪优秀人才名单。

主要研究方向是认知发展和教师专业发展。

十多年来，申继亮教授发表了学术论文百余篇，独立或参与撰写《教师素质论纲》《发展心理学研究方法》等 12 部学术专著，参与和独立承担的科研课题近二十项，获得十多次奖励。

图 2.22 全国养成教育现场会（山西），申继亮作《树立世界眼光，深入推进习惯养成教育》专题报告

图 2.23 朱智贤与他的弟子申继亮博士、陈英和博士

---

① 《林崇德口述历史》

第二章 教育活动简介

博 040304
892

密级 _____

北 京 师 范 大 学
博 士 学 位 论 文

（89级   科 ）

论文题目： 情绪理解发展的研究
          ——关于成人期认知适应性发展的探讨

学 科 专 业： 发展心理学   研 究 方 向： 思维发展
指导教师姓名： 朱智贤、林崇德 研究生姓名： 申继亮
导 师 职 称： 教   授   论文工作起止日期： 90.9—92.2
系　（所）： 儿童心理研究所 授予博士学位日期：

图 2.24　申继亮博士毕业论文扫描件（一）

致　　　谢

首先我表示对朱智贤教授沉痛的悼念和深切的怀念。

本研究是在朱智贤教授、林崇德教授亲切指导下完成的，在整个研究过程中得到了董奇副教授、美国韦恩州立大学心理系 Gisela Labouvie-Vief 教授的帮助与指导，得到了北师大儿童心理研究所教师、研究生的大力支持与帮助，在此一并表示衷心的感谢。

图 2.25　申继亮博士毕业论文扫描件（二）

图 2.26　申继亮博士主编的著作

1988 年年底，申继亮取得硕士学位留校工作，到 1989 年暑假我协助朱老招收他为在职博士生。

在我和研究生相处的过程中，申继亮引起了我的重视，因为他与众不同的哲学基础和理论思维，每次发言都显示出扎实的理论功底。他办事认真，为人憨厚。1986 年，他和陈学锋二人一入学就跟我下教育实践第一线投入教改实验，表现得非常积极，且有成效。

从 1988 年起，我先后推荐董奇和申继亮这两位不到 30 岁的弟子担任副所长；1999 年，我 58 岁时，坚决辞去了刚刚获得首批的全国人文社会科学重点基地的主任职务，而力荐一位优秀的、年轻的学者，我的学生——申继亮担任主任。

申继亮等弟子对多国青少年创造性特点做了跨文化研究，他把研究成果在 29 届国际心理学学术会议（柏林）上作了分组报告。报告中，他比较了中、英、日、德四个国家的青少年在创造性人格方面既存在着共同性又存在着个体差异。

我要在北京师范大学当好心理学学科带头人、当好导师，用自己全部力量投入学科建设上去，特别是队伍建设上去，带出一支有团结精神、形成团队力量与和谐的导师队伍，从朱老到我，再到董奇，再到申继亮、邹泓、陈英和、庞丽娟、方晓义、王耘、韦小满、辛涛、寇彧、李庆安、辛自强等等，我们梯队建设有序，成绩也较卓著。

我一直坚持的原则是教书育人中要"严慈相济"，做到吾友郭嘉忠"赠"的"严在当严处，爱在细微中"，因为爱必须严，"严师出高徒"，严是爱的另一种表达。

资料来源：《林崇德口述历史》

1991年国家教委专家组对北京师范大学以朱智贤先生及其弟子林崇德教授等所带领的博士培养工作给予了高度评价，一致认为，北京师范大学博士培养具有以下几个特点：

一是重视博士点的建设，建立起学术水平高、团结和谐、治学严谨、朝气蓬勃，并有好的学术梯队的学术集体；

二是学术主攻方向明确，有自己的特色；

三是积极承担国家科研任务，带领学生进入学科前沿；

四是注意选拔人才坚持宁缺毋滥的原则，招生中严格把好质量关；

五是强调为人为学的一贯性，做到教书育人。

朱智贤先生身为心理学界泰斗，不仅在心理学领域成就斐然，为我国的发展心理学研究建构了科学的、系统的理论框架，培养了数以千计的心理学工作者和教育理论工作者，而且在教育领域也是贡献颇多。他在教育领域做出的贡献和他在心理学领域取得的成果紧密相连，是一个有机的统一体。他毕生致力于人民和党的教育事业，既身体力行，又不乏真知灼见，其教育思想涉及教育本质、儿童教育、师范教育、民众教育等各方面。他对学校教育现状及其症结的剖析、对师范教育问题及改革的探讨、对民众教育存在问题及策略的思考，今天我们依然能感觉到其鲜活性，其所蕴涵的深刻的现实意义将会给我们带来多方面的启示。他提出的正确处理教育与儿童年龄特征的关系、儿童品德教育要遵循儿童心理发展规律、早期教育要贯彻德智体全面发展的方针、师范教育关系国家民族前途、教育科学研究应结合我国实际走自己的道路等教育理念，更是显示了他的教育思想和观点的丰富性和科学预见性。恩格斯说过："如果有这样一个人，他不仅是有独创见解的思想家，而且在他自己的领域里具有无比渊博的学识，那他就应当加倍地受到赞许。"朱智贤正是这样的"应当加倍受到赞许"的人。因此，研究朱智贤的教育思想，不仅具有学术价值，而且具有重要的现实意义。

第二篇

育人达贤　思想卓越

第三章

论教育的本质

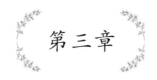

朱智贤对教育本质的认识和论述，是他教育思想的重要组成部分之一。他认为教育本质问题包括教育是什么、教育与人类其他活动的区别与联系、怎样看待教育在社会中的地位以及教育与社会发展的关系、教育与人的发展的关系等问题。其观点主要散见于民国时期他所撰写的部分教育著作、论文及相关的信件中。比较集中和有代表性的包括《中国学校教育的新生命》《一个教育定义的商榷》《给一个小学教师的信》《中国教育的新生命》《战时教育之总检讨》《论新民主主义教育》等。

对教育本质问题的认识和探讨，将有助于人们形成正确的教育理念，从而以此为指导去处理各种具体的教育问题，更好地实施教育。朱智贤对教育本质的探讨是从寻找中国学校教育问题的症结和出路入手的。20世纪30年代是中国教育历史上一个繁荣发展的时期。作为新文化运动的重要组成部分，教育领域兴起了反思和改革封建传统教育，学习和引进西方近代教育，倡导和建设民主、科学、实用的中国新教育的高潮，教育思想空前活跃。在这一阶段，中国传统教育受到了前所未有的批判和清算，中国的教育家探索教育的热情空前高涨，中国教育开始融入世界性的发展潮流中。朱智贤就是在这样的历史时期接受师范教育、进入中央大学学习以及从事教师教育工作的。他切身感受着教育的成败，努力寻求教育改革之路，积极投身于这一教育发展的热潮中。

第一节　学校教育的问题及症结

在长期求学和从事教育实践的过程中，朱智贤不仅看到了中国学校教育过去的失败，更是切身感受到了现状的恶劣。对于当时中国学校教育存在的问题，他概括为四点：

一、学校教育成为资产阶级的专利品

从民国十二年（1923年）中华教育改进社对全国学生及教育经费的调查中，朱智

贤看到的是一个贫人出钱、富人享利的阶层式的教育，即教育义务及权利的分配极其不均，富人的义务少，权利却极高，穷人分担的义务更多却没能享有对等的权利，穷人承担的教育负担越重教育机会却越少，而富人却反之。他痛切地说："中国教育，日趋凋敝，国家百年大计的教育事业，变成了少数人的专利品。""与其说是民主，毋宁说是教育的封建，倒真实些！"[①]

二、学校教育造成只能消费的人物

朱智贤指出：教育最大的效率，在于造就每个人成为社会上生产的分子，使社会日益充实、日益进步。但是要达到这个目的，就要适应社会的需求，使受教育者成为能作能为、能改造社会从事建设的人。但学校教育的现状却表现出：

1. 学校贵族化，学生游民化。一般学生们，假如不进学校，还能照做些劳苦的工作；可是一旦进了学校，读了书，便不屑做工。真如陶行知先生所说，都变成双料少爷或双料小姐了。小学如此，中学、大学更甚。结果，学校里造成的学生，都是社会上的高等游民，只能消费，不能生产。换句话而言，通过教育，学生并未对教育的目的产生认同，而是将教育视作提高自身精神阶级的工具，并未认识到自身作为社会人的价值作用。这不排除是中国传统思想"万般皆下品，唯有读书高"的影响。

2. 学非所用，用非所学。一般办学的人，只晓得我是来办"学校"的，至于社会的情形怎样、需要怎样，能否给学生以更好地过生活的能力则很少考虑。即办教育者，就并未正确理解教育的目的，并未从教育目的出发组织教育教学，得过且过，缺少肩负起社会责任的担当。因此造成学校和社会隔离，生活和读书分家。学校出来的学生，对于农事，可以无补；商校出来的学生，也可以去"教书"。这学非所用、用非所学的毛病，处处可以见到。

三、不经济

朱智贤认为，一些学校虽然投入了大量的金钱来改善形式，但内容精神却并不值得称道，即办教育不能只做表面功夫，重要的是教育的内核。一味地将钱花费在形式的装饰上，并不能带来对等的价值。再精致的楼房、教室、教具，如果不能给学生带来实质性的发展作用，这样的花费都是无用的。因此，他支持陶行知先生的观点，即"以少量的金钱办效率较大的学校"，这一理念强调的是在教育上更注重实际效果和效率，而不是单纯地追求形式和金钱的投入。

---

① 朱智贤. 中国学校教育的新生命[M]//朱智贤全集—第二卷 教育研究与方法. 北京：北京师范大学出版社，2002：371.

四、缺乏教育的人才与理论

教育不但和社会有密切的呼应，更和政治有不可分家的关系。朱智贤认为，要想教育办得好，一定要奖励教育的人才。有了热心从事教育的人才，才能研究出适当的教育理论。有了好的教育理论，才有好的教育出现。教育办得好一分，就能使儿童将来过生活的能力好一分，社会也因而进步一分。而当时的社会现实却是教师生活不但清苦，而且极度不安定。具体来说，教师所得报酬较低，欠薪这一问题时常发生；当时教师所生活的环境尤其动荡；教师的个人贡献与其所获得的回报并不均等。教师的生存已有这极大的危机，其中最大的束缚就是"穷"。教师的穷一方面是当时社会大环境所迫，即外强的剥削和我国当时劳动生产事业的落后；另一方面则是因为教师个人所受到的传统封建思想的侵蚀，对"农工商"带有偏见，放不下自己的"面子"。如朱智贤所说"不愿自食其力，自作而食"，因此，又怎能奢望他们能勉强努力工作呢？同时，理应从事教育的师范生，弃教育而另谋者，更是屡见不鲜。这使得教师发展止步不前的状况成为闭环，难以走出现有的困境。由此可见，社会的损失、教育的危机有多么的严重，需要一次强有力的变革。

至于这些症结的由来，除了生产事业的落后、封建思想的盘踞和腐败社会的延续之外，朱智贤还指出以下三点：

1. 国家政治、经济的混乱。教育的力量是有限制的，它不能一手包办整个国家建设，而是要与其他建设工作联系着进行。朱智贤认为在过去几十年当中，我们的国家无日不在扰扰攘攘之中，军阀官僚的割地自雄，使整个国家陷入分崩离析之状态而无统一的计划与步骤，而国家的政治、经济混乱没有出路，那么教育也很难找到出路。

2. 缺少正确一贯的目标。朱智贤认为："教育是慢功夫，它需要有恒久的努力，才能见效，绝不是早晨种瓜晚上就可以得瓜的。"[①] 他批评我们过去几十年恰恰犯了这个毛病，有时觉得军备重要，就提倡军国教育；有时觉得良民重要，就提倡公民教育；有时提倡职业教育，有时提倡国防教育……救国的教育是必须针对着国家民族的要求而始终如一的，像这样朝更夕改的教育，失败乃是必然的事实。

五、忽视数量最多的民众

朱智贤认为我们过去的教育始终没有意识到"民为邦本，本固邦宁"这一点。来

[①] 朱智贤. 今日之民众教育者 [M] //朱智贤全集—第二卷 教育研究与方法. 北京：北京师范大学出版社，2002：562.

自封建社会的治术教育、官僚教育，直至今日，仍然在普遍地持续着。我们的学校教育是贵族的，没有钱不必想进去，受了教育的人，身份自然也就高了——有时在乡下的民众学校也是这样。只要受了教育就是人上的人，不是民众，而是够上了统治者、剥削者的资格。民众呢，为衣为食已经够他们忙碌了，中古式的生产工具、劳动方式使他们勤劳一日，不得一饱。受教育是不比吃饭更重要的。于是我们的教育只能给贵族玩弄，只能制造些羸弱无耻的高级游民，大多数"为邦之本"的民众，却日趋于贫、愚、弱、私，一遇国家有事，那危机是足以令人咋舌的。

第二节 学校教育存在问题的原因

一、历史上的原因

一部中国史，完全是君权时代充满了封建意味的历史。天子以下而诸侯而卿而大夫而士而庶人，完全是一个宝塔式的社会。君站在宝塔顶上，最下层的基础是庶民。庶民是劳动者、生产者，数量最多。此外都是剥削者，但除了天子，同时又都是被剥削者。层层剥削，庶民则受到最大的剥削。在下层的很痛苦，愈上层的愈舒服。但是在上者要依靠在下者生活，所以愈在上层的也愈危险。因为以少数剥削多数、压迫多数，一旦多数觉悟，就会起反抗，一反抗则下层基础摇动。下层一摇动，上层自然站不住而要倾颓下来。因此，上层的人欲想地位牢固，便：①提倡知足安分的道德——奴隶的道德。奖励多数人的聪明才力，用于奴隶的生活。旧八股，已经过去了；但现在仍不自觉地有新八股出现。不过把 ABCD、Sin、Cos 之类，代替了法先王、守古训罢了。它们同一的产物，只不过是"能言的工具""行尸走肉"或"两脚书橱"。这样一来，可使下层安于被压迫而无心反抗，无力反抗。②提倡适于剥削的道德——宗法的封建的道德。把所有比较聪明能干的人，用一种方法（如科学），笼络来帮着剥削，与他们以一官半职或荣耀的头衔，使他们成为有权有势的治者阶级，以光其宗祖，大其门庭，见重于乡堂。于是立功立言，帮助在上者剥削，帮助在上者说话。名利双收，何乐不为？

二、社会上的原因

中国向来是闭关自守，加以产业的落后，所以思想方面，不易有很快的进步。开放门户以后，虽然受了些新的刺激，但因生产事业没有进展，整个社会仍停止于半开化的农业社会状态；新的中心信仰，当然无从普遍地扶植起来。在这客观的条件没有具备的时候，中国的社会，仍深深笼罩在封建思想、宗法思想里。这个根深蒂固的病魔，实为实施新教育绝大的障碍。你假如去问任何一个社会里的家庭："你家子弟为什么要求学？"他一定毫不迟疑地回答你："升官发财。"没有一个很清楚地说："为将来在社会做一个更好的人，做一个对社会尽力的分子。"假如这个学生是高级小学毕业，他在家里一定要拿出"先生"的架子，你要叫他吃点劳苦，他一定很反对，以为那是没有出息的事。一般青年人又多为虚荣心的驱使，情愿做土豪劣绅的走狗，而不愿自作而食"自食其力"。因此"游民""剥削者""消费者"便日渐增多。再扩大一点看，目前以党建国以党治国的国民党党员，照理应该如何地去和民众接近；但实际上，很多的（自然有些不是）只顾往上层钻营，绝不肯牺牲他的个人主义完成他的使命。退一步说，就请他们和民众接触一下，恐怕也有些不愿意，配谈什么革命？其实又怪得谁个？生产事业不发达，要求有旁的可以生长的出路，属于不可能，自然只好走到最易出头的一条路上去了。

中国的学校教育，到了现在，已成了资产阶级的专利品，而且只能造就一些只消费而不生产的寄生虫，设施上既不经济，又乏真正的教育的人才与理想，因此社会贫乏而不安。这种症结的由来，当非一朝一夕之故，主要的原因是生产事业的落后、封建思想的盘踞和腐败社会的延续。有了这些根源影响中国的学校教育，于是中国学校教育宣告完全失败。

这点浅薄的认识，在理论上通不通？有没有舛误？不敢说。这只是就实际上体验到的而论。对不对？自然还要研究。

朱智贤所处的时代正值中国连年战争和社会动荡飘摇的时期。学校教育体系和制度的不健全一大部分是政治环境的多变与社会经济的不稳定所导致的，这使得社会财富集中于少部分人的手中，贫富差距拉大，教育资源分配极度不均。很多地区的学校教育在这样的时局背景下，发展受到严重阻碍。并且，此时正处于新旧思想交替时期，对为国家培养什么样的人仍处于辩论之中，先觉醒的教育家在学校教育中注重培养公民的国家意识和民族精神，注重公民生存技能的掌握。但有相当多的民众在传统教育思想的浸透下仍然坚持认为学校教育需包含儒家道德规范的学习，将学校教育等同于儒家道德规范培养的工具。在这一腐朽教育观念的影响下，学校教育的发展桎梏是极其严重的，阻碍了学校教育的改革。

除此以外，此时中国社会经济发展水平并未跟上，教育资源严重匮乏，这就导致学校教学设施缺乏、师资力量薄弱等问题的出现，教育质量随之下降。这也是制约学校教育发展的原因之一。不容忽视的是，在当时中国内忧外患，还面临着西方列强的压力和挑战，这使得社会对学校教育的期望值增加，不得不做出改革，用以适应国家当前的需要。

总之，中国学校教育出现多种问题的原因需要从社会的生产力发展、封建思想的根深蒂固、社会的腐败等多个方面做出考量和思索。

第三节 学校教育的改进与出路

那么，中国的学校教育应当寻求一条什么样的出路呢？朱智贤根据过去教育的失败及当时教育的情形，设想出了改造中国学校教育的四条基本主张。

一、民主化的学校教育——教育机会均等

所谓民主化的教育，就是把教育从少数人的手中夺回来，使它变成全民众的应享物。要实现这个理想，朱智贤认为首先要改革教育制度，可以借鉴苏俄比较民主化的教育制度。即使一时不能如苏俄，也宜在可能范围内寻求补救方法。如：

（1）统筹教育经费。其方法有：①施行递进加重之遗产税；②重征奢侈税；③改良税制，重征富人之税；④重征营业、股票等所得税。

（2）扩充各级教育。

（3）补助贫寒子弟等，皆有补于目前。此点惟望主政者持人类正义以行事也。

二、行动化的学校教育——注重劳动

所谓行动化的教育，就是把只用脑不用手的人，变成手脑双全的人。从前以为读书的人不该劳动，读书是单独的活动，此后要把书本变成工具，不是什么高贵人的专利品。朱智贤认为，要实现这个理想，就要实行"做学教"的原理，中学校要注重实验与实地操作，小学校要注重自动与自己学习。要把读书看成劳动的一种，做事的一种，使得"做学教"成为整体的活动。

三、生产化的学校教育——增加生产能力

所谓生产化的教育，就是把造就的人都能变成生产者，而不只是消费者，更不是寄生虫、剥削者。要实现这个目标，朱智贤提出，中学校要工厂化，即学生工人化、学业工作化、自己生产、自己消费；小学校要生活化，即生活切于实际、学业就是工作、准备自己为生产的分子。

四、革命化的学校教育——铲除封建思想

所谓革命化的教育,就是把奴隶思想、宗法思想、封建思想铲除掉,使他觉悟到自己是社会的一员。自己不应该做别人的奴隶,也不应该奴隶别人;各人有各人的天职。不剥削别人、压迫别人;同时要努力尽自己对社会对人类的责任。要实现这个理想,朱智贤提出,中学生应该受到指导、训练,从而培养其独立自由的思想以及对于人类社会的同情和热忱;小学生应该根本铲除其家庭给予的腐旧思想,从而指导其合理的生活。

改造中国学校教育实施要点:

(1) 以学校为改造与建设社会国家的利器;
(2) 给受教育者以过更好的、合理的生活之能力;
(3) 力求经济与效率;
(4) 奖励教育人才;
(5) 改善教育方法。

教育不是独立的事业,它和社会政治有紧密的关联,从事中国教育改造与建设的人,应该先深深地认识"中国与世界整个的历史发展和社会进化的趋势,顺着这个趋势来尽他推动教育即所以推动历史,改造社会即所以改造教育的伟大责任"(节引张表方先生语)。

朱智贤关于学校教育改造的这些主张和思想,多少带有理想的性质,在当时的社会条件下,根本是无法真正实现的,但对当时中国学校教育的发展和进步起到了一定的推动作用,在当下的教育发展中我们依然能看到朱智贤关于学校教育的相关主张。

第一,教育机会均等。

朱智贤曾提出民主化的教育,即让大众享有平等的教育资源。在当代,党的二十大报告鲜明地指出"促进教育公平"。教育平等既是实现教育公平的主要表现,也是推动教育公平的必要条件,是现代社会发展过程中人们渴望并不断寻求的教育基本价值。习近平总书记指出,教育公平是社会公平的重要基础,要不断促进教育发展成果更多更公平惠及全体人民,以教育公平促进社会公平正义。基于我国的国情,目前教育机会的均等从如下五个方面可见:教育资源可及性明显提高;经济可负担性不断提高;全民教育普及程度不断提升;特殊群体受教育权利得到有效保障;教育区域发展差距逐步缩小。但教育普及程度与发达国家相比仍有很大的提升空间,农村地区的教育普及程度相较于城市地区而言较低,城镇化节奏加快,进城务工人员子女教育公平问题显现,这一系列的问题仍需在后续的研究中进行解决。

第二，重视劳动教育。

朱智贤提出，学生学习不能只知道理论，学生的实践学习，学以致用更加重要。当代劳动教育的提出，使教育回归具身，是朱智贤教育主张的极佳显现。党的十八大以来，党和政府高度重视青少年劳动教育问题，习近平总书记在庆祝"五一"国际劳动节暨表彰全国劳动模范和先进工作者大会、全国教育大会等多个场合，就劳动教育发表过一系列重要论述，为新时代全面加强劳动教育提供了根本遵循和行动指南。2020年3月，中共中央、国务院印发《关于全面加强新时代大中小学劳动教育的意见》，对新时代劳动教育作了顶层设计和全面部署，明确提出要"整体优化学校课程设置，将劳动教育纳入中小学国家课程方案和职业院校、普通高等学校人才培养方案，形成具有综合性、实践性、开放性、针对性的劳动教育课程体系"。2020年7月，教育部印发《大中小学劳动教育指导纲要（试行）》，进一步细化劳动教育目标、内容、实施途径等方面的要求，加强对劳动教育的专业指导。2022年4月，教育部颁布《义务教育劳动课程标准（2022年版）》，将劳动教育课程从综合实践活动课程中独立出来，对劳动教育课程的性质、理念、目标、内容、实施等做出系统规定。劳动不仅促进物质世界的发展，也创造着人类自身。劳动既是人类创造物质财富和精神财富的过程，也是人类自我创造和自我学习的过程。劳动教育是劳动与教育相结合的过程，在任何一个时期都有着不同的历史任务，但其在立德树人、全面培养的育人体系中占有举足轻重的位置，也是中国特色社会主义教育制度中不可忽视的内容。

第三，德育的渗透。

朱智贤在探寻学校教育问题中发现，教育止步难前的很大一部分原因在于教师及学生被桎梏于封建思想之中，因此提出教育不仅要传授知识，更要在精神层面帮助学生树立科学正确的、当下社会主流的核心价值观，这与当代德育教育的发展内在相通。1978年，邓小平同志在全国教育工作会议上的讲话中提出，"学校应当永远把坚定正确的政治方向放在第一位"，应当从小培养学生"革命的理想、共产主义的品格"等等。随后，1979年的《全国中小学思想政治教育工作座谈会纪要》也强调要把中小学生培养成"忠于无产阶级革命事业""有共产主义道德品质的一代新人"。在1988年《中共中央关于改革和加强中小学德育工作的通知》中强调中小学德育要理解学生的心理，尊重他们的人格和个人权利。1993年和1995年国家教委正式颁布《小学德育纲要》和《中学德育大纲》，分别强调了在小学和中学阶段，学生要"热爱集体、关心集体"，当个人利益和集体利益发生冲突时要"服从集体决定、维护集体荣誉"。进入新时代后，在中小学范围内，德育政策也开始关注整个教育体制的现代化和人的现代化内涵。2014年的《教育部关于培育和践行社会主义核心价值观进一步加强中小学德育工作的意见》认为：中华民族优秀传统文化教育是中小学德育的薄弱环节，必须"引导学生增强民族文化自信",同时也要在优秀传统文化教育中"尊重学生个性发展",使他们"为个人幸福、社会进步、国家富强而不断成长"①。而自 2018 年全国教育大会以来,为实现培养社会主义建设者和接班人的根本任务和教育现代化的方向目标,国家教育改革步伐显著加快,相关教育政策密集出台,旨在助推落实习近平总书记在全国教育大会上系统总结的推进我国教育改革发展的"九个坚持",实施新时代立德树人工程,在具体的教育改革实践层面落实"培养什么人、怎样培养人、为谁培养人"这一根本教育问题,也为中小学德育工作的改革和发展阐明了具体的目标与策略②。德育在学校教育中占据主导位置,当前社会主义核心价值观作为国家层面大力提倡的价值观体系,既指导着中小学德育价值观的走向,又符合未来德育发展的基本思路,是中小学德育价值观所追求的目标。如何真正切实地落实,需要当代每一位教育者用心地思考。

第四节 教育的本质

教育是复杂的社会现象,教育必然要随着时代的变化而不断发展,这就决定了人们对教育本质的认识也是不断深化、发展的。朱智贤在寻找旧时代学校教育症结,积极寻求改进学校教育出路的过程中,对教育是什么、教育与社会的关系、教育与人的发展的关系等教育本质问题进行了深刻剖析。

一、教育是什么

朱智贤认为,长期以来之所以对"教育究竟是什么"这个关乎教育本质的问题始终没有一个较合理而一般的解释,主要是由于人们不能抓住教育本身所独具的特性,或是把教育的意义与教育的价值、功能、目的混淆了。

> 我觉得过去所以没有把教育的意义弄清楚:第一,不能抓住教育本身所独具的特性。比如"教育是生长""教育是发展""教育即生活"等等,其实在生长发展与生活中,我们固可以找出大量的教育的痕迹,但却不是所有的生长、发展与生活都是教育。第二,把教育的意义与教育的价值(功能与目的)混淆了。比如:"教也者,长善而救其失者也。"(《礼记》)"教育不单是

---

① 姜子豪. 改革开放以来我国中小学德育价值观的变迁:基于政策文件的分析 [J]. 基础教育,2019,16 (6):63-72.
② 刘雪莲,范国睿. 新时代中小学德育改革发展的目标与策略:全国教育大会以来中小学德育改革的政策述评 [J]. 教育科学研究,2020 (6):30-34.

求知……最重要的是人格与公德。"(J. F. Herbart)这犹之乎说："刀子是什么？""刀子是可以杀人的。""房子是什么？""房子是应该住人的。"这叫做"驴唇不对马嘴"，所答不符所问。

因此，将前人、朋友以及自己的意见综合起来，朱智贤将教育定义为"教育是人类行为之有意的交互影响的一种活动"，并从人与动物的区别、人的社会性等角度进行了详细论述，充分体现了朱智贤对教育的独到见解和体会。

1. 所谓"有意的"

即把无意的交互影响加以意识地利用。任何人类行为之无意的交互影响，一旦被有意识地利用而达到一种目的时，就会成为教育的活动。比如，父亲坐着规规矩矩地吃饭，是无意的，但却影响了自己的儿子，这其中，只能说会有教育的意味，但却不能严格地呼之为教育。可是，父亲如果是把"坐着规矩地吃饭"这一活动有意地去影响他的儿子，使他儿子的行为依照了他所要求的目的而加以改变，这便是"教育"了。

2. 所谓"有意的"，有程度上的差别

所谓有意的交互影响，可有程度上的差别：

（1）随意的，如父母有意地教儿童吃饭、睡眠、穿衣等事，这可称之为"初级的教育形态"。

（2）计划的，以一定的组织、材料与方法，系统地去影响他人的行为，像现代的学校教育就是，这可称之为"高级的教育形态"。

3. 现代所谓"教育"常特别着重于高级的形态

平克维支（Pinkvitch）说："教育学是养育与陶冶的科学。所谓养育，便是根据生物学上及社会学上的条件，教育者给予被教育者以有计划的影响。所谓陶冶，是教育者给予被教育者以同样的影响，使被教育者有完全而正确的世界观，更能具备必要的知识与技能。"这可以代表现代人对于教育的看法。

朱智贤对教育本质的认识远不止如此。他还分析认为，教育是社会的意识形态之一，它的发生、构成和变革，受社会的基础所规定。同时，它也可以对下层基础起着相当的影响或作用。在本质上，教育适应着人类社会生活需要而发生，并帮助人类生活的进步与发展，所以教育本身原是具有生产的、进步的、战斗的等诸特性。

当然，朱智贤对教育本质的认识和探讨，并没有仅仅停留在抽象的议论上。通过对教育发展历史的考察，朱智贤对教育本质的演变作了具体的分析。他认为：教育是人类社会实践的一环，是人类社会生活之必要的手段，在人类的原始社会中，教育与劳动生产紧密地结

合着，人们在劳动中教育，在教育中劳动。但自从社会阶级的分裂形成以后，少数剥削者统治着多数的被剥削者，教育也于此时被少数的统治阶级所掌握，作为其统治的手段。从此，教育的政治意义大过了它在生活中的意义，教育的工具性乃露骨地表现出来。在历史上，无论奴隶主、地主或近代有产者们，都一样地通过了一定的政治形式去独占教育，玩弄教育，把教育作为麻醉人民和压榨人民的精神手段。朱智贤认为，这是人类教育的变质，也是人类教育的悲剧。因此，把教育从少数剥削者手里解放出来，使它为多数的劳动人民服务，成为朱智贤追求的教育的新时代和人民教育的时代。①

二、教育与社会

教育作为社会生活的一部分，它的存在与发展受到社会其他各种因素的制约，同时，教育又以其自身特有的活动形式反作用于社会发展，对社会发展有积极的推动与促进作用。因此，探索和了解教育与社会之间的关系，可以加深对教育本质的理解，自觉利用客观规律来发展教育事业。

在《论新民主主义教育》中，朱智贤开门见山辩证地分析社会变动与教育变动的关系。他指出，社会的生产力与生产关系形成社会的经济构造，即社会的下层基础，立于其上的一定的政治法律和意识形态，是社会的上层建筑。随着下层基础的变革，那广大的上层建筑也或缓或急地发生变革。但是，社会上层建筑又不是机械地被下层基础所决定的。在社会发展的过程中，有着不同的意识形态，也就有着不同的教育，有旧的、过时的给没落的社会力量服务的教育，也有新的、进步的适合于社会前进力量的利益的教育，而且教育愈能确切地反映社会劳动实践生活的发展时，它的作用就越来越巨大。

因此，在新的合理的生产力与生产关系之下，教育一面获得顺利的发展，一面又促进社会的发展。在旧的不合理的生产力与生产关系之下，教育被没落的社会构成所桎梏，因而也表现着极大的偏狭性与反动性。在一个新旧社会交替的时候，不但在社会上进行着进步的与反动的，或新的与旧的力量的斗争，在教育上，也同样地进行着进步的与反动的或新的与旧的力量的斗争。代表着旧社会的力量，保守着旧教育的残骸；代表着新社会的力量，则促进并推动新教育的生成。而新的教育一面要否定旧的教育，一面也成为否定旧社会的一个有力的战斗武器。

朱智贤曾形象地比喻教育与社会之间的这种相互关系。他说："一个社会如同一部大的机器，教育正如这个机器中的一个小的轮盘，这轮盘虽小，但若失去了它，大机器也就不会转动了。同样，其他机件若有损坏，这个小轮盘，也是不能单独转动的。"②

---

① 朱智贤. 一个教育定义的商榷[M].//林崇德. 朱智贤教育文集. 南京：江苏教育出版社，2011：275.
② 朱智贤. 中国教育的新生命[A]. 朱智贤全集—第二卷 教育研究与方法[M]. 北京：北京师范大学出版社，2002：647.

所以教育不是片面的，而是与整个社会的组织有密切的联系的，是整个社会结构的一个部分。要想使教育走上合理的大道，首先须认识现实社会的需要与途程，然后使教育与这社会各部的动作，采取一种协调的步骤，教育的功能才可显示出来。可见，教育既要适应社会，又能够改造社会。

朱智贤不仅科学地论述了教育与社会的关系，还指出将教育作为独立超然的事业，为教育而办教育是错误的，过分夸大教育的效能更是危险的。自清末倡行新教育开始，有人以为我国武力不及人，主张派人赴国外学军事；有人以为我国实业不及人，主张派人赴国外学实业；有人以为我国的毛病在于学术落后或政治不良，而主张派人留学他国，学习各种自然科学和社会科学。其后，也有人认为中国的毛病在穷，就提倡职业教育；有的人以为中国的毛病在乱，就提倡公民教育……三四十年来，各种各样，实在很多。朱智贤分析认为，这些主张的一个共通之点，就是认为教育是万能的，是推动社会的原动力，是万应灵丹。对当时教育界流行的"教育万能"的论点，朱智贤进行了批驳和澄清。他说："教育是社会里必要的事业，然而它不是独立的超然的、可以单独领导社会前进的事业。[①]"朱智贤对"教育万能"论点的澄清，使得教育的本质得到了更深入的揭示，即教育是推进社会的一种手段，但不是推进手段的全部。

三、教育与人

朱智贤在对《一个教育定义的商榷》中将教育定义为"教育是人类行为之有意的交互影响的一种活动"。分层理解即是，教育是一种"活动"，再进一步则是教育是人类的活动，即只有人类才有教育，人类与其他生物虽有一般性，但仍有特殊性。其他生物的变化并不能视作教育活动，对于"教育"一词专指人类而言。但人类的活动并不能全部归类为教育。在朱智贤看来，"教育即生活"或"生活即教育"将教育的作用弱化了，事事都为教育，为何还需组织教育活动？那么人类生活中何种活动才能被归类为"教育"呢？朱智贤将对人类行为产生交互影响的活动划归为教育。一方面如上文所说，"人是社会的动物"，人在群体中生活，在社会中发展。人既然在社会中生活，必然少不了人与人之间的交互影响。模仿便是其中之一，但并非所有的模仿都是教育，也就是说并非一切人与人之间的交互影响都是教育。朱智贤将教育再具体至对人类行为产生有意的交互影响的活动，更强调教育的"有意性"，是一种目的性极强的活动。

---

① 朱智贤. 给一个小学教师的信 [A]. 朱智贤全集—第二卷 教育研究与方法 [M]. 北京：北京师范大学出版社，2002：286.

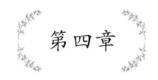

第四章

教育研究的方法

教育的研究需要采用科学的方法，朱智贤为填补当时我国教育研究领域的空缺，编写了《教育研究法》一书。该书分为五个部分。前篇叙述教育研究的性质、价值和趋势，使读者对于教育研究建立笼统的概念与认识。而后，分别论述了教育研究的问题、方法、材料和结果分析等内容。

第一节 教育研究概述

朱智贤先是探寻了教育研究的本质。具体而言，解释了"研究是什么"，将研究划分为"感觉疑难—认定问题—提出假设—试用假设—实地验证"五个步骤，并对研究的重要性加以论述。而后论述了科学必备的两个特点——"有系统组织的"以及"正确而可验证的"，科学方法的四个特点——"求正确的""重验证的""有系统的""纯客观的"。朱智贤经过大量的中外书籍的阅读，对教育科学的定义、教育研究的演变和过程都有所讲解。

其次朱智贤从教育的进步、文化的贡献、社会的利益、个人的收获四个方面对教育的价值加以叙述。

最后，朱智贤对已有的教育研究内容进行了概括，并基于对教育研究的历史演进和各国教育研究发展情形的总结，对我国教育研究的发展做出了规划。

提倡研究工作，对于教育本身，至少有下列三种重大的意义：

（1）对没有受过专业训练或所受的训练不充分的教师，使其获得充实与进步的机会。

（2）惟有教育者忠实努力地研究，才能促使教育学术不息的进取与诚恳的态度。

（3）教育工作的成功，也全赖乎教育者对于研究具有丰富的兴致，无论就教育人员的训练上说，就教育学术的进步上说，或者就教育事业的效率上说，研究工作都是必要的。

第二节 教育研究问题

选择研究问题是研究工作的第一步。需要研究的问题很多,如何来进行选择,是开展一切研究前需最先明确的。在这一部分朱智贤将研究问题的选择分为搜集问题的方法,选择问题的标准,问题的确定与改进。在搜集问题的方法中,朱智贤提出,搜集的问题越多,越能选择出恰当的问题,他给出了从实际生活中去搜集,怀疑缺乏真实性的论断,分析困难与指出难点,分析流行的迷信并指出错误,深思默索、考量判断,实地观察教育的实施,分析大论题中所含的小问题,随时留心随时记录等十六条方法。

在选择问题的标准方面,朱智贤结合几位学者已有的标准,归纳总结了十个重要的标准,包括:研究者已有相当准备的;有研究可能的;具有科学性质的;重要的;客观的;问题具有共通性的;对多方研究都有价值的;有社会意义的;创新性的;研究者自身有兴趣的。朱智贤将问题的确定与改进作为选择问题的最后一个步骤,问题的确定需要对研究的范围、研究的目的和研究的计划有综合性的考量。

第三节 教育研究方法

假如教师把工作当做一种研究看,一个教育者同时也是一个研究者,他对现有的种种方法和技术,会用怀疑的、选择的与求进步的态度去处理与应付;对于理论方面,有时也会有新的见地或发现。他整个的工作与生活,都会是紧张而有生气的。阿麦克(Almack)说过:"科学方法者不过是用理论学上的原理,来发现或证实宇宙的真理的一种手段而已。"就其内容上说,具有下列四个特点:

第一,求正确的。无论应用的技术或搜集的材料,都以精确无误、毫不含糊为标准。

第二,重证验的。不轻易断定结果或拟定结论,必须求其可以复按且屡试屡验才行。

第三,有系统的。研究的本体,务须避矛盾混乱,而力求其前后一贯,条理井然。

第四,纯客观的。整个研究历程中,处处要抱定纯客观的精神。换言之,就是要摆脱一切情感的爱憎及权威的独断,而能实事求是,各还其"真"。

朱智贤对研究的步骤进行了规划,依次是:①搜集问题;②确定问题;③参考书籍；④分解问题；⑤搜集事实；⑥整理事实；⑦设计假设；⑧证实假设；⑨确定结论；⑩编制报告。而后逐一介绍了历史研究法、实验法、调查法、个案研究法的定义、使用方式以及优缺点等，这些研究观点对后人的研究方法使用颇具实用价值。

第四节 教育研究材料

在朱智贤的文中"材料"是指用以解答一切疑难问题的概念、事实、原理原则等等。材料分为直接的材料和间接的材料。直接的材料是指研究者研究的事实本身，由研究者自己观察发现得来。而间接材料则是前人已有的研究，直接借鉴所得。朱智贤对直接材料以及间接材料的搜集方法给出了详细的解释。对于直接材料的搜集，朱智贤介绍了观察法、测量法、工作分析法、访问法以及问卷法的性质、种类、用法及要点。对于间接材料的搜集，朱智贤侧重于参考资料的收集、整理和分析，对参考书目的编织，论文索引的编制，参考资料的研究方法都有详尽的论述，极其方便学生参考和使用。

第五节 教育研究结果分析

在研究结果的呈现方面，朱智贤将其确定为三部分：①材料的整理；②结论的确定；③报告的编制。参考材料的整理较为容易，其中重要的是分析与综合。分析已完成哪些研究，并预测个人需要研究的问题，建立一个临时的框架。分析完成后便是综合，将分析好的内容与要素重新归类再建立新的组织系统，而后便可对研究问题进行解释与叙述。其中数据材料的整理需要依托统计法和图表法，朱智贤对这两种方法的介绍十分详尽，图文并茂。在结果的确定方面朱智贤同样给出了可仿照的详细步骤，无论是假设的设立还是最终结果的确定都有"保姆式"的教程。

朱智贤的教育研究法有着深远的影响。朱智贤在本书中尝试将教育研究与实践方法相结合，并成功为大众提供了全面的可实践的教育研究论著。朱智贤认为，教育研究是推动教育发展和改革的关键。通过深入研究教育现象和教育问题，我们可以不断探索教育的本质和规律，从而为教育实践提供有力的支持。这种对教育研究的高度重视和强调，有助于激发人们对教育研究的热情和兴趣，促进教育研究的深入开展。朱智贤对历史研究、调查研究、实验研究等研究方法进行了全面而详细的介绍，有助于大众根据自己的研究需求选择合适的研究方法。并且，朱智贤十分重视教育研究的实践与应用，主张教育研究是一种学术活动，更是一种实践行为。因此，朱智贤对研究过程的详尽介绍是对大众将所学的教育研究方法运用到实践中的鼓励。朱智贤对实践应用的重视，能够切实地提高教育研究的质量，有助于在当下帮助更多的研究者将教育研究的成果转化为教育实践。

  总的来说，朱智贤对于教育研究的梳理与介绍，对当代教育研究的学习有巨大的借鉴意义，仍不过时。有助于我们了解教育研究的基本理论和方法，掌握教育研究的基本技能和工具，为当下的教育研究和教育实践提供强有力的指导，对于激发多方参与的教育研究热情，推动教育研究深入发展有重要价值。

第五章

儿童教育思想

教育的对象是人,教育的直接作用是影响人的身心发展。因此,离开了人的发展,教育的一切价值和功能都将是空谈。但是,教育在促进人的身心发展的同时,又受到人的身心发展规律的制约。在朱智贤早期的论著《小学行政新论》《儿童自治概论》《小学课程研究》《小学学生出席与缺席问题》和他的代表作《儿童心理学》中,对教育与儿童心理发展的关系都有详细的论述。朱智贤认识到,一方面,因为教育总是不断地向儿童提出新的要求,总是在指导着儿童的发展,因此,教育在儿童心理发展中起主导作用,教育决定儿童心理的发展。另一方面,教育本身又必须从儿童的实际出发,从儿童心理的水平或状态出发,才能实现它的决定性作用,即教育必须根据儿童心理发展的可能性,对儿童提出适当的要求,从而引起儿童心理的需要。不顾儿童心理发展水平,向儿童提出不适当的要求,是不对的;迁就儿童现有的心理水平,不积极引导儿童向前发展,也是错误的。在多本论著中,朱智贤从不同角度对教育与儿童心理发展之间的这种关系进行了论述。比如,在《小学行政新论》中,朱智贤开宗明义地提出:"举凡学校一切设施,应以儿童为主体,为中心,如设备不在夸张其奢华,而在适合儿童之应用,课程不在炫耀其复杂,而在适合儿童之理。"在《儿童自治概论》中,探讨儿童自治的组织原理时,他提出:"儿童自治既是儿童的事,所以对于儿童本身,尤须注意。大概在未组织之前,要明了儿童的能力,引起儿童的动机和兴趣;组织时要特别注意儿童的能力和需要;活动时要留心儿童的个性和努力,而予以适当的鼓励与指导。这样,儿童自治事业才可蒸蒸日上。"在《小学学生出席与缺席问题》中分析儿童缺席的原因时,朱智贤更进一步指出:"儿童缺席之原因,各儿童常不尽同。始有对学校无有趣者,亦有对某教师无好感者,有因功课太难而生厌倦者,亦有因功课太易而致骄肆者,种种情形,不一而足。教师对于此等情形,均应虚心考察,视各个儿童能力之高低、个性之差别、兴趣之所在……分别予以适应,如嫌功课太难者,可设法做个别之指导,如觉功课太易者,可酌量加重其他作业,务使各得其所而后已。"因此,教育必须从儿童的实际出发,教育应该依据儿童心理发展的水平来进行，教育要以儿童为中心是朱智贤对教育与儿童心理发展辩证关系进行论述的主要关注点。

朱智贤用历史和发展的观点深刻剖析了教育的本质问题，指出了教育发展的必然趋势，这些宝贵思想，对于当代我国的教育改革仍具有一定的导向作用。

儿童教育思想是朱智贤教育思想最重要的组成部分。在朱智贤看来，儿童教育与国家民族的前途命运是紧紧联系在一起的。他说："我国是拥有十亿人的国家，少年儿童约占三分之一。他们是祖国的花朵，是我们祖国的未来。重视儿童工作具有历史性的战略意义。[①]"朱智贤密切关注儿童教育的诸多问题，特别是对儿童心理发展理论、早期教育、独生子女教育、儿童品德教育，发表了许多真知灼见，给人以启迪和教育。

第一节 教育与发展的辩证关系

朱智贤先生一生致力于儿童心理学的研究，在他的工作生涯中只有两年的小学工作经历，在这短短的两年间，朱智贤发表了23篇论文，为他的儿童心理学研究奠定了基础。朱智贤用辩证唯物主义的观点，积极探讨儿童心理发展中关于先天与后天的关系、教育与发展的关系、年龄特征与个别特点的关系等一系列重要理论问题。朱智贤先生认为："学"是教学活动最基本的根据，先有了"学"，然后"教"才有所依附；教的历程必须依据学的历程，学习者如何学，教者就如何教。教学之能事，就在从一种适当的动机，迅速地引导到一种较为确定而久远的目的，使学习能自发地继续地进行。

一、先天与后天的关系

人的心理发展是由先天遗传决定的，还是由后天环境及教育决定的？这一问题不仅在心理学界争论已久，而且在教育界及人们心目中也有不同看法。史民德曾评价说："朱智贤从50年代末开始，一直坚持先天来自后天，后天决定先天的观点。"[②] 首先，朱智贤承认先天因素在心理发展中的作用。不论是遗传因素还是生理成熟，它们都是儿童与青少年心理发展的生物前提，提供发展的可能性。其次，他认为，环境与教育能够将这种可能性转变为现实性，并决定儿童心理发展的方向和内容。朱智贤不仅提出这个论点，而且还坚持开展这方面的实验研究。其中，林崇德对双生子的智力及性

---

① 黄永言. 朱智贤传 [M]. 北京：人民教育出版社，2000：391.
② 林崇德. 论朱智贤心理学思想 [A]. 北京师范大学发展心理研究所. 朱智贤教授纪念文集 [M]. 北京：北京师范大学出版社，1992：49.

格的研究，正是朱智贤指导的结果，而这一研究的结论完全证实了朱智贤的理论观点。

二、儿童心理发展的动力

朱智贤教授认为在儿童不断地积极活动过程中，社会和教育向儿童提出的要求所引起的新需要和儿童已有的心理水平或心理状态之间的矛盾，是儿童心理发展的内因或内部矛盾，这个内部矛盾就是儿童心理发展的动力。环境和教育不是机械地决定心理的发展，而是通过心理发展的内部矛盾起作用。朱智贤认为："主体在实践中，通过主客体的交互作用而形成的新需要与原有水平的矛盾是心理发展的动力。"[①] 依据此观点，他阐述了不同年龄阶段儿童心理发展的动力，例如学前期儿童心理发展的动力是儿童渴望独立参加社会实践活动这种新需要与从事独立活动的经验及能力水平之间的矛盾，而游戏活动是解决学前期儿童心理矛盾的主要活动形式。朱智贤不仅提出内外因交互作用的发展观，而且提出了心理发展中内外因的具体内容，并且初步解决了需要理论、个性意识倾向性理论、心理结构理论等一系列的理论问题，同时还涉及了儿童的学习积极性、儿童的能力发展及品德发展等一系列实际问题。

三、儿童的长成和学习

倘若不知道"长成"和"学习"的关系，容易对于孩子生出许多不合理的希望。譬如有些父母，希望孩子早一点会走路，于是刚会爬，便教他走，结果常生出意外的危险；又如一些"望子成龙"的父母，在孩子刚会说话的时候，便要他鹦鹉式地识字，刚能识字的时候，便要他正襟危坐攻读不辍……很多这样不合理的希望，是我们常常看见的。

朱智贤先生认为，这些不合理的希望，不但对于孩子没有好处，反之，转生出许多坏处来。这是很可惜的事，更是费力不讨好的事。朱智贤先生提出，儿童的学习，依赖两个大的因子：一个是长成，一个是学习。不长成不能学习，纵学习也是无益，朱智贤对儿童的长成与学习之间的关系曾有一段生动形象的描述：普通的父母往往不知道"长成"和"学习"的关系，因而对于他们的孩子有许多不合理的希望，所谓"不会爬学走路"，这是顶可笑的事，然而不学习则无发展，无进步，长成亦无益。聪明的父母，要深深知道孩子生长的程序，什么时候可以走路，便教他走路，什么时候可以说话，便教他说话，什么时候可以识字，便教他识字……不着急，也不懈怠，那么你们的孩子，一定会活泼地长成一个好孩子。

---

① 朱智贤. 朱智贤全集—第四卷　儿童心理学 [M]. 北京：北京师范大学出版社，2002：71.

1. 关于"长成"和"学习"的关系

学习不一定指识字读书，凡是动作上、行为上，因练习而有改变的，都可以叫做"学习"，比如肌肉经过练习而增加以后动作的力量也是学习。但学习不是婴儿坠地以后就可任意发生动作或行为，例如在发音器官未完备以前，不能出现语言的行为，四肢骨肉未发达以前，不能发生走路的行为。故而，婴儿期的儿童不能有幼儿期儿童的行为，幼儿期的儿童不能有少年期儿童的行为。"非不为也，是不能也。"像这种要等一定时期身体成熟发达而完成，然后可以学习的内在的组织与人格，便是"长成"问题。

2. 关于长成与学习的实验

葛绥儿曾做过一个实验，他从数百测验中选出一对极相同的双生女，在实验开始时她俩毫无差异，一取名甲，一取名乙。在她们生后46个星期时，实验者在地板上置一小梯，一端靠于高台上，上放有趣的玩具，此时使甲爬上去取玩具，每日练习一次，但她爬得很慢，而且形式笨重，需要人帮助。乙则不给她看或练爬的机会，如此经过6个星期，到了第53个星期，才使她开始爬梯，可是她每一次爬梯，不像6个星期前甲爬时那么笨重，她能不需帮助，很从容地直达于顶，并且费时也比甲少。从此以后，只给乙学习爬的机会，而不给甲去爬，到第55个星期时，乙已超过甲的成绩。由这个例子，可看出：乙之初次爬梯所以较甲之初次爬梯成绩好，是46个星期与53个星期，其"长成"与否的原因。以后乙较甲成绩好则由于"学习"。不长成时的学习是无用的，长成后不学习则无进步，于此可以证明。

所以朱智贤指出，希望做父母的人们，不要对孩子的期望太多，相信什么"三岁能文""八岁神童"的胡说，而是要慢慢考察孩子成长的情形，既不能拔苗助长，又要抓住孩子长成的时机，按时给孩子提供相当的指导，使他们能更好地学习。詹姆士有一句名言说："打铁趁热。"就是告诉你铁还未热时，打也无益，铁若正热时，要趁热打去，一打便成，不要放弃机会。

第二节 全面发展的教育目标

儿童心理如何发展？向哪儿发展？朱智贤认为，这既不是由外因机械决定的，也不是由内因孤立决定的，而是由适合于内因的一定的外因决定的。他说："儿童心理发展如果仅有儿童心理的内因、内部状态，而没有适当的教育条件，儿童心理是不会得到发展的;如果不通过儿童心理发展的内因或内部条件,教育这个外部条件也无法发挥其作用。"① 因此儿童心理发展主要是由那些适合儿童心理发展的教育条件来决定的。具体来讲:一方面教育决定儿童心理发展;另一方面教育本身又必须适合儿童心理发展,从儿童心理的水平或状态出发,才能实现其作用。

此外,他指出:"从教育措施到儿童心理得到明显的发展,不是立即实现的,而是以儿童对教育内容的领会或掌握为中间环节,是要经过一定量变质变过程。②"在教育与发展的关系中,如何发挥教育的主导作用?这涉及教育要求的难度问题。朱智贤提出,只有那种高于儿童的原有水平,经过他们主观努力后又能达到的要求,才是最适合的要求。如果说维果斯基提出的"最近发展区"是阐述心理发展潜力的话,那么朱智贤的观点则指明了挖掘这种潜力的途径。

纵观古今中外的教育,无不把儿童的品德教育放在突出地位。朱智贤也非常重视品德教育对儿童成长的重要性,并且从品德教育的前提、品德教育的依据以及品德教育的途径等方面对儿童品德教育进行了论述。

一、品德教育的前提——热爱儿童

"教育不能没有爱,没有爱就没有教育",爱是教育的灵魂。在朱智贤的教育生涯中,他不止一次地提到,教师只有热爱学生,才会对学生倾注心血,也才会被学生所接受,教育才会产生预期的效果。

在回忆师范教育期间的实习经历时,朱智贤说:"在实习过程中,我们很多同学都有一个共同感受,即要想接近孩子,教育孩子,首先要一视同仁地热爱孩子,和孩子建立友谊,建立感情。而为了能真正做到热爱孩子,就要了解孩子的共同性和特殊性,才能做到有的放矢。"师范毕业后,他曾有两年的小学教师经历,这一经历为他深入研究儿童心理学和儿童教育打下了必不可少的感情基础。他说:"我当小学教师时有个体会,要使孩子的情感发生变化,就要喜欢孩子、爱孩子,这是一条最重要的规律。"

1984年"中国儿童心理发展特点与教育研究成果鉴定会"在陕西师范大学进行。朱智贤接受《陕西教育报》记者的采访时强调说:"做一个教师,首先要爱孩子。爱孩子就容易掌握孩子的心理特点,达到教育的目的。第二,要掌握儿童心理发展的规律。掌握了规律就会事半功倍。第三,要有丰富的知识。要给学生一碗水,教师要有一桶水。这三者合起来,在育人的岗位上是会做出成绩的。"可见,这位从事教育科学理论研究的老教育家,对广大教师寄予了无限的深情。

---

① 朱智贤. 朱智贤全集—第四卷 儿童心理学 [M]. 北京:北京师范大学出版社,2002:75.
② 朱智贤. 朱智贤全集—第四卷 儿童心理学 [M]. 北京:北京师范大学出版社,2002:76.

二、品德教育的依据——遵循儿童心理发展规律

儿童时期是人的一生中可塑性、可变性最大的时期。这一时期的品德教育对于正在成长的儿童来说，具有定向和奠基的作用。而品德教育的内容及方法的选择无疑对品德教育的效果有着重要影响。朱智贤认为，现在的父母一提到早期教育就教孩子识字，比较重视智育，不懂得对孩子进行德智体美全面发展的教育，特别是在德育方面就更缺少方法。对于三岁前的孩子来说，德育问题是培养良好习惯的问题。他提醒我们重视德育，重视幼儿良好习惯的培养，对今天不少父母一味娇惯孩子的情况，仍然具有一定的针对性。

1986年，国家教委正式颁布《全日制小学思想品德课教学大纲》，并召开加强少年儿童思想教育工作座谈会。朱智贤应邀作了《儿童的品德教育要遵循心理发展规律》的专题发言。他指出，在当前重智轻德的情况下，颁布小学思想品德课教学大纲和召开座谈会，是一件及时的、意义重大的大好事。而许多家长由于缺乏正确的教育观点和教育经验，受种种旧思想的束缚，对孩子娇生惯养、溺爱，才导致一些独生子女懒惰、不关心集体、自私自利等，个别少年儿童甚至走上犯罪道路。他认为这些问题主要是社会不良影响的结果，而不是由于独生而必然产生的缺点。思想品德教育如何与这些新情况相适应？如何在社会上、在家长中普及正确的教育思想？朱智贤认为这是非常值得研究的课题。

在谈到儿童品德教育要遵循儿童心理发展规律的问题时，朱智贤更是强调指出：任何事情要获得成功，必须按客观规律办事。教育的客观规律有两方面：一是社会规律。小学思想品德课教学大纲规定的我们要培养德智体美全面发展的人，"四有"的人是符合社会规律的。二是少年儿童心理发展规律。儿童品德教育中，一方面要有针对性地提高儿童的道德认识；另一方面，更要研究怎样培养儿童的道德情感、意志和行为习惯。如果能激起孩子的道德情感，就可以产生巨大的力量。因此，教师要了解儿童的年龄特征，了解儿童的个别差异，只有这样才能做到一把钥匙开一把锁，做到因材施教。

三、培养儿童良好品德的保证——学校、家庭、社会三者结合

中小学生在家庭中接受抚养，在学校里接受教育，在社会上体验处世，其成长离不开家庭、学校和社会。由此，朱智贤指出：对少年儿童进行思想品德教育时，学校要起主导作用，还要和社会、家庭相互配合。他向社会呼吁，文学艺术、广播、电影、

电视等要真正地为孩子做更多的工作。儿童读物、儿童电影、电视、广播、儿童公园、少年宫等都属于社会教育的范畴，但我国对此重视不够，投资也不多。针对这种状况，朱智贤批评说，"这在战略上是一种近视的表现"。他特别指出，只有学校、家庭、社会三者的影响统一起来，培养儿童良好的思想品德才有了保证。

儿童期是一个人个性、品德开始形成的重要时期，这一时期的儿童具有很强的模仿性和可塑性，容易接受外界影响。因此，必须把握住有利时机对儿童进行品德教育。同时，儿童良好品德的形成，是家庭、学校、社会教育综合作用的结果，已经成为全社会的共识。家庭教育、学校教育、社会教育要求的不一致，不仅相互抵消了教育的效果，而且会造成后患无穷的儿童人格扭曲。现在独生子女父母对子女教育的关注程度，远远超过过去任何一代的家长，教育者要充分利用对儿童进行品德教育的这一难得的有利条件，加强独生子女父母的家庭教育指导，使得父母指导的方式更为灵活，指导的范围不断拓宽，指导的内容更加实际和充实，这将有利于产生更为明显的教育效果。

第三节 儿童教育的原则与方法

朱智贤不仅探讨了儿童心理发展的规律，提出了儿童教育的目标，而且根据一般教育的规律、儿童身心发展特点及家庭教育的特殊性，提出了儿童教育要遵循的一些基本原则和科学施教的方法。

一、正面教育，积极引导

由于人的行动主要是受认识支配，人的情感、意志，也只有在正确的认识支配下，才会发挥正确作用。因此，朱智贤认为对儿童进行教育，首先要注意讲清道理。这就要求做到两点：在对年龄较小的孩子进行教育时，要多用具体生动的事例，少用抽象空洞的道理；在讲清道理的时候，要更多地运用榜样的力量。父母、教师尤其要注意自己的榜样示范作用，身体力行，以身作则。其次，要注意在儿童犯错误的时候，坚持说服教育。只有通过摆事实，讲道理，找危害，帮助孩子提高对问题的认识，才能使他们改有方向，改有决心，改有信心；切忌过分责备，更不能殴打、斥责，打骂虽然使孩子一时屈服，但并不能从思想上解决问题，还可能使孩子留下心灵创伤。再次，孩子任何行为的形成，都有一个由量变到质变的过程，不是一下子就能定型的，因而要耐心地、坚持不懈地对他们进行教育工作。

二、理智施爱，严格要求

朱智贤指出，教育儿童一定要做到热爱和严格要求相结合。热爱儿童是教育儿童的前提，只有热爱儿童才有教育他们的积极性和主动性。但热爱不等于溺爱，溺爱是一种无原则的过分的宠爱，对于孩子的合理要求，应该给以适当的满足。但如果对孩子的无理要求也处处迁就，那就不但无益，反而有害了。年龄较小的孩子，由于他们是非观念不清，对自己的行为也不善于独立控制，更需要父母等成人对其行为有严格要求。但是，对孩子的严格要求也不是一次就可以完成的，必须始终一贯地坚持，才能最终实现教育目标。

三、注意生活内容的丰富多彩

遗传素质只是提供心理发展的可能性，而生活环境，尤其是教育，对于心理发展起决定性作用。生活内容是儿童心理面貌以及德、智、体诸方面发展的源泉。因此，朱智贤提出，教育儿童时必须注意生活内容的丰富多彩。世界科技的迅猛发展，使得儿童的周围环境日新月异，无比丰富。教育者如果不注意利用丰富而绚丽多彩的现实，把孩子限制在一个小的天地里，那么生活的单调和枯燥不仅不利于他们知识和智力的发展，而且也不利于他们情感、意志和个性的发展。因此，合理地安排和利用丰富的生活内容，使儿童从小接受生活中健康优美、丰富多样的养料，就会有利于孩子德、智、体的全面发展。

四、要用发展的观点看待儿童

所谓发展的观点，一是指个体从出生到成熟的过程中生理和心理的发生发展；二是指人生活的现实生活环境的变化，必然影响一个人的生理和心理的变化和发展。总之，人是处在不断的变化发展过程中。儿童从出生到成熟，变化最大。他们处于从不成熟到成熟、从不定型到定型的成长发育时期，是可塑性最大，也是最好的受教育的时期，因此，朱智贤提出，教育过程中要时时用发展观点看待儿童，不可抱有成见、偏见。要大力加强儿童德、智、体诸方面的合理教育，以促进他们的身心更快、更健康地发展。

五、统一要求,"口径"一致

家庭教育是儿童心理发展最早起主导作用的因素。但家庭成员之间,由于生活经历、对社会生活的体验、文化修养、教育思想、教育能力不同,在对待孩子的教育上常常会出现态度不一、各行其是的现象。要想顺利地对儿童进行教育,达到预期教育目的,家庭成员之间就要统一认识,做到统一要求、"口径"一致。朱智贤提出,"口径"不一,既会使孩子得不到一贯的正确的教育要求,也会为孩子的不合理愿望、欲望、需要和坏习惯制造"防空洞",使之有"机"可乘。因此,在一个家庭里,对于孩子的教育内容、教育要求、教育方式及方法,应当勤于商量,统一口径,相互配合、协作,这是一个不可忽视的原则。

六、以身作则,言传身教

在每一个家庭里,父母要以身作则,给孩子做出良好的榜样,这是无声的语言,是最有说服力的教育。模仿是儿童重要的心理特点,父母与孩子情感上的接近和权威性,使得父母成为孩子最直接的模仿对象。因此,朱智贤认为要求孩子做到的,父母首先做到,才能掌握教育的主动权。同时,父母在注意身教的同时,也要根据孩子的特点,进行循循善诱的言教,只有身教和言教有机结合起来,才能取得理想的教育效果。

朱智贤提出的儿童教育原则和方法,使我们更进一步地意识到儿童教育工作也是一门艺术,有一定的方法和技巧,不是随随便便、漫不经心就可以做好的。每一个教育者都要有计划、有预见、有耐心、有方法技巧地去进行这一工作。

第四节 儿童心理发展理论

儿童心理发展同一切事物发展一样,是一个不断经过量变和质变的过程。儿童心理发展的年龄特征就是在一定的社会与教育条件下,在儿童发展的各个阶段中所形成的一般的、典型的、本质的特征。朱智贤强调:儿童心理发展的每一时期的质的特点应该是划分儿童心理年龄的主要依据。这些质的特点表现在儿童社会生活中所处的地位、儿童的主导活动形态和心理发展的情况等方面。因此,教师在进行教育工作时,就必须认真考虑儿童心理发展的年龄特征,将年龄特征作为教育工作的一个出发点,从而对儿童提出适当要求，否则就会违反儿童心理发展的客观规律，使教育工作受到损失。除此之外，处于同一年龄阶段的儿童，由于种种复杂的因素，其心理发展不可能是完全一样的，因此还要注意儿童心理发展的个别特征。教育者应该用辩证的观点来掌握这些特点，而不能用个别性代替一般性，用多样性否认典型性。

林崇德曾这样评价朱智贤对儿童心理发展中一系列重大理论问题的贡献："对上述四个问题的分析和阐述，在中外发展心理学史上有过不少，但像朱老这样统一地、系统地、辩证地提出，还是第一次。"正如《中国现代教育家传》中所说："他为建立中国科学的儿童心理奠定了基础。"朱智贤关于这些问题的论述的重要特点是以研究为基础解决理论问题，而解决理论问题的目的在于指导教育实践。将心理学研究与教育实践密切联系起来的思想，是朱智贤从20世纪50年代或更早就一直强调的重要原则。

第五节 儿童心理发展的年龄阶段

儿童心理年龄特征是在一定社会和教育条件下，在儿童发展的各个不同年龄阶段中所形成的一般的、典型的、本质的心理特征。

第一，儿童心理年龄特征是指儿童心理的年龄阶段特征。

在一定的社会和教育条件下，儿童从出生到成熟大约经历了六个重大时期：乳儿期、婴儿期、学前期、学龄初期、少年期、青年初期。这些时期也就是一些不同的年龄阶段。年龄阶段的长短是不一样的，有的一年，有的二三年，有的三四年。这些阶段是相互连续的，同时又是相互区别的，一个时期接着一个时期，新的阶段代替着旧的阶段，不能躐等，也不能倒退。虽然由于种种条件的不同，每一个时期或阶段的时距的幅度可以有些摇摆，但从总的发展过程来说，这些时期或阶段的次序及时距大体上是恒定的。

第二，儿童心理年龄特征是指儿童心理在一定年龄阶段中的那些一般的、典型的、本质的特征。

儿童心理的年龄特征是从许多具体的、个别的儿童心理发展的事实中概括出来的，是一般的东西、典型的东西、本质的东西。例如，儿童从出生到成熟的六个时期中，每个时期的品德都有一个一般的、典型的、本质的特征：乳儿期主要是适应时期，婴儿期为品德的萌芽时期，是一个以"好"与"坏"两义性为标准的品德时期，学前期主要是情境性品德发展阶段，学龄初期是品德发展协调性阶段，少年期为动荡性品德发展阶段，青年初期品德发展的明显特点是成熟性。又如，每个时期的思维也都有一般的、典型的、本质的特征，婴儿期为直观行动思维阶段，学前期为具体形象思维阶段，学龄初期思维的明显特点是从具体形象思维占优势向逻辑抽象思维占优势方向过渡，少年期是经验型的逻辑抽象思维，青年初期为理论型的逻辑抽象思维。

由此可见，儿童心理年龄特征是指某一阶段的一般特征、典型特征、本质特征。而在这一阶段之初，可能保存着大量的前一阶段的特征，在这一阶段之末，也可能产生较多的下一阶段的特征。甚至同一年龄的儿童，他们的特征也不是一模一样的。我们只有用辩证的观点来掌握这些特征的个别性与一般性、典型性与多样性的矛盾，而不能用个别性来错误、盲目地划分儿童心理发展的年龄阶段。

古代的教育家和哲学家曾提出这样的问题，近代的教育家和心理学家曾进一步探索过这个问题，苏联心理学家和现代西方心理学家也在不断地研究这个问题。为了帮助我们解决这个问题，简单回顾一下历史上已有的有关这个问题的若干主要意见是必要的。

第一类意见是以生理发展作为划分标准。最典型的是柏曼关于以内分泌腺作为分期标准的意见，如胸腺时期（幼年时期）、松果腺时期（童年时期）、性腺时期（青年时期）。在考虑划分儿童心理年龄阶段时，注意到生理方面的因素是必要的，但如果把儿童心理发展看成是由生理来决定的，就显然不对了。

第二类意见是以种系演化作为划分标准。施太伦的分期可以作为代表。他把儿童发展分为：幼儿期（6岁以前）是从哺乳类动物到原始人类的阶段；意识的学习期（从小学到13岁）是人类古老的文化阶段；青年成熟期（14～18岁）是近代文化阶段。施太伦分期的理论依据即所谓"复演说"，复演说的主要错误在于把个体发展史同种系发展史完全等同起来，从而引向生物决定论（预成论）。但是，人们也不能因此就完全否认个体心理发展史在一定程度上重复着动物和人类的心理发展史，因为个体发展史同种系发展史是有一定联系的。

第三类意见是以智力或思维水平作为划分标准。皮亚杰的分期可以作为代表。他把儿童心理发展分为：感知运动阶段（0～2岁）；前运算阶段（2～7岁）[运算（operation）即内部化的智力操作或动作]；具体运算阶段（7～12岁）；形式运算阶段（12～15岁）。

第四类意见是以个性特征作为划分标准。埃里克森的分期可以作为代表。他把儿童心理发展分为：第一阶段，信任感对怀疑感（0～2岁）；第二阶段，自主性对羞怯或疑虑（0～4岁）；第三阶段，主动性对内疚（4～7岁）；第四阶段，勤奋感对自卑感（7～16岁）。

第五类意见是以活动特点作为划分标准。艾利康宁和达维多夫的分期可以作为代表。他们把儿童心理发展分为：直接的情绪性交往活动（0～1岁）；摆弄实物活动（1～3岁）；游戏活动（3～7岁）；基本的学习活动（7～11岁）；社会有益活动（11～

15岁）；专业的学习活动（15～17岁）。此外，还有其他一些意见，不复一一列举。

智力（或思维）和个性是心理发展的核心部分，用它们作为划分儿童心理年龄阶段的主要标志是可以的。但如果偏重某一方面，忽视另一方面，总使人感到不全面。以主导活动作为划分阶段的标志，能够看出儿童心理发展的整体面貌，是比较好的，但现在还缺乏一种确切的划分标准。

我们认为：划分儿童心理发展阶段时，以下两点是应该特别加以考虑的。

（1）儿童心理发展的每一时期的重要的特殊矛盾或质的特点，应该是划分儿童心理年龄阶段的主要依据。

（2）在划分儿童心理年龄阶段时，既应看到重点，又要看到全面。

因此，儿童心理年龄阶段的划分标准，可以初步地规定为：在一定的社会和教育条件下，儿童心理发展的各个不同时期内的特殊矛盾或质的特点。这些特殊矛盾或质的特点主要表现在儿童的主导活动上（儿童在社会生活中所处的地位，他们的活动形式），表现在智力（或思维）水平和个性特征上，同时又表现在他们的生理发展（特别是高级神经活动的发展）和言语发展水平等上面。

第六节　儿童的心理特点与教育

中小学教育是教育的基础，小学教育是基础的基础，就像盖楼一样，基础打不好，楼是盖不好的。在整个国民教育体系中，中小学教育，特别是小学教育，具有极大的重要性。按照儿童的心理特点和规律进行教育是教育的基本规律之一。一切工作要想取得胜利，都必须按客观规律办事，不能搞主观主义，教育工作、经济工作以及其他各项工作都是如此。教育工作是有自己的客观规律的，它大体可包括两个重要方面：一个是社会方面的规律。我们是社会主义社会，这决定了我们教育的方针、政策、制度等。另一个是儿童心理方面的规律。教育的对象是人，人都有心理活动，有心理的规律，在方针、政策确定之后，如何组织、编排教材，采用什么样的教学方法以使教学质量更高些，这一切都离不开儿童心理的规律。这两方面的规律都是教育工作者要考虑的，不懂是不行的。朱智贤认为，教育在儿童发展上，只是一种外因。因此要教育孩子，首先要了解孩子的发展水平、动机兴趣，然后给以适当的刺激、鼓励、帮助、指导，引导儿童不断向上、不断前进。只有遵循儿童心理特点和规律，教育才能取得成效。

就80年代初家庭和学校教育中拼命给孩子灌输知识的片面倾向，朱智贤撰文指出：大力培养儿童的智力是一项极为重要的战略任务。但在教育过程中，中小学教师必须研究儿童心理发展的年龄阶段特点。儿童发展的年龄阶段特点应当是组织教材、进行教学的重要依据。他批评现实中不问儿童智力发展特点，主观主义地采取"满堂灌""一刀切"或尝试错误的办法。同样，迁就儿童心理的年龄特点，不积极引导儿童智力的发展，也是错误的。在注意儿童发展的年龄特点时，也要积极注意儿童的个别特点。只有这样，才能做到因材施教、人尽其才。在1980年应天津教育界的邀请为广大教师作的《谈谈儿童心理规律和提高教学质量问题》的报告（后发表在《天津教育》1980年第1期上）中，朱智贤更是急切地向同行们呼吁：儿童心理的规律是教育的客观规律必不可少的组成部分，从事教育工作的人，除了要懂得教育的社会规律外，还要懂得儿童心理发展的规律。而要掌握儿童心理发展规律，需要解决四个根本问题：正确认识遗传、环境和教育在儿童心理发展上的作用问题；在儿童教育工作上，外因必须通过内因起作用的问题；从教育到儿童心理发展，有一个从量变到质变的过程问题；必须考虑儿童年龄特征和个别特征的问题。他既站在心理学的理论高度，又密切联系小学教育实际，指出教育工作者只有懂得教育规律，才能采取适当措施，正确处理教育过程中出现的各种问题。

第七节　独生子女教育及儿童早期教育

随着上世纪80年代初我国独生子女政策的实施，独生子女越来越多，人们对独生子女教育中存在的骄纵溺爱、急功近利、重智轻德等诸多问题的关注也使教育面临很多新的问题。朱智贤专门撰文《从儿童心理看独生子女的教育问题》，并提出指导性的建议。他认为，一方面独生子女有得天独厚的生活和教育条件，有利于及早培养他们的智力和品质。但另一方面，如果处理不当，也很容易由于溺爱而形成种种消极的心理特点。同时，独生子女没有兄弟姐妹，因此缺乏同伴之间的竞争和互助的体验。在这种情况下，如果父母一方面鼓励其独立性和自我服务能力，并建立和成人之间的平等互助关系；一方面为其创造和别的小朋友交往的机会，就能把不利条件转化为有利条件。但如处理不当，就可能使孩子形成自私自利、任性、孤僻等不良性格。此外，他还提出要正确看待独生子女与成人之间的关系。成人无论在知识或能力上都胜过儿童很多，因此成人应该考虑这一因素，尽可能使自己成为孩子的朋友，而不要处处显示自己高明、高人一等，以致使孩子在你面前感到自卑、无能。鉴于此，朱智贤呼吁注意独生子女的特点，有针对性和预见性地给以正确的早期教育，是非常必要的。由此可见，对儿童进行教育，作为教育者要意识到：第一，儿童心理发展是有规律可循的。只有了解儿童心理发展规律，对儿童施加影响、进行教育，才能做到有的放矢。

第二，早期教育、独生子女教育的关键是家庭教育。家庭教育进行得好，就可以为儿童发展打下良好的基础。因此，家庭教育中淡化"独生"概念，为孩子创造群体环境，让他们有时间与同辈人交往、游戏，对孩子的健康成长非常必要。第三，独生子女将是未来社会的主体，是构成社会的最基本的元素。因此，独生子女的教育问题将是一个长期的问题，并将随着独生子女群体的变化而变化。对独生子女教育的研究也将是一个长期的工作，是一个随时代变化而变化的工作，是一个对国家、对社会、对家庭至关重要的工作。

社会越来越注重教育的发展，而教育的发展使人们更加关注儿童早期教育。朱智贤认为，儿童早期是身心迅速发展的时期，可塑性大，学习快，记忆牢固。为了使儿童早日成才，为了使儿童教育有一个更好的起点，也为了从战略上能做到早出人才、快出人才、多出人才，他还积极提倡要加强儿童早期教育。

培养什么样的人的问题，是教育的首要问题，也是早期教育的首要问题。朱智贤多次强调：我们的教育方针是培养能为四化服务的、德智体全面发展的人才。必须培养孩子成为有社会主义觉悟的、有文化的、身体健康的社会主义劳动者，成为能担负和实现四化的各种有用的、合格的，甚至是优秀的人才。1983年朱智贤提出"早期教育要贯彻德、智、体全面发展的方"并撰文对如何落实全面发展的教育方针进行论述。他特别强调：

第一，要纠正忽视德育的倾向。由于孩子的身心发展水平不同，对中小学生的德育要求也应有所不同。三岁以前应以培养良好的道德行为习惯为主，说教为辅。三岁以后，儿童语言和经验有一定的发展，对孩子可以"行教""言教"并重，强化在理解的基础上的自觉的道德行为。

第二，智育必须重视智力的发展。将智育理解为就是教儿童认字、识数、计算或背诵古诗等等，这是不全面的。教儿童以知识，是必要的，但也必须适合儿童的经验和心理发展水平，不能死记硬背。而更重要的是，要在儿童学习知识的过程中发展他们的智力，即发展他们的观察力、注意力、记忆力、想象力、思维能力等。

第三，要从小养成保健卫生的行为习惯。身体是学习的重要条件，做父母的不但要时时注意保护孩子的身心健康，而且要使孩子从小养成自觉的保健卫生习惯。

第四，早期教育也要讲究方法。父母为了更好地进行早期教育，要学习一些有关儿童生理、心理、教育方面的知识，不能盲目地尝试错误。

可见，朱智贤提出的早期教育要贯彻全面发展的方针，是以全面提高儿童的多方面素质为根本目的的，这一方针无疑仍是当今中国教育的导向思想。而如何促进儿童德、智、体全面发展，使他们成为对社会有用的人才，更是当今和未来社会都应当关心的重大课题。

第八节　儿童自治

"儿童自治（Pupil Self-Goverment），是指依据儿童的生理、心理、经验、程度，以培植其自信力，在积极方面能自立自强，努力进取；在消极方面能管束自己，制止坏的冲动，使自己的个人生活、团体生活都合理地进行。"

一、儿童自治的意义

"自治"（Self-Government）两个字，简单说来，就是"自己治理自己"的意思。若详细地分析来说，它包含下面几种意义：

（1）自信。一个人要想能自治，必先有自信力，认清自己的地位、自己的能力，如果自己不能自信自己是一个"人"，哪里还谈什么自治？

（2）自立。有了自信以后，就要本着自信力去处理自己的事务，不可依赖别人，否则空有自信力也是无用。

（3）自强。只有自己处理自己事务的能力，而不能"自强不息""力求进步"，也不算得能自治，所以还要能自强。

（4）自制。积极方面能自立自强了，而消极方面还要能自制。个人往往有许多坏的冲动，如自大骄傲、轻佻、暴虐等，非能自己制止，还不能算得自治。

总体来说，所谓"自治"，即积极方面，能努力进取，消极方面，能自己管束，使自己的生活走上合理的大道。

"儿童自治"最鲜明的特点，在于它是"儿童的"，而非成人的。虽然说儿童和成人社会有密切的关系，不应有截然的鸿沟，但因为各个的生理、心理、经验、程度的不同，组织上活动上都应为各异的，不同的，所以儿童自治的定义乃是：依据儿童的生理、心理、经验、程度，以培植其自信力，在积极方面，能自立自强，努力进取；在消极方面能管束自己，制止坏的冲动；使自己的个人生活、团体生活都合理地进行。

二、儿童自治的价值

1. 儿童自治是最有价值的训育方法

"凡是对他发生兴趣的东西，就是他必须从事工作的东西。"朱智贤教授指出，只是教师口头的训育，或是教师命令而去做的事，都不能给儿童以更高的兴趣努力。儿童自治是儿童自己管理自己的事，支配自己的事，一切全要实地去做。比较那被动的命令的方法，兴味上、效果上相差真不可以道里计。

2. 儿童自治可以增加教育的功能

朱智贤教授指出，倘若学校只教儿童读书识字，这不能算是尽了教育的功能。教育还必须养成儿童支配生活的能力才行，并且使其不但能顺应社会环境，且能改造社会环境。杜威说："学校的社会方面的道德责任，也要用最广阔最自由的精神去解释。就是儿童有能力去自己管理自己，要使他非但能够顺应环境，而且要有能力去改造和指挥社会环境的。"在学校一切的活动里，只有儿童自治足以担起自己管理自己，而且慢慢改造他的团体和环境的重担，因此可以渐渐养成完美的人格，健全的生活。

三、儿童自治组织的原理

1. 与教育目标相一致

整个的教育目标，各时代各社会当然不同。但可以说，不外乎"怎样使孩子们做人，更好地做人，更合理地做人"。使儿童的生活，一天一天走上合理的生活，便是重要的教育目标，所以儿童自治要处处合于教育目标进行。

2. 与社会理想相谐合

一个社会有一个社会的理想，这理想是全社会的人共同树立的。像专制国，它的社会理想是养成服从的顺民，共和国所需要的便是能共同自治的公民了。学校是社会的一部分，所以它处处要同社会的理想相谐合。我们办儿童自治的人，也要认清现时代社会的趋势与需要，适当地适应才对。

3. 顾及社会环境

学校的各方面须时时顾及学生所处的社会环境。故其组织、设备、课程，以及教法等，多因社会环境而不同。儿童自治是学校事业的一种，自应考察所处社会状况，以为实施的标准。如中国社会普通的毛病，是不惯于团体生活，不热心于团体事业的，那么，儿童自治对于此点，就应特别注意。又如学校所在地是一个乡村，还是一个都市，是一个工业社会，还是一个农业社会，有什么优点可以发扬的，有什么劣点亟须矫正的，统统应有缜密的观察和调查，然后才能措置适当。

4. 注意儿童的生活和能力

儿童自治既是儿童的事，所以对于儿童本身，尤须注意。大概在未组织前，要明了儿童的能力，引起儿童的动机和兴趣。组织时要特别注意儿童的能力和需要，活动时要留心儿童的个性和努力，而予以适当的鼓励与指导。这样，儿童自治事业才可蒸蒸日上。

四、儿童自治组织的步骤

关于儿童自治组织的步骤，要根据儿童的能力、需要，在儿童的日常活动中抓住机会，给儿童以暗示，引起自治的动机。至于动机的引起，机会一定很多。儿童每日除了上课，生活上还有许多事发生，一定也有难解决的问题和不满足的欲望，这是最好的儿童自治的动机，利用这个动机，便可做出事情来。根据儿童需要能力慢慢进行，等零碎的事情多了，而且渐渐地复杂了，那时有一种趋势可以造成组织系统的机会，于是设法组织起来，这样组织起来都是儿童可以明了的。注意考察社会的环境、学校的规模，以及学生自治的能力。组织的步骤是：

（1）根据社会、学校、儿童的情形，做一个通盘的计划；

（2）从日常生活里引起动机；

（3）在课内将问题讨论明了，做简单的组织；

（4）注意矫正过去的劣点，发扬优点；

（5）在生活里抓住机会，事业渐多；

（6）注重指导，多讲演、讲习，或课内讨论；

（7）从联络上发生系统，从部分的到全体的；

（8）章程只求明了适用，随时制定。

第六章

师范教育思想

朱智贤一生的教育经历非常丰富，从事教育工作60多年来，在广阔的领域里辛勤耕耘，成就卓然。他是一个勤奋而勤于思考的有心人，干什么就研究什么。他对师范教育和民众教育的某些领域和问题也有深入的、创造性的思想和认识。

朱智贤的师范教育思想，主要来源于他长期从事师范教育的教学实践活动和对如何办好师范教育的思考。从中央大学教育系毕业后，朱智贤先是被聘为厦门集美师范研究部主任，后来他又先后执教于江苏教育学院、四川教育学院、中山大学、香港达德学院等院校。与此同时，朱智贤联系自身经验体会，结合当时师范教育存在的诸多问题，对如何办好师范教育进行了较为深入、系统的研究，相继发表《师范实习指导法》《师范生参观问题》《师范学校教学方法之新趋势》《师范实习制度之评论》《我对目前师范学校的几点感想》《师范学校"小学教材及教法"教学之研究》等文章，针对师范教育提出了大量精辟的见解，内容涉及师范教育的地位、师范实习制度、师范教学方法以及师范教育存在的诸多问题。

第一节 师范教育的重要性

朱智贤认为能否办好师范教育，不仅关系到教育事业的发展，而且关系到国家民族的兴衰。20世纪30年代朱智贤就明确提出：师范教育为一切教育之本。欲求国家教育之优良，若不注意师范教育，是亦缘木求鱼而已。这种把师范教育放在整个教育事业重中之重的思想，与我国当前倡导的重视师范教育，优先发展师范教育的方针和政策是完全一致的。

要办好师范教育，首先要明确师范学校的任务。朱智贤指出师范学校的任务有三：

其一，造就优良教师。他列举了优良教师应具备的条件，"身体宜强健一也，品格宜高尚二也，具科学技能三也，有勤劳习惯四也，了解并宣扬民族文化五也，爱好儿童与专心教育六也。具此六者则可为优良之教师。"①

其二，传递民族意识。他认为：昔普之胜法、日之胜俄也，不归功于雄师利器，而归功于学校教师，何耶？是亦曰教育乃民族斗争之重镇也。日之灭韩，英之亡印，必先改变其教育内容，使其数典忘祖，甘为奴隶，是又以教育毁灭民族意识之显例也。由此可见，教育之关系民族灭亡者何其重大！而此等实施教育之教师，应由师范学校来训练和培养。而师范学校应如何灌输生徒以民族意识及其传递之术，是应熟思深虑而力求贯彻者也。

其三，改造社会国家。朱智贤分析认为：处此世界战云弥漫，各国竞图自存之秋，老大衰弱如我国，应如何内谋社会进步，外求国家独立，实为当前最严重之问题。教师为社会之中坚分子，国民之领导人物，在其训练期间，即应充分注意及此，使出校任事之时，可尽量发挥其效能，则社会之进步、国家之强盛，可预期也。

朱智贤不仅重视师范教育的重要战略地位，而且终其一生在教育的园地上辛勤耕耘。他说："教师不是教书匠，他应该是青年及儿童的表率，他自己必须有一番严格专业的陶冶，才能够以他的学识与人格去教养下一代、影响下一代，也唯有这样的教育，才会发生力量。"1934年大学毕业后，朱智贤便在厦门集美师范学校开始了他的教书生涯，其后又辗转从教于多所学校。1951年后，他在北京师范大学的讲台走过了整整四十个春秋，将毕生心血贡献给了我国的教育事业。

第二节 师范教育的状况

随着中国资本主义的逐渐深入和教育事业的不断发展，从1912年到1922年，针对旧学制的弊端，民国政府针对师范教育的实际问题提出了一系列学制上的变革。直至1922年新学制的制定，终将这场学制改革推向了高潮，之后在其基础上进行补充或完善，最终构成了民国时期较为完善的师范教育制度。

1949年，中华人民共和国成立后，以提高人民文化水平，培养国家建设人才，发展为人民服务的思想为主要任务的教育事业开始成为新的历史时期教育发展的主要方向。百废待兴，百业待兴，改造旧教育，培养大批适应新中国建设的人民教师成为当务之急②。

朱智贤以自己接受师范教育和从事师范教育多年的亲身感受，对中级师范学校的

---

① 朱智贤. 师范学校教学方法之新趋势［M］//朱智贤全集—第二卷 教育研究与方法. 北京：北京师范大学出版社，2002：345.
② 霍东娇. 中国百年师范教育制度变迁研究［D］. 长春：东北师范大学，2018.

师资、课程、学生三方面存在的问题进行分析,并提出改进意见。

一、调整师范学校的师资

深化课程改革,提升教学质量,办好人民满意的教育,其关键在于教师队伍的建设。因此,全面提高教师队伍素质,培养合格师资成为全社会的共识。朱智贤从自己多年从事师范教育的体会和感受出发,结合当时的社会需要,对师范教育中的师资素质提出了自己的真知灼见。他认为,师范学校的师资,除了和一般中等学校的师资一样,应该具有正确的政治意识与高尚品格之外,还应该具有扎实的教育专业训练。换句话说,他不单单是一个师范生的教师,更是一个模范的小学教师。他上课的时候,不但要给予师范生以知识,同时无形之间也要给师范生以教师的技术。只有做到这一点,师范学校的专业训练才有成功的希望,不然只靠几个教育教师,根本就不会有一个理想的师范学校出现。针对当时大多数教师认为教育专业训练是教育教员的事,他们不愿教也不屑教的事实,甚至有些教员故意选用高深的数学教本,加多英文理化的教学时间,专门迎合学生的一种错误的心理,朱智贤提出这些做法既害学生,又害国家。关于师范学校师资的调整,他提出凡是将来要做师范教师的,应该加强教育专业训练,特别是对于小学教育师资应有相当的教育专业修养。换句话说,师范教师应该与中学教师不同,师范学校的教员不是一个普通中学教员可以充当的。这要注意到:

(1) 在招生时规定凡是将来要充当师范教师的,其入学资格,必须是师范学校出身,否则必须另外修习小学教育的课程及实习;

(2) 师范学院中的各科系应该分组,志愿充当中学教师的是一组,志愿充当师范教师的是另一组,两组的课程,应该不同。另外,在师范学院还不能供给我们以新的师资以前,希望教育行政及师范学校当局应该重视国家调整师资的新教育政策,以加强教师的训练与培养。

(3) 师范学校的教师必须经过严格的教育专业训练,这种训练也正是教育专业不同于任何其他专业的标志。这种思想与当前我国全面加强师资工作,提高师资队伍整体素质的战略不谋而合。大力办好师范教育,培养和培训高水平的教师,已经成为参与国际竞争的一项先导性战略措施,这充分显示了朱智贤的远见卓识。

二、改造师范学校的课程

师范教育的课程设置直接关系到未来教师素质的高低。课程究竟应该如何设置?人们有着不同的争论。朱智贤针对当时师范课程设置中存在的问题提出了自己的建议。

他指出，当时的师范课程设置有两个最大的毛病。一是重复浪费。比如，几种教育功课里面，互相重叠的地方很多。二是有些科目高深无用，而有些需要的科目反而不注意或钟点太少。例如，有许多高深的数学功课，对于师范生将来的职业，实在无多效用，学了实在等于浪费，而有些科目如社会教育、乡村建设等是师范生应该知道而且将来必须实地去做的，反而不注意。

为了适应新的教育政策，朱智贤认为师范的课程应重新改组，并提出改组的五个要点：

（1）依照师范学院的办法，将全部课程分为基本的科目与专业的科目，而专业的科目更有必修与选修之别，这种科目的确定，宜以理想的师范训练与新中国之需要为主。

（2）增多实习的钟点，并以实习为全部课程之中心。实习应自第二年即正式开始，学生在做上学，先生在做上教，因此每一师范应办理完善的实习小学或附属小学，自第三年开始，学生即分组创办或主持教育工作，如小学、民校、演讲所、茶园等。

（3）淘汰不必要之科目或教材，增加需要之科目及教材，一部分高深之数理及英文选科等应予删除，另加社会教育、乡村建设、教育问题讨论及其他选修之教育科目等。

（4）各科教学法分别归并于各学科内，不单独设科教学。

（5）以前重复之材料应合理之调整。

三、目标宜鲜明、训练宜集中

朱智贤关于师范教育课程设置的论述，内容十分丰富而深刻，它体现了师范教育的专业特性，坚持了理论联系实际，主动适应了社会的需要，对于今天的师范教育课程改革，培养合格师资仍具有借鉴作用。

四、注意师范学校的学生

朱智贤认为师范教育也是一种职业教育。理想的师范学生应当是初中毕业而有志于初等教育的职业，经过一番选拔而来的。这种学生先有一种职业上自觉的兴趣，自然很容易成为良好的教育者。但现实状况不容乐观，大部分学生入师范学校是因为"碰巧考上了"，或者是"经济困难"。即使是三年级学生，大部分学生一本课外教育书报都没看过，至于毕业后的志愿，也以升学为第一，迫不得已，才去当小学教员。

他认为造成这种事实的原因有：其一，初中缺乏适当的职业指导；其二，中学太少，考不进中学的学生只有盲目地考师范；其三，师范入学考试的选拔不严，不从师范教育的立场来选取学生；其四，免费教育有待商榷，普通人多认为师范学校是贫寒子弟进的，用意不无错误；其五，师范会考制度不当，不应偏重知识，致使学生专重数理知识的记取，而视品德及专业技能为无足轻重；其六，师范生应有升学之轨道，不可限制其必须服务若干年，如依目前规定，师范毕业生缺少明显的上进之路，有些青年不免意冷心灰。

以上六个方面是必须早些加以改革的。在招收师范生的时候，朱智贤认为应尽量选取那些有自发的教育专业兴趣的学生。招进来以后，就必须有一种严格的专业训练。会考假定需要的话，也不能只以知识为标准，能办好一所小学，能热心为社会服务，也应视为会考的重要标准之一。至于毕业以后，以服务一年至两年为限，即准其投考师范学院，使有上进之机会。关于师范生免费问题应作精详的考虑，不要再因袭以前所谓"穷师范生"那样的观念，师范也是一种职业教育，最少应该使社会把师范和职业学校的学生同等看待。

朱智贤多年前提出的理想师范生的选择标准，对于今天的师范教育改革仍能提供一定的启示。目前我国教师的地位虽然有所提高，但从整体而言，教师这一职业的吸引力仍不是很大，因此选择那些真正有志于教师职业、对教师职业真正有兴趣的学生进行专业训练和培养显得尤为重要。一个人只有根据自己的爱好去选择职业生涯，从事自己喜欢的工作，他的主动性和潜力才会得到充分发挥，才更可能实现自己的人生价值。

第三节　师范教育的改革

回顾教育实习的相关研究，教育实习的定义还没有得到统一的界定，以往对教育实习的理解主要呈现出广义和狭义两种看法。广义的教育实习是指师范生在接受职前培养时开展的各类能够丰富教育教学实践知识、夯实学科素养、锻炼专业技能的实践活动，包括教育见习、观察一线课堂和大四学年的集中实习等多种形式。狭义的教育实习是指高年级的师范生进行教育实习的活动，是师范生在学校统一的安排下，进入实习学校开展实践，以丰富专业知识、提升专业能力的活动。叶澜教授对教育实习的概念作出了界定，指出教育实习是高年级师范生为提升教育教学能力，在双导师的指导下，进入中小学，切身体会教育情境，实施教育教学的实践活动[①]。

---

① 戴含冰. 教育实习对师范生从教准备度的影响研究 [D]. 金华：浙江师范大学，2022.

随着师范教育的兴起，教育实习已成为师范生的一门必修课程，它体现了师范性的发育和发展。教育实习是综合性的实践活动课程，集中体现了培养目标的达成，其课程实施可以说是师范教育的总闸门。教育实习是师范院校的一门实践性的活动课程，其性质决定了其实施不同于师范生所学习的其他课程。教育实习课程不能仅仅在师范院校的教室里以课堂教学的形式实施，师范生必须走出师范校门，进入幼稚园、小学、中学、民众教育机关、教育行政机关甚至乡（镇）保等政府机关场所实地练习一定时期，由此才能完成该课程的教与学的目标，这是其实践性所决定的。正由于其与一般的理论性课程不同，其实施的场所溢出了师范院校，师范生教育实习对象所存在的场域成为该课程实施的重要相关者[①]。教育实习是师范院校一门必不可少的专业课，是对未来教师进行职业训练的必修课程，也是师范生理论联系实际，把知识转化为能力，从学习向工作过渡的关键一环。认真地组织和指导教育实习，是师范院校培养合格师资的必由之路。朱智贤特别重视师范生的教育实习。他认为参观和实习是师范生必修的课程，"一是使实际与学理沟通，二是取长舍短以资从事时的参考借镜"[②]。总括一句话，就是将来从事实际教育时，能格外地胜任。早在师范毕业前后，他就撰文《师范生实习问题》在《中华教育界》上发表。毕业前的半年实习更是在他的脑海中留下了终生难忘的记忆。在《培养合格师资的必由之路》一文中，朱智贤回忆道："我们毕业那年的办学实习，实际上是独立办学，获益更大。我们自己制定教学计划，自编教材，写教师日记，举行讨论会，总结教学经验，出版教育墙报，所有这些锻炼了教师工作中的各项能力和创造性的品质。无论工作多么忙，都感到其乐融融。"[③]

在对师范实习制度进行探讨的前提下，朱智贤制定了集美师范实习指导的原则，并提出了理想的师范实习制度的趋势：

第一，注意培养师范生自动创造的能力。师范生毕业以后，均须独立办学或教学，因此，实习期间应尽量加多自动处理教育工作的机会，使学生毕业后即能担负重任。

第二，注重理论实际的合一。通常情况下人们将实习与平日读书看得毫不相关，将实习视为实际工作，将平日读书视为理论吸取，以致理论自理论，实际自实际，因此造成实习的失败。而良好的实习制度应尽量避免此种缺憾，使理论与实际打成一片，所谓教、学、做三者合一，由做上教，由做上学。

第三，实习时间要增多。实习时间假如太少，则势必马马虎虎、流于形式。因此今后实习制度之改造须增加时间；须延长时间的分布。

---

① 黄书生. 近代中国师范生教育实习研究（1897—1949）[D]. 福州：福建师范大学，2021.
② 朱智贤. 师范生参观问题 [M] //朱智贤全集—第二卷 教育研究与方法. 北京：北京师范大学出版社，2002：318.
③ 朱智贤. 培养合格师资的必由之路 [J]. 师范教育，1985（12）：13.

第四，实习范围要扩大。师范生的出路固然是以"教书"的为最多，然而教书并非教师的唯一任务。为了师范教育能适合实际教育上的需要起见，应该顾及事实的要求，来扩大实习的范围，使师范生对教学行政、事务、训育等均有一些了解。

第五，要有良好的指导人员。指导人员直接关系到实习制度的成败。一方面，指导人员须与师范生及实习学校有密切关系，对于双方均有较深的了解；另一方面，指导人员须由学识丰富、经验充足、技能纯熟者担任，这样师范生才能受到良好指导。

第六，要确定适宜的实习程序。实习要有一定的程序，先参观，次见习，然后试教及校务实习，切不可步骤凌乱，暗中摸索。

成功的教育实习能够使师范生毕业后迅速地胜任教育教学各项工作，为未来的工作奠定良好的基础。近年来，我国的师范教育实习从转变观念，适应基础教育改革和发展的需要出发，在教育实习内容、时间、形式等方面进行了一些改革并取得了一定的成效。但仍存在实习观念落后，实习时间过少，实习指导不力等不足。因此，借鉴朱智贤对理想师范实习制度的思考，真正做到改变教育实习观念，拓宽教育实习的内容，加大教育实习的比重，规范教育实习程序，加强教育实习的指导和评价，我们的师范院校才能够培养出符合时代需要、受基础教育欢迎的新型教师。

朱智贤关于师范实习制度的思想对当代教育实习发展也有着别样的启示。

第一，需明确指导教师对实习生的角色定位。指导教师的实习观体现其对实习生的看法。不同的实习观，会使实习指导教师对实习生的角色定位产生变化，指导方式和指导内容就会产生较大的差别，这势必会影响教育实习所应达成的教育效果。目前，学界广泛认为教学是一项专业活动，具有情境性、复杂性和不确定性，不是简单的按部就班的活动。因此，我们需要的是能够在复杂多变的情景中做出专业决策的适应性教师，而不仅仅是熟练的技术工人。有时教育实习指导教师对教学实习的目的没有正确理解，对实习生的角色定位存在偏差，将实习生视为徒弟，经常让实习生按照指导教师规定的流程进行技术实操，而不是把实习生看作正在学习如何教学的学习者。有些指导教师甚至将实习生当作助手，让他们负责教师办公室的卫生、改作业、监督自习等工作。这些偏差的教育实习理解直接影响了指导教师对待实习生的方式，难以满足实习生对教育实习的期望。指导教师要把实习生看作是自己教育教学上的合作者，实习生要真正参与进去，有自己的付出。实习生只有真正参与其中，才能形成自己对教育教学的认识和理解。实习生不能在实习中只做旁观者[①]。

第二，需树立理论与实践相融合的教育实习观。科学的教育实习观是指导教育实习活动的重要基础，其核心是对理论与实践关系的认识。树立理论与实践相融合的实

---

① 高芳，黑建敏. 高质量教育体系建设背景下的教育实习期待与改进之路［J］. 河南师范大学学报（哲学社会科学版），2022，49（2）：151-156.

习观，有助于规范教育理论与教育实践的关系，一方面，理论知识的学习能够为学生提供足够的知识储备，开拓理论视野，另一方面，实践中理论仍发生着作用，实践在动态影响着理论的建构。师范生在教育实习过程中不是基于理论指导或者经由他人告知从而被动地思考如何在实践中进行理论运用以及如何改进自己的教育教学，而是在教育教学实践中主动地学习和理解理论知识，运用理论知识分析和解决教育教学实际问题，甚至探索改进教育教学的方法和路径。由此，师范生可以改变"基于理论和前人经验"的学习，学会用批判的视角审视和反思教育教学实践，从而形成更加主动的专业体验、更加清晰的教育假设、更加生动的意义建构、更加坚定的教育信念。[①]

第三，需创建多元主体协同的教育实习机制。师范生教育实习并非师范生培养院校能够独立完成的内部事务，而是需要借助于多方力量和资源才能顺利实现，是需要多元主体参与的一项合作性事业。因此，必须构建高校、地方政府、中小学校多元主体共同参与的教育实习协同机制，使高校、地方政府、中小学校结成紧密共同体。但在具体运行过程中，由于不同主体分属不同社会结构领域，在思想、制度、行为、文化等方面存在着一定的差异或冲突，难以走向深度的协同。教育行政部门的职责在于协调、统筹教育实习中各方的关系，提供政策支持和服务保障，充分调动各方的积极性。高校作为协同培养机制的核心主体，负责教育实习过程管理和选派优秀的指导教师以及为教育实习提供理论指导、专业咨询以及培训、讲座。中小学校作为教育实习的核心场域应为师范生提供见习、实习的基地和良好的教育教学环境，选派优秀的教师参与教育实习指导工作，与高校教师一起协同考核评价。同时，还要发挥高校职前教师教育效果的检验功能，及时反馈师范生职前教师教育的实施成效与存在的问题，助力高校不断改进教育实习工作和提高师范生培养质量。为了保障教育实习的科学性和有效性，在联合体的统筹领导下建立教育实习指导中心，实施研究、指导、组织和评估的一体化管理。从研究方面而言，主要是基于师范生的培养目标和毕业要求科学研制教育实习的目标、内容与组织形式；指导方面主要是负责教育实习全过程中不同环节的指导与改进；组织方面主要是负责教育实习的具体安排、人员联系和工作协调；评价方面主要是负责教育实习的资料数据、交流研讨和成绩评价。建立"一体化"的领导机制和指导机制不仅能够促进教育实习的制度化和规范化，而且能够保障教育实习的科学性和有效性[②]。

20 世纪 30 年代中期，朱智贤对中级师范学校的课程设置、师资方面存在的问题进

---

① 陈时见，刘凤妮. 师范生教育实习的目标定位与实践路径［J］. 教师教育研究，2022，34（2）：15－21.
② 陈时见，刘凤妮. 师范生教育实习的目标定位与实践路径［J］. 教师教育研究，2022，34（2）：15－21.

行了深刻剖析,并提出了许多精辟的见解,对于今天在新的历史条件下深化师范教育改革,培养合格师资仍具有借鉴作用。反思目前师范教育中存在的问题,应着重从以下几个方面加大师范教育的改革力度,以突出师范教育的特色。

第一,优化师范教育的课程结构。

适当增加普通教育课程及教育专业课程的比例,适当精简学科专业课程的比例应当是未来师范教育课程设置发展的趋势。教育专业课程的比例,至少应增加到20%~30%。课程开设要反映当代新颖的教育理念、先进的教学技术,如课堂组织管理、个体差异处理、心理健康维护等。这样才能切实体现教师职业技能、技巧训练的需要,提高教师的教育教学能力。同时,也能保证未来教师具有广博的知识基础为学科教学提供潜力,具有精深的学科专业知识教授和指导学生。

第二,加强教育实习,切实提高教育实践成效。

这一点在目前的师范教育课程改革中显得尤为迫切。教育实习是提高师范生实践知识与能力的重要手段,有助于理论与实践的统一。结合当前教育实际中存在的问题,可以考虑:延长实习时间;拓宽学生实习的内容,让学生有更多的机会参与学校的教学与管理;加强教育行政部门、师范院校及中小学三者之间的联系,协同解决教育实习过程中出现的各种问题。

第三,加强师范生职业道德教育,把好"入口关"。

师范院校要加强师范生的职业道德教育,并将师德教育贯穿于各学科教学中。同时,加大对新申请教师资格人员思想政治品德的审查力度,只有品德高尚者才能进入教师队伍。

第四节 师范实习制度

师范教育课程设置与教育实习主要存在以下几个问题:

第一,师范教育课程结构不合理。教育专业课程是师范院校区别于其他院校的重要标志。我国当前的师范教育课程体系一般是由普通教育课程、学科专业教育课程和教育专业课程三部分组成,但在课程结构比例上却严重失调。在大多数师范院校中,普通教育课程约占总课时的20%,学科专业教育课程约占总课时的72%,教育专业课程占总课时不足10%。这种课程结构比例失调的状况,大大削弱了教师的教育专业训练。

第二,教育专业课程内容陈旧,脱离实际。从教育专业课程的内容看,我国师范教育课程中的教育专业课程历来是教育学、心理学和学科教学法,即所谓的"老三门"。不仅课程门类少，而且理论成分较大，内容空洞、陈旧、脱离实际，特别是与中小学实际联系不紧密。因此，这些课程与其所要承担的教师职业训练的重任很不相称，难以达成师范教育培养高素质教师的目标。

第三，教育实习时间短，形式化严重。教育实习是培养师范生良好师德，巩固专业思想，锻炼和提高教育、教学能力不可缺少的部分，在师范教育中的地位不容置疑。但目前师范教育实习在现实中却陷入了将就应付、有名无实的尴尬境地。一是时间过短。师范院校的教育实习一般安排为6～8周，短暂的教育实习不能使师范生对教师这一职业形成深入的认识。二是实习内容简单，形式化严重。由于时间短，实习任务仅限于讲授特定的教学内容和充当班主任等规定性活动，学生很难有自由发挥的余地，在内容和形式上基本上是走过场。有的师范院校甚至将学生一放了之或是让学生自己联系实习学校。这样的实习，难以使师范生迅速积累个人实践知识，形成教育教学技能。

第七章

民众教育思想

20世纪20年代中后期,鉴于孙中山先生遗嘱中"唤起民众"及国民革命时期民众运动的影响,中国掀起了民众教育思潮。许多教育家都投身于这一思潮,积极探索中国教育的出路与中国社会的改造。朱智贤在师范学校读书期间的校长董渭川先生就是当时民众教育的积极倡导者和实施者。朱智贤一生曾有两次从事民众教育的经历,两次都是受时任山东省立民众教育馆馆长的董渭川先生的邀请。第一次是1932年朱智贤在中央大学就学期间,正值中央大学"易长风潮",学校停课一段时间,受董渭川先生的邀请,朱智贤到山东济南帮助筹办《山东民众教育月刊》,共同实施山东民众教育;第二次是1935年,受董渭川先生的邀请,朱智贤再次到济南,担任民众教育馆的编辑部主任,主编《山东民众教育月刊》《小学与社会》两种教育刊物,投身于更加丰富多彩的民众教育实践中。尽管两次从事民众教育只有一年多的时间,但朱智贤是个有心人,他在积极参加民众教育的改革与实践中写下了大量的文章,蕴涵了他丰富的民众教育思想。

第一节 民众教育的本质

20世纪30年代我国民众教育勃兴,民众学校、民众教育馆十分盛行,但是此时民众教育理论却非常紊乱,民众教育的途径和方法也十分庞杂。在山东民众教育馆,朱智贤不仅积极投身民众教育的实践活动,而且在观察实践中,更深切地认识了社会和教育的真面目。他撰文指出,现在的中国需要发起一种伟大的民族自救运动,这种运动的实现应该是以全国的贫苦大众的觉醒为前提,而贫苦大众的觉醒又必须先有真正的、前进的民众教育运动来推进才行。他认为:"这种民众教育不是官僚教育,不是人力教育,更不是指学校以外带有慈悲性的所谓失学成人的民众教育,它乃是一种广大的教育运动。这种运动含有整个的教育领域,无分于大学、中学、小学,更无分于普通教育、职业教育或师范教育，它是一切教育工作的中心，任何教育工作不透过这种广大的教育运动的含义，那只是空虚的、落伍的教育，绝不是可以救现在的中国的教育。"① 由此，他将民众教育的正确意义解说为"是为属于平民大众以拥护其利益而求有计划有步骤地去实现其理想的一种工具"②。

在《愿民众教育者反省》一文中，朱智贤对民众教育的意义和任务更是进行了详细的论述。他认为：第一，民众教育不是全民教育，而是为了大多数民众施行的一种求生存、求生活的教育。其对象是劳苦大众，而不是有闲阶级。第二，真正的民众教育，是要训练民众能自动地取得生存与生活的权利，而不是对民众的一种慈悲。第三，民众教育一定要救穷。国家与民众之所以穷，总有他穷的原因，民众教育要救穷就一定要先找到穷的原因。第四，民众教育蹈着过去学校教育失败的覆辙，是民众教育第一个致命伤；民众教育和学校教育分道扬镳，是民众教育的第二个致命伤。为了民众教育的前途着想，它应该赶紧地回头，它要教人生存、教人生活，它要与学校共同努力，要与社会打成一片，要把求生存、求生活的理想与方法，送上民众的门，使民众觉醒。这是民众教育工作者的使命。

由此可见，"任何一种教育事业都该着眼在广大的民众，以广大的民众作为其教育之最真切的对象。"③ 朱智贤这种将民众教育作为一切教育工作中心的思想，不仅对当时山东民众教育的改革和实践有一定的指导意义，而且在今天看来，民众离不开教育，教育应该为最广大的人民群众服务，把民众教育提高到应有的战略高度，仍是当前我国贯彻以人为本、落实科学发展观的必然要求和教育公平与公正的具体体现。

第二节 民众教育的目的

教育目的是教育运动的出发点和归宿，是确定教育内容、选择教育方法、评价教育效果的根本依据。教育目的的制定受一定社会经济、政治和文化发展水平的制约，寄托着教育家所追求的教育理想。在民众教育派看来，民众教育的意义即革新教育、改造社会，民众教育的最终目的即救国。

在中国近代这个特定历史时期，"救亡图存""复兴民族"是社会主题，许多教育

---

① 朱智贤. 中国教育改造的一条新路［A］. 朱智贤全集—第二卷 教育研究与方法［M］. 北京：北京师范大学出版社，2002：593.
② 朱智贤. 中国民众教育理论的现状及其去路［A］. 朱智贤全集—第二卷 教育研究与方法［M］. 北京：北京师范大学出版社，2002：680.
③ 朱智贤. 中国教育改造的一条新路［A］. 朱智贤全集—第二卷 教育研究与方法［M］. 北京：北京师范大学出版社，2002：594.

主张、教育运动无不围绕它而展开。民众教育家们怀抱教育救国的理想,从而赋予民众教育这一历史使命。民众教育派对民众教育的意义进行了具体论述:

第一,民众教育要使"教育权利大众化,大众生活教育化"。民众教育家批评当时的教育是特权阶级的教育,没有顾及劳苦大众。他们指出,虽然中国古代,孔子曾提出"有教无类",但事实上,教育一直存在差异,教育机会极不平等,教育不过是富有者的装饰品。"整个的教育在过去是走错了途径","以前的教育,是都市的点缀品,是资产阶级的专利品;多数学校都是设立在都市中,便利资产阶级所享受的,一般劳苦的民众,真是'可望而不可及'"。而这大多数被剥夺了教育权利的劳苦大众,是国家的主人和社会的中坚,他们的失学对民族的前途影响极大,因此必须改造现行教育。"民众教育运动的兴起就是应事实的要求,要将教育的权利扩大到每个国民。"民众教育要把受教者的范围扩大,使教育权利大众化,实现教育机会均等。民众教育家们指出,要实现教育权利的大众化,就要改变传统的教育模式和教育内容。他们认为,自中国从西方引入学校制度后,便形成了学校以外无教育的弊端。但能受学校教育的人毕竟有限,大多数民众被摒弃在学校之外,没有受教育的机会。而且,学校的思想与精神充满了封建教育的遗毒,学校仍然是进升的阶梯。学校教育内容与实际生活隔绝,过于注重书本知识,忽视实际能力的培养,教人做人上人,只能造成特殊的"士"阶层,不能养成身心健全的社会公民。民众教育则要改变这种弊端,民众教育派提倡"教育应以社会为学校,全体民众为学生,整个生活为课程",认为民众教育就是要将教育范围从学校扩大到社会,采取灵活多样的方式,为民众提供大量的学习机会,并指出民众教育是建筑在民众现实生活之上的教育,教育内容不脱离人生生活,是它的根本精神。民众教育要将旧教育内容加以改造,使其生活化、社会化,即民众教育的内容应包括人生活动的全部,如指导民众识字读书、造林、修路、消防、改进副业、善用休闲等。从而使人们养成强健的体格、丰富的情感、高尚的志趣、良好的习惯、正当的信仰、充实的能力,成为一个对自己、家庭、朋友、邻居、国家、世界都能负责,都有益的人,而不是仅有渊博的知识,只能作"一博大的辞林"。

民众教育派还指出,民众教育要实现大众生活教育化。鉴于教育与生活的脱离,杜威提倡"教育即生活",陶行知提倡"生活即教育",民众教育派则兼采二者,提出"教育与生活合一"。民众教育家认为,杜威的"教育即生活"理论仅针对学校教育而言,但学校生活只占人生的一小段,现代社会纷繁复杂,人们离校之后也同样需要指导,因此必须将"教育即生活"的理论实现于整个生活之中,对人们的整个生活予以指导,使人们终身生活在有教育价值的环境里。俞庆棠曾指出,杜威的"教育即生活"学说,"仅表现于学校之中,所谓以学校为社会生活的雏形而已。可是学校生活不过是生活的一阶段,经验继续不断地改造,绝不限于学校时期。现行的学校教育,绝不能代表终身的过程。所以'教育即生活'的理论，要实现于整个生活之中，整个社会环境之中。环境的刺激由学校环境扩大至整个社会环境。经验的改造，由儿童及青年在学校中的经验，扩充至于整个人生之经验"。而且，民众教育家们提出，根据"教育即生活"的理论，可以进一步引申出"生活即教育"的理论。他们赞同陶行知的生活教育主张，强调有生活就有教育，过一天生活，便要受一天教育，过什么样的生活，便要受什么样的教育。总之，在民众教育派看来，教育与生活是合一的，教育即生活，生活即教育。民众教育就是要实现这种"教育与生活合一"的理论，将教育贯穿人的一生，使人们的整个生活及整个社会，均得到有意识的指导。

第二，民众教育要改造社会，复兴民族。民众是社会的主体，通过教育民众，能使民众充分发挥出自己的巨大潜力，承担起改造社会、复兴民族的重任。这是民众教育派对民众教育意义的一个基本认识。

自晚清维新运动提出"新民"以来，提高国民素质一直是爱国知识分子所热衷的话题。孙中山的"唤起民众"更是深入人心，成为民众教育者矢志不渝的目标。陈礼江提出，中国处在一个社会改造时期，其社会现状，可用胡适的"贫、愚、弱、私、乱"或平民教育促进会的"愚、穷、弱、私"来说明。而中国之所以形成这种现象，不仅仅是由于帝国主义的侵略与国内政治经济制度的不良，还在于大多数国民素质低下，不适应社会需要。所以，"我们要从事中国社会的改造，固然需要改良国内政治经济制度，并铲除帝国主义侵略，但一方尤须从构成中国社会的民众改造着手"。改造民众的方法，便是提倡民众教育，唤起民众，组织民众，共同起来救国。

中国民众的劣根性主要表现在民族意识薄弱，政治兴趣淡薄，团体智慧缺乏。正如高阳所说："一盘散沙，没有团体，没有民族团体，是没有办法的原因。是中国人毛病之所在，症结之所在。"民众教育家们相信，通过民众教育，能使广大民众了解个人生活与民族存亡的密切关系，唤起民众的民族意识，并能培养民众的政治兴趣，训练民众的参政能力和自治能力，养成民众的团体精神，从而使民众组织起来，团结起来，共赴国难，复兴民族，建立民主共和国家。

民众素质的低下还表现在民众缺乏科学知识、生产技能差，而这是造成社会经济落后、国家贫穷的重要原因之一。因此，民众教育者认为，通过教育直接生产者——民众，使民众掌握科学技术知识，并能运用到实际生产中，去改良农业生产技术，经营农村副业，推进合作事业等，这样，就能通过增进民众的生产能力，提高国家的经济实力。

总之，民众教育是一种教育革新运动，它要改造旧教育，使教育权利大众化、大众生活教育化。这充分体现了它兼顾全体民众、涵盖整个人生的精神。同时，民众教育又是一种社会改造运动，它要通过教育民众、提高民众素质，来奠定立国的根本，实现民族的复兴。民众教育派对民众教育目的及意义的认识，深深地打上了那个时代的烙印，充分体现了他们强烈的忧患意识和社会责任感。此后，民众教育的实施均是基于这个认识而展开的。

第三节　民众教育的目标

教育目标是教育目的的具体化，把教育目的分解为若干教育目标，再把教育目标分解成若干细目，可使教育目的具有可操作性，便于实施。民众教育派借鉴了西方的这一教育理论，提出了"民众教育目标"一词，并对此进行了深入研究。

目标原是欧战时军事上流行的一个名词，指在某时间、某一段作战计划的达成，移用于教育上，指某阶段的教育或某学科的内容，所要达到的一项一项具体的知识、技能或习惯等。民众教育家们指出，目标与目的不同，"目的是概括简要的，目标是条分缕析的；目的是高远的最后的，目标是较近的较易达到的。"集合若干目标，便可成为目的。因此，教育目的（Aims of Education）和教育目标（Objective of Education）是有区别的，不可混为一谈。要达到预期的教育目的，便要制定若干教育目标，作为努力的准则。杜威认为，教育即生活，生长是生活的特征，所以教育就是生长，是继续不断地生长，教育在它自身以外，没有目的，教育的目的就在教育的过程之中。按照杜威的教育理论，教育似乎不需要目标，如果有了目标，生长就停止了。民众教育者对此提出了异议，他们指出，生活既然是生长的，生长总有一个暂时的目标，达到了预定的目标之后，会有新的目标出来，仍有继续生长的可能，限制生长的危险是不存在的。陈礼江明确提出，教育不能没有目的和目标，"因为必须有远大的教育目的，和近的小的目标，我们从事民众教育者，才能朝着这目标努力迈进，以期达到最后的目的"。

第四节　民众教育的内容

教育内容是实现教育目的的重要保证。它规定了教育活动中传递知识技能的范围和性质，是教育者和受教育者开展教育活动的基本依据。民众教育派围绕其教育目的，提出了颇具特色的民众教育内容体系。

如前所述，民众教育反对传统教育内容的脱离实际，要求教育内容必须适应社会生活的需要，但在具体分析民众教育的内容时，民众教育家之间存在着分歧。有的主张根据人生活动来定教育内容；有的主张按照社会的构成因素来定民众教育内容，如高阳提倡，把民众教育内容分为政治、经济、文化三方面；有的主张分析社会缺点来定民众教育内容，如仿照平民教育促进会，根据四大社会问题——愚、贫、弱、私，实施相应的四大教育——文字教育、生计教育、卫生教育、公民教育；还有的主张追溯生活的源泉以作民众教育的内容，如雷沛鸿认为，分析生活应追溯民众生活的源泉，根据生活的五个源泉——自然界、世界、人类及人类社会、劳动、人性，以定民众教育内容的起点。在这些主张中，最有代表性、支持者最多的是第一种主张。

大多数民众教育家都认为，民众教育是全人生的教育，它的内容来源于人类生活，包括人类生活的全部。人类生活的内容有什么，民众教育就教什么。因此，必须通过分析人类活动以定教育内容。对于人类活动的分析，欧美的社会学家、教育家研究较多。如比利时社会学家格里夫（Greef）把人类生活分为七类：经济的活动、生产的活动、艺术的活动、智识的活动、道德的活动、法律的活动、政治的活动。另一位社会学家孙末楠（Sumner）则把人类活动分为四类：生命的维持、种族的延续、社会的统治、兴味的满足。而教育家里，最早分析人类活动的是英国教育家斯宾塞（Spencer，1820—1903），他将人类生活分为五种，并按照这些活动对人生的重要程度依次排列为：(1) 直接保全自己的活动；(2) 间接保全自己的活动；(3) 抚养教育子女的活动；(4) 社会政治活动；(5) 闲暇爱好和感情的活动。然后，在这个分类的基础上，把教育也排成一个合理的次序：准备直接保全自己的教育，准备间接保全自己的教育，准备做父母的教育，准备做公民的教育，以及准备生活中各种闲暇活动的教育。后来，研究初等教育的庞锡尔（Bonser）、研究中等教育的柯斯（Koos），及教育社会学家史奈顿（Snedden），也对人类活动进行了分析。1918年，美国中学改革委员会制定了《中等教育的基本原则》，其中，列举了七项教育内容：健康、基本知识、高尚的家庭成员、职业技能、公民资格、利用闲暇、道德观念。到了20年代，美国教育家巴比特（Bobbitt，1865—1933）等人大力提倡"活动分析法"（Activity Analysis），主张依生活需要以施教。他主张把人生活动分为十类：语言文字活动、职业活动、公民活动、健康活动、家庭活动、社会交际活动、休闲活动、非职业技能的实际活动、智力活动、宗教活动。

可见，国外学者对人类活动的分析都大同小异，均涉及了人类生活中的重要活动。相比较而言，其中以巴比特的分类较为全面，囊括的人类活动最多。民众教育家们认为，对于实际生活的分类，自然以愈完全为愈佳，因此，巴比特的分法最可采取，但其他诸家的分法也应参考。于是，参照西方学者的观点，民众教育家中，有的把人类活动分为五种，有的分为七种，还有的分为十种。对人类活动的分类不同，所对应的教育内容也就不同。陈礼江、傅葆琛对民众教育内容的分类是最多的，他们根据巴比特对人生活动的分类，将民众教育的内容分为十项：语文教育、生计教育、政治教育、健康教育、家事教育、社交教育、休闲教育、艺术教育、科学教育、精神教育。其他教育家所定的民众教育内容基本上都包括在这十项内了。为了使民众教育的各项内容便于实施，民众教育家们还以民众教育目的为依据，对每项民众教育内容作了条分缕析，将其划分为若干具体的小目标。

第五节 民众教育的实施原则

在从事民众教育实践的过程中，朱智贤感受到，民众教育虽然已有几年的历史，可是它还远没有取得人们的一致信任。除了民众教育的目标比较广大深远，民众教育的要求不易当面试验，国人对于民众教育或缺乏认识或期望太多，民众教育存在经费微薄、人才难得、做法不当等自身缺陷以外，朱智贤认为这一切的根源在于民众教育理论的紊乱。由于民众教育的倡导者和参与者是一个十分庞大的社会群体，包含众多的教育流派和个人，他们分别从各自的立场出发对民众教育的有关问题进行论述，因此，尽管民众教育已实施几年，但对于民众教育究竟本质如何、任务如何、方法如何，就连民众教育界本身仍是意见纷纷，而没有正确的中心理论。考究造成这种状况的原因：第一，这民众教育学者群里有不少是以运用字眼与卖弄名词为专业的；第二，大部分的教育学者对于现代社会科学知识是一知半解的；第三，也有些是为了逃避现实，故意地唱些歪曲；第四，从美国、德国或别的什么地方回来的以及在国内已成名的民教专家或学者，他们各有其师承或者已经自圆其说；第五，有些个性倔强或来头较大的学者，他们很喜欢说自己说的与做的都是对的。凡此种种，民众教育理论紊乱不可避免。民众教育理论的紊乱必然会造成人们认识上的分歧和操作途径及方法上的庞杂。因此，朱智贤提出民众教育理论的紊乱是民众教育的存在的问题之一。

此外，就当时的情形看，民众教育设施的中心机关为民众教育馆，民众教育馆的业务可谓无所不包，所以朱智贤提出要希望中国民众教育办得好，可以说首先要把民众教育馆办好，而民众教育馆的失败，也可以说是中国民众教育的失败。如何来改进与考核民众教育馆的业务，成为改进民众教育的根本问题。因此，民众教育馆的重要症结是民众教育存在的问题之二。朱智贤将县民众教育馆的重要症结归纳为三点：（1）馆之本身不健全。县民众教育馆虽已形成一种制度，一种中心设施，然其本身殊不健全。如：领袖之难得，人员之少训练；组织之不得当；经费短少而又无法扩充；设备简陋，施教困难；馆之数量不多，效力有限。有此五因，县馆本身已奄奄无生气，又怎能负起民教之重任。(2) 工作方法之无效率。民教为一新兴事业，一切无成规可循，故各地工作之方法，大抵盲人摸象而已，实施以来，鄙陋丛出：工作以前无计划，纵有计划，既不切实亦无步骤，纵有步骤，亦无实现此步骤之做法；工作入手之初，不能明了地方情形，不能注意联络地方领袖，不能设法与地方机关及团体合作，更不能积极联络民众；工作之时，误以全民为对象，而无形遗弃劳苦大众；徒知留恋城市，而不知深入乡村；施教区域太广，以致效力有限；工作毫无中心，每至浅浮无益；更不知采取各种经济有效的方法，以求改进；亦不知组织与训练民众，使能自觉自动以至自治。(3) 政治、经济及视导之不协调。政教不能合一，实施每感掣肘，此为一大困难；虽然注意促兴生产，然而或者得不偿失，或者窒碍甚多，结果徒然，此又一大困难；视导不得当，视导者不知民教为何物，以致有功而不知赏，怠惰而不知罚，视导之无积极的方法造成求上进者无人辅助，狡黠者流于粉饰，此实困难中之尤者也。

由此，朱智贤根据民众教育馆一般的业务状况，参酌别人的意见和自己的理想，曾拟定了一个"民众教育馆设施之最低标准"，用于民众教育馆业务的具体改进和考核，以引起教育行政当局和民众教育专家来注意解决这个问题。这种积极寻找民众教育症结、探求民众教育出路的务实精神是非常难能可贵的。

第六节 民众教育存在的问题

在明确了教育目的、教育内容后，解决"怎样教"的问题便十分关键了。如何实施教育关系着教育内容的能否落实，教育目的的能否完成。民众教育派非常注重民众教育的实施，他们从原则、方式、机关、手段等几个方面对民众教育的实施做了理论研究和实际推行。民众教育家们指出，民众教育的实施应该依据一定的原则，以确保实施方法的正确有效。他们通过躬行实践，总结出了一套民众教育的实施原则。

一、要以民众为本位

这是一条根本性的指导原则。民众教育家们一再强调，民众教育是以民众为本位的教育。实施民众教育时，一切方法、设施、事业，都要以民众利益为出发点，为民众的幸福着想，努力改进民众的全部生活。正如陈礼江所指出的，"以民众为本位的教育，才是真正的民教精神的表现。"民众教育者必须以民众的痛苦为痛苦，以民众的快乐为快乐；不惜牺牲自己为民众解除痛苦，始终不懈地为民众增进利益。

二、要以实际生活为根据

民众教育家认为，民众教育以改造生活为目的，其内容来源于生活，它的实施也要从实际生活出发。应先考察民众的实际生活，了解民众的迫切需要，熟悉当地的社会环境，然后再制定适宜的方法。这样才能于实际有裨益，并得到民众的信任、支持。

三、要在实际事业上施教

民众教育派指出，民众教育是手脑并用，在劳力上劳心的教育。实施民众教育，必须运用教学做合一的方法，以实际事业为中心，事怎样做，就怎样学，怎样学，就怎样教；做什么，学什么，学什么，教什么；教的法子根据学的法子，学的法子根据做的法子。学者要在实际事业上学，教者要在实际事业上教。民众教育派所提倡的这条原则，完全采自陶行知的主张。可见，教育应注重实践，是当时教育界的共同呼声，陶行知的主张被广泛接受。

四、要引起民众自动

在民众教育的实施过程中，当然需要民众教育工作者的热情与努力，但民众教育家明确反对替民众一手包办，强调要注重民众的自觉自愿。俞庆棠就指出，"办理民众教育者并非代替民众做事，应以民众为主体，引起民众自己的觉醒，并培养其自动的精神和能力，使其能自动地来做，自动地来解决一切自己生活上的问题。"民众教育工作人员应处于辅助指导地位，发挥民众的主动性。民众有了自动的兴趣和习惯后，便会自己努力，做其应做的一切社会改革事业，如果教育者为其包办代替，凡事替他们代劳，那是最笨拙最错误的办法，只能使"老百姓但知享福，而不知此福如何而来，结果　无所知，　无所能"。而且，事事由政府和教育者包办，容易受"政存事举，政亡事息"的影响。总之，要使民众自动改造社会，让他们由被动者变为主动者，这样，民众教育才有成效，才有无穷的发展。

五、要讲求效率

当时，整个教育的发展都面临着教育经费少的问题。而民众教育的主要对象——劳苦大众，受生计所迫，既无经济能力，又缺少时间来求学。所以民众教育家提出，民众教育的实施必须讲求效率，以最少的时间、经费、精力来为民众谋最多的教育。要就地取材，因地制宜，使民众教育的设施能遍布各处；要方便民众，采取灵活的教育方式；要减少民众的负担，使民众花费很少的经费或无需花费就能求学。这样，民众教育才容易推广，民众受教育机会才会增多。

六、要联络当地各机关

民众教育家们指出，民众教育的事业千头万绪，不是民众教育机关所能独力负荷的。必须联络当地原有的机关或团体，集合各方力量，合作进行，事业才易见效。如各民众教育机关在进行生计教育时，改良农业，应与各农业实验所、各大学农科、各地农场等联络；设立信用合作社，需与银行合作办理。否则，单凭一个小小的民教机关的人才和经费去办那无限大的事业，真像螳臂当车！

七、要善于活用机会，因势利导

民众教育要以实际生活为指导，而生活则变化无穷，所以民众教育家强调实施民众教育时切忌呆滞刻板，一定要因事制宜。民众生活上的问题，就是民众教育的教材教法。一旦民众生活上发生了问题，就要活用机会，抓住这个偶发事件，因势利导，不可轻轻放过。即所谓，"办理民众教育，要能无中生有，无事化小事，小事化大事"。

八、要注重团体活动

在民众教育家看来，构成一个优良社会的要素是社会中的各分子有着共同的兴趣，能够互相合作。而中国民众向来缺乏团体精神，这是民众教育所要改变的。因此，实施民众教育时，必须注意于集团训练，组织团体，举办公共事业，使民众充分参加团体活动。如指导民众成立乡村改进会，设立各种合作社，组织青年团体等，以解决民众的经济困难，推动地方事业的发展，锻炼民众的团体生活能力。

九、要注意人格感化

丹麦民众高等学校的教学法即以教师的人格力量来引导学生求知向上，民众教育家对此极为推崇。他们指出，教育是精神的事业，教育的对象是人，民众教育必须在人上下功夫，即教育者要以人格感化民众。只要教育者的人格为民众所信仰，则教育就容易推行见效。为此，教育者应该深入民间，不畏艰苦，富有同情心，言行合一，诚实认真，积极协助民众解除困难，要以自己的行为作示范，以自己的品格作准则来教导民众。

十、要应用科学方法

民众教育家提出，民众教育在中国是一件正在开垦和研究的新事业，办理民众教育时，必须抱着科学态度，运用科学方法。如要先进行社会调查，为民众教育的实施提供依据；举行实验，验证新方法的合理性；把科学介绍到民间去，破除民众的迷信思想，教导民众科学知识及应用科学的技能。这样才有利于增进教育的效能，充实教育的内容，切合民众的需要，真正改进民众的生活。

十一、要以乡村为重心

如前所述，注重乡村民众教育是民众教育派受乡村教育运动的波及而提出的，从这一意义上说，民众教育派是乡村教育思潮的一个支流。民众教育家们纷纷强调，民众教育的事业应趋重于乡村。要将教育设施的重心从城市移至乡村，充分了解乡村社会的特征，因地制宜，普及乡村民众教育，促进乡村建设。

除了以上这些原则外，有些民众教育家还提出要采用直观教育，注重实物演示；要有时代意识，紧密结合当时政治经济的发展；要以民众文学和民族历史作为教材；要用活的方法，使民众教育的实施方式多样化、设施普及等。总之，实施民众教育的原则，实在不胜枚举。"在民族被压迫的环境之下，实施民众教育者要从民众现实最困苦的生活之中出发，要以最真的诚意来服务、奋斗、牺牲，求民教目的逐渐实现，求民族有出路，在这个过程中，对于民教的原则和方法，会有宝贵的新发现和创造的。"民众教育派所提出的这几条实施原则是对他们的工作经验的总结，具有很强的实践性和指导意义，对民众教育的推行是一个有力的促进。

第七节 民众教育改进的策略

既然民众教育设施的中心机关为民众教育馆，而民众教育馆的业务又无所不包，因此，朱智贤提出改进民众教育应该首先从改进民众教育馆入手。

一、改革县馆制度

朱智贤认为，县馆之数量，不必再事推广，而应指导现有之健全的县馆从事新任务之尝试。所谓新任务者，即以县馆为沟通学校教育与民众教育使其打成一片之宣传与发动机关，以拆除学校教育之门墙，以合力努力于大众的教育之建设，则县馆方有新的生命，教育方有新的生命。

二、改进工作方法

县馆可一面以较大之力，从事于学校教育与民众教育合一之努力，一面仍出其余力，以进行其现有之施教工作。应特别注意以下各点：工作计划应力求切实，并妥善制定进行的步骤，逐步继续进行；每一时期应集中人力、财力从事某一种或某数种中心工作之深入的工夫，俟有成效，再及其他；全部或一部深入乡村，并须视力所及划定施教区域，以劳苦大众之生活改善为目的，以联络地方领袖、机关、团体及一般民众为入手方法；注重各种经济有效方法之引用，如导生制之于语文教育、合作社之于生计教育、保甲组织之于公民教育等；一切工作不可违背政治的和经济的条件；注意组织与训练民众，使能达到真正的自觉、自动及自治之地步。

三、改良民众教育视导工作

首先，视导人员应具有最低限度之民众教育及乡村工作理论与做法的认识及相当经验，如省方能特设民教督学尤佳。其次，视导时以其实际领导社会改善民众生活之真实成绩为标准，不重形式及书面工作，如欲拟定标准工作，亦应力求其具有最大伸缩性。最后，省民众教育馆应积极地负起县馆的任务，不断地示范、合作、供给、巡视。

朱智贤凭着睿智、创新和实干精神，满腔热情地从事着山东民众教育馆具有开拓意义的民众教育工作。他对民众教育存在问题的思考，对产生原因的探析以及改进策略的提出，都是基于当时民众教育实践经验的总结，具有很强的指导意义和实践性，对山东民众教育的推行是一个有力的促进。

我国从西方引入学校教育制度后，便形成了学校之外没有教育的弊端。能够接受学校教育的人毕竟有限，大多数的民众被摒弃于学校之外，没有受教育的机会。同时，由于学校教育的内容与实际生活隔绝，学校教育的思想充满封建教育的遗毒，造成过分看重书本知识、忽视实际能力培养的状况，这样的学校教育不可能培养出身心健全的社会公民。朱智贤与其他民众教育家一样，站在时代的前列，充分认识到民众才是社会的主体，教育事业应该着眼于最广大的民众。只有通过教育民众，使民众充分发挥出自己的潜力，才能真正完成改造社会、复兴民族的重任。因此，他积极倡导教育的范围应从学校扩大到社会，教育的内容应紧密结合社会实际，要采用灵活多样的方式，为广大民众提供学习机会，真正实现教育机会均等。

教育应该为最广大的人民群众服务，将民众教育提高到应有的战略高度，是朱智贤民众教育思想带给我们的最重要的启示，也是当今教育改革应当特别借鉴之处。记得一位哲人曾说过："看一个社会的成熟，不是视其有多少伟大者，而是要观察它的普通民众品行锻造到何种程度。"因此，准确把握教育发展脉络，更新教育观念，大力发展各级各类教育，提高民众素质，才能真正促进教育改革和发展，才能真正展示一个民族乃至一个社会的素质与风貌。因此，要解决当今我国社会的各种教育问题，提高全民素质，就需要从目前的教育实际出发，借鉴朱智贤的民众教育理念，开创多渠道、多形式、多层次的教育途径，努力促进学校教育与社会教育、正规教育与非正规教育、职前教育与在职教育的结合。根据统一性和多样性相结合的原则，实行多种形式办学，培养多种规格人才，走出符合我国和各地区实际的发展教育的路子。教育是实现我国现代化的根本大计，只有坚持为最广大的人民群众服务的方向，教育的路子才会越走越宽广①。

---

① 张霞. 一位现代心理学家对教育的思考与探求 [D]. 保定：河北大学，2007.

第八章

家庭教育思想

"家庭是孩子的第一所学校,父母是孩子的第一任教师",这是人们对家庭及家庭教育重要性的最简洁的概括。家庭是人成长的根,家庭教育是一切教育的基础,家庭为一个人的一生做了最初和永久的奠基,家庭教育具有不可替代性。自人类家庭文明形态产生和确立以来,家庭教育活动就随之产生,几千年来,它培养了一代又一代的子女自立于社会并服务、造福于人类,家庭及家庭教育既继承、丰富和发展了人类文化,又维系着、推动着人类社会文明。人类对家庭教育活动曾进行过积极的探索与理性的思考[①]。

朱智贤非常重视家庭教育,他认为家庭教育"有其独特的重要性:首先,一个孩子出生以后,有很长的一段时间是在家中度过的。其次,良好的家庭教育对于孩子的发展,对后来的教育,都具有奠定基础的作用"。朱智贤认为,家庭是孩子成长的重要环境,家庭教育为孩子终身发展起到奠基作用。研究朱智贤的家庭教育思想,可为我国现代家庭教育理论建设提供参考和借鉴。

第一节 朱智贤家庭教育思想的背景

一、家庭教育的转折与变革时期:1840年鸦片战争后到1949年新中国成立

鸦片战争之后,清政府被迫签订了一系列丧权辱国的不平等条约,中国逐渐丧失独立国地位,沦为半殖民地半封建社会。为了改变落后挨打现状,争取国家富强与独立,不少仁人志士开始了艰苦的探索。从地主阶级改革派的"师夷长技以制夷",到洋务派的"体用结合",学习西技,再到维新派的学习西政,在这一系列封建体制的变革

---

① 邹强. 中国当代家庭教育变迁研究[D]. 武汉:华中师范大学,2008.

与学习西方的浪潮中，为传统思想观念和实践研究提供了有益的借鉴。

教育体系受到了猛烈冲击，逐渐坍塌，新文化与新式学堂迅速崛起，逐渐占领文教阵地。家庭教育作为教育的一个组成部分，也自然受到大环境的影响，开始了转折与变革的历程，并逐渐延续到新中国成立前夕。

这一时期家庭教育的发展呈现的特点表现为三点。第一，由于中国近代处于一个大转折与大变革时期，处于社会变迁环境中的家庭教育，一方面要试图力保几千年积淀和流传下来的家庭教育传统，另一方面又不断受到西方文化的冲击，尤其是西方先进的科学技术与文化观念的冲击，使家庭教育的发展呈现出新旧杂陈、中西并存的特点，但是爱国保种、变革传统、学习西方、平等科学则始终是近代中国家庭教育的主旋律。第二，随着国门洞开，大量西方先进的教育思想和教学方法被引进和介绍进来，这不仅打破了中国传统旧教育的思维模式与理论框架，促进了中国教育由封闭走向开放，更重要的是促进了中国家庭教育观念由传统向近代转变，从而为中国家庭教育的近代化奠定了基础。第三，到中国近代，家庭教育研究更为人所重视，不少学者试图并开始建立家庭教育科学理论体系。在当时，许多教育学家、社会学家开始运用现代的教育学、心理学、社会学、伦理学等学科理论来研究家庭教育，出版了一批家庭教育著作。如由近代爱国将领、广东省原省长朱庆澜先生写的《家庭教育》，是民国年间最早出现的一部白话文家庭教育著作，对家庭教育的重要性、原则、内容以及需要注意的问题进行了系统论述。鲁迅先生也十分关心和重视家庭教育的理论研究，他先后发表的诸如《二十四孝图》《上海的儿童》《我们现在怎样做父亲》《我们怎样教育儿童的?》《从孩子照相说起》等，深刻而精辟地论述了家庭教育理论问题。在这一时期的著作中最著名的是陈鹤琴先生所著、1925年出版的《家庭教育》一书，该书融生理学、心理学、教育学的基础理论与知识于一体，结合家庭教育实践生动形象地总结论述了101条家庭教育原则。人民教育家陶行知先生评价此书为"中国出版教育专书中最有价值之著作"，"愿与天下父母共读之"。教育家郑宗海在该书序文中赞叹道："阅过之后，但觉珠玑满幅，美不胜收，有数处神乎其技，已臻乎艺术的范畴。"陈鹤琴先生的《家庭教育》，不仅是一部很有影响的家庭教育学著作，而且也奠定了我国现代家庭教育学的基础。

总之，近代中国家庭教育的发展，逐渐从重视传统家教经验开始向科学化转变。从家庭婚姻观念到生育观念的转变，从儿童观到教育观的转变，从家庭教育目标的转型到家庭教育理论的新发展，近代家庭教育的这种转折与变革为后来的乃至当代家庭教育的发展打下了坚实的思想基础。

二、学科确立阶段：从20世纪80年代初到90年代中期的快速发展

我国社会的"现代化"转型，是经历了鸦片战争后至新中国成立前的起步与缓慢

发展阶段，新中国成立前30年的中速发展阶段，然后才迎来改革开放以来的加速和快速发展阶段。但后一阶段的发展总是孕育在前一发展阶段之中，前一阶段的发展为后一阶段的发展奠定了基础。我国当代家庭教育，是实现了从"传统家庭教育"向"现代家庭教育"的转变。

我国素有重视家庭教育的传统，在几千年的文明传递中，传统家庭教育的优秀特色不仅构成了我国当代家庭教育的根基，也为当代家庭教育的新发展提供了很好的参照与借鉴。近代以来，随着国门洞开和"西学东渐"的影响，特别是在思想界掀起的"五四"新文化运动中，国外大量新思想、新思潮被引进中国，其间对世界各国各种教育理论的吸收和传播，对我国文化教育的发展产生了深刻的影响。其中，西方儿童教育学和儿童心理学成果的输入，不仅成为对传统家庭教育进行猛烈抨击的主要源泉，而且也使我国家庭教育的发展开始建立在现代教育学与心理学的基础之上。

近代家庭教育的巨大变迁体现在两个方面：一是，新文化运动对封建专制制度和传统家族制度的猛烈抨击，促进了传统家庭教育观念的巨大改变。具体表现为：传统亲子观由视"子女为私有财产"，养育子女是为"尽孝""传宗接代"，开始向培养"新式国民"，培养具有独立性、自主性、独立的人转变；亲子关系由传统的"等级性""依附性"的"父权制"亲子关系逐渐向民主、平等的亲子关系转变；传统家庭教育结构逐渐由"重德轻体"向"德智体三育并重"转变。二是，家庭教育在观念、内容、原则方法上，逐渐以现代儿童教育学、儿童心理学为基础，家庭教育科学化初露端倪。如这一时期影响最为显著的家庭教育著作，要数陈鹤琴先生著、商务印书馆1925年7月出版的《家庭教育》一书。

我国近代家庭教育的科学化步伐的启动，家庭教育观念的巨大变革，不仅摧垮了传统家庭教育观念的根基，为中国家庭教育近代转型做出了贡献，更主要的是为解放后我国家庭教育观念和理论的现代化发展奠定了坚实的基础。我国家庭教育的现代化历程自鸦片战争就已经开始，经由"五四"新文化运动的洗礼，在新中国建立后开始走向新生、发展、繁荣的新阶段。自十一届三中全会以来，党和国家对各行各业进行拨乱反正，中国的社会主义发展又重新回到正确的轨道。教育得到全面恢复，国家把教育放在实现社会主义现代化的优先发展战略地位。在中华民族致力于建设社会主义现代化强国的进程中，在社会主义教育事业迎来新的机遇的情况下，一股重视和研究家庭教育的热潮也涌动起来，家庭教育的发展进入了一个快速的、深入发展的新阶段。这一阶段是我国现代家庭教育学科确立的重要阶段。在这一阶段，家庭教育获得了飞速的发展，表现为以下四点。第一，从全国到地方的家庭教育研究会相继成立，大量家长学校相继开办，家庭教育专业杂志相继创刊，从而推动了家庭教育事业的蓬勃发展。这一时期家庭教育研究会成立情况：1980年全国第一个家庭教育研究会——北京市家庭教育研究会成立，1989年9月中华全国家庭教育学会成立，此时，各省、市、地、县、区家庭教育研究会陆续成立。与家庭教育研究相关的杂志创办情况：1981年第一种家庭教育专业杂志——由北京出版社主办的《父母必读》杂志创刊。此后相继创刊的杂志有：由天津市科学技术协会主办的《家庭育儿》（1984年）；由浙江省教育委员会主办的《幼儿教育》（1983年）；由江苏教育委员会主办的《早期教育》（1983年）；由浙江省妇女联合会、浙江省家庭教育研究会主办的《家庭教育》（1985年）；由中国家庭教育学会主办、中华全国妇女联合会主管的《中华家教》（1992年）。第二，这一时期翻译和介绍了大量西方家庭教育著作与家庭教育理论，不仅为我国家庭教育理论发展提供了很好的借鉴，而且有力地推动了我国家庭教育理论的研究与发展。第三，大量与家庭教育相关的研究课题得到开展，并出版了一批家庭教育著作，使家庭教育的理论与实践得到极大提升。第四，国家开始介入儿童教育，大量法律法规相继制定，使我国家庭教育事业发展得到根本性保障。如1986年颁布实施了《中华人民共和国义务教育法》，法律规定家庭（父母）有保障适龄儿童、青少年接受义务教育的权利与义务；1991年颁布实施了《中华人民共和国未成年人保护法》，其中有"家庭保护"专章，并明确指出："父母或监护人应当以健康的思想、品行和适当的方法教育未成年人，引导未成年人进行有益身心健康的活动，预防和制止未成年人吸烟、酗酒、流浪以及聚赌、吸毒、卖淫。"1992年，我国参照世界儿童问题首脑会议提出的全球目标和《儿童权利公约》，从中国国情出发，发布了《九十年代中国儿童发展规划纲要》。这是我国第一部以儿童为主体、促进儿童发展的国家行动计划。我国政府在其中明确提出："使90％儿童（十四岁以下）家长不同程度地掌握保育、教育儿童的知识。"

三、研究深入阶段：90年代以来家庭教育的全面发展

在改革开放前期，随着家庭教育学科地位的逐渐确立，家庭教育在理论和实践两个方面都获得了快速的发展。进入90年代后，随着我国改革开放的逐渐深入、社会变迁的急剧进行，家庭教育也愈来愈暴露出不少问题，尤其是在1992年连续发生的夏辉等几个少年儿童被父母摧残致死的严重事件，使我们不得不对改革开放以来我国家庭教育发展进行深刻的反思。为此，《人民日报》还专门开辟专栏对家庭教育问题进行讨论："我们今天怎样教育孩子——从夏辉事件汲取的教训"，这一次对家庭教育的深刻检讨，引发了各界人士对家庭教育的重视与研究，从而也将家庭教育的发展推进到一个新的高度。这一时期家庭教育的发展主要表现为以下三点。第一，在家庭教育理论研究上，正在由"是什么"的应用研究逐渐向"为什么"的基础理论研究转变，致力于构建有中国特色的家庭教育学学科体系。"家庭教育学科科学化"问题是这一时期人

们着力探讨的问题,不少学者开始借助教育学、社会学、心理学、文化学、人类学、伦理学等学科视野、方法论和研究成果,来研究家庭教育问题,并试图形成本学科的研究范式,以建构家庭教育自身完整的理论体系。如为了创建有中国特色的家庭教育学科体系、提高家庭教育研究的理论水平、丰富和发展我国的教育科学理论,中国教育学会和国家基础教育实验中心于2001年3月在北京召开了"加强家庭教育学科建设"的学术研讨会。第二,除了借助教育学、心理学的理论来研究家庭教育外,不少学者借助社会学、文化学等其他学科理论来对家庭教育进行综合研究,成为这一时期的家庭教育研究的新趋势,并相继有作品问世,如缪建东的《家庭教育社会学》(1999年)、关颖的《社会学视野中的家庭教育》(2000年)是这方面研究的代表,为我们研究社会转型时期的家庭教育提供了一个全新的视角。第三,在家庭教育实践方面,大量家庭教育实践指导书籍相继出版,内容涉及家庭教育的方方面面,为广大家长进行家庭教育提供了全面的指导。这些家庭教育方面的实践者如重视"母亲教育""发现母亲"的王东华,重视改变父母教育观念的卢勤,重视"向孩子学习"的孙云晓,培养出"哈佛女孩刘亦婷"的刘卫华、张欣武,重视"赏识教育"的周弘,致力于中美家庭教育比较研究的黄全愈,重视早期教育、提出"0岁方案"的冯德全,等等。他们在推动成功家庭教育实践方面,影响了数以亿计的家长。第四,对家庭教育理论进行探索的同时,这一时期的家庭教育越来越注重对家庭教育所面临的新情况、新问题进行研究。在这一时期,科技的进步,经济的进一步发展,社会变迁的深入,信息时代的来临,使家庭的结构形态、父母的角色扮演、儿童青少年的价值观念和行为方式等都发生了显著的变化,从而给家庭教育的理论与实践带来了许多新的课题。如家庭核心化、小型化,残缺家庭的日益增多,所带来的独生子女家庭教育、单亲家庭子女教育问题日益显著;转型期随着家庭关系的简化,父母需要扮演起更多的社会角色,承担更多的促进子女社会化的责任,那么在教育子女的过程中,父母如何分工与合作是值得研究的课题;转型时期社会的急剧变迁,带来了社会价值观念的变迁,多元的价值观念借助于日益发达的信息传媒,已深深影响到当代青少年的价值观念与行为,那么在网络时代,如何引导和教育青少年身心健康发展,是家庭教育面临的又一重大课题。

综观新中国成立以来,尤其是改革开放以来我国家庭教育的发展历程,家庭教育理论与实践方面所取得的进展是显而易见的,经过改革开放近30年的发展,我国家庭教育已经步入了一个新的历史时期,各项工作正在有序地开展与进行。但家庭教育发展所面临的形势也不容乐观:

一是人们对家庭教育的认识与重视程度仍然有所欠缺,从而使家庭教育的理论研究远不能适应家庭教育实践的需要。究其原因,一个很致命的认识是,仍有人认为家庭教育不是一门独立的学科,家庭教育带有很大的私人性与随意性,经验主义色彩浓厚，因而没什么规律值得探讨，这是造成家庭教育研究滞后的一个很重要的原因。

二是即便是已经开展的家庭教育研究，也仍然存在许多问题。如对家庭教育的研究往往只局限于或偏重于对某些现状的调查与描述，而缺乏理论探讨；研究之间缺乏借鉴、比较和积累，研究中同一层次的重复性议论较多，可比性研究或在已有研究成果的基础上进行的更深入的开创性研究较少；研究方法存在较多的问题与缺陷，如资料收集带有很大的主观性等。这些问题的存在极大地制约了家庭教育研究的深入开展。

由此可见，家庭教育要全面、有序地发展，还有很长的路要走。

第二节 家庭教育的重要性

中国政府在国民经济和社会发展"八五"计划和十年规划中，提出了学校教育、家庭教育、社会教育是一个整体，把三种教育摆在同等重要的位置上，使之有机结合，互为补充、互相促进，形成整体的观念。1992年，国务院颁布我国第一部儿童工作纲领——《九十年代中国儿童发展规划纲要》，其中九十年代我国儿童生存、保护和发展的十大目标之一是让90%的儿童（十四岁以下）家长不同程度地掌握科学育儿知识，并提出"建立起学校（托幼园所）教育、社会教育、家庭教育相结合的育人机制，创造有利于儿童身心健康、和谐发展的社会和家庭环境"。全国人大常委会相继颁布了《中华人民共和国未成年人保护法》《中华人民共和国义务教育法》《中华人民共和国母婴保护法》《中华人民共和国预防未成年人犯罪法》等，以法律的形式明确家庭、家长的责任和义务。1993年颁布的《中国教育改革和发展纲要》中强调"全社会都要关心和保护青少年的健康成长，形成社会教育、家庭教育同学校教育密切结合的局面"。并对家长提出具体要求："家长应当对社会负责，对后代负责，讲究教育方法，培养子女具有良好的品德和行为习惯。"此后国家教委、全国妇联联合制定《全国家庭教育工作"九五"计划》《家长教育行为规范》和《家长学校指导意见》等文件，使全国家庭教育指导工作走向有序发展的新阶段。进入新世纪后，《中国儿童发展纲要（2001—2010年）》提出的家庭教育的目标是：提高家庭教育质量，提高科学教子的水平和能力，使家庭教育与学校教育、社会教育紧密配合，形成合力，培养"四有"新人。《全国家庭教育工作"十五"计划》提出："要进一步提高家长的科学教子水平和能力，拓宽家庭教育知识传播渠道，广泛宣传'优生、优育、优教'的科学知识和教育子女的科学方法；构建家庭教育工作指导体系，加强家长学校、家庭教育指导队伍、家庭教育理论研究及家庭教育教材等基础建设；进一步推进家庭教育工作的科学化、社会化、法制化。"

从上述政府文件、专题报告可中以清晰地发现：家庭在教育年轻一代中的重要作用被越来越多的人所认识,上至政府,下至普通百姓,人们纷纷强调发挥家庭教育的功能,这是社会发展的必然。在历史的长河中,家庭教育曾经是培养人的教育的主体,但随着制度化、专门化的学校教育的兴起与兴盛,"学校中心"的传递结构与"教育权威"[①],不仅使学校教育"垄断"了文化的传递,而且似乎包揽了与人的发展相关的全部教育内容,家庭教育则由于其性质的改变而处于从属地位,其重要性在人们的观念中也逐渐淡化。然而现代社会学、心理学关于人类早期经验将影响人的一生的理论研究的深入,以及现实生活中展示的在人的社会化过程的初始阶段家庭的不可替代的、关键性作用,使人们重新开始审视家庭教育,在新的意义上肯定家庭教育,使之成为大教育体系中的重要组成部分,并占有与学校教育、社会教育并重的地位。家庭教育的重要性,在社会变迁、家庭变迁的背景中,在信息化社会的大环境中,在学习化社会即将来临的新趋势下,日益得到体现与认同。在我国人们对家庭教育的普遍关注与重视,以及对孩子教育问题的忧虑,很大程度上反映了人们在社会变革、家庭变迁、人的观念更新过程中对孩子价值的重新认识。

家庭教育作为社会大系统中不可缺少的组成部分,其发展、变化总是与社会的发展相联系,并被赋予鲜明的时代特征。当今,全社会对家庭教育的重视达到空前的程度,这不仅为家庭教育的发展创造了积极的氛围,也为家庭教育的理论研究、家庭教育问题的深入探讨创造了有利的条件。

第三节 家庭教育的时间

每一个孩子的成长都是从胎儿开始的。胎儿又是从合子(受精卵)开始的。自从胎儿形成那一天起,他就直接受到母体"内环境"和间接受到母体"外环境"的影响。例如,有些研究指出,出生前六个月的胎儿,正处于脑子迅速发育时期,如果营养不良,智力落后的可能性是很大的。因此,为了保护胎儿,必须保护怀孕的母亲。

一个胎儿,在母体内寄生了大约十个月以后,就呱呱坠地来到一个新的天地——人类社会,并在教育影响下,逐步成长为一个正式的社会成员。在我们的国家里,他就是建设四化的新生力量。

孩子和植物不同,但也可以作类比。谁都知道,养花种庄稼,要从新苗开始,及时浇水施肥,否则是长不好的。在这一点上,新生的孩子也有类似的情况。可是偏偏有些父母或成人,对植物的成长很关心,而对孩子的成长却往往注意不够,更谈不上

---

① 吴康宁. 教育社会学[M]. 北京:人民教育出版社. 1998:100.

用科学方法按规律来教养孩子了。

事例是很多的。有些父母,不按时、按质、按量地喂养孩子,孩子一哭,就给吃东西;孩子不愿吃了,好心的妈妈也要像填鸭似的硬往嘴里塞。有些父母,只要孩子一哭一闹腾,就赶快抱起来。抱当然是可以的,抱起来看看有什么问题或毛病没有,也是完全正当的。但如果一听孩子哭就心疼就抱,久而久之,孩子便把哭当作一种要挟的手段,就麻烦了。这就形成了一种所谓工具性的条件反射,这是一种不好的条件反射(习惯)。别的例子还有很多,这里就不多举了。从以上不良的教养事例,可以看到教养孩子要从孩子一出生就开始的重要性。另外,我们也可以从良好的教养事例方面来看一看。有些父母,从孩子很小的时候起,就有计划地让孩子形成良好的卫生习惯和生活习惯,例如按时吃东西,吃东西有节制,对人有礼貌,爱学习,爱劳动等等。也有些父母,不但注意孩子的营养卫生,而且从小就注意孩子的心理发展。例如,在母亲喂奶的时候,如果孩子醒着,就对孩子说些什么,适当地逗孩子说笑,这样可以更好地促进儿童语言和良好情绪的发展。在孩子稍稍懂事的时候,就让他接触一些颜色鲜亮的、发声的、活动的玩具,这样可以更好地促进孩子感知觉的发展。我国儿科研究工作者的研究也表明,给3岁前的儿童做婴儿体操,可以促进孩子的动作更好更快地发展起来。

现代儿童生理学和儿童心理学的研究表明:儿童3岁前大脑的发育很快,3岁时已达到成人脑重的三分之二。儿童从出生到5岁,是智力发展最快的时期。因此,为了孩子早日成长,为了使儿童教育有一个更好的起点,而且为了从战略上做到能早出人才、快出人才、多出人才,很多国家都积极注意儿童的早期教育。我们在这方面也要努力赶上去。同时,一些心理学家也从反面事实证明:缺乏早期教育,可以推迟或阻碍儿童的发展。例如,在狼窝里度过童年的"狼孩",虽然被救了回来,但已不能发展为正常的人。西方心理学家对孤儿院中无人照管的儿童和正常家庭儿童的心理发展加以比较时,也发现他们有非常大的差距。

所有这些,都提醒做父母的,不要认为孩子小,吃饱了不闹就行,教育似乎无关紧要,这种看法是完全不正确的。为了新的一代,为了国家的前途,所有父母们,应当从孩子出生的那一天起,就要认真地负起教育的责任来。

第四节 家庭教育的目的

朱智贤认为,儿童的成长与教育不仅仅是儿童个体的事情,还是关系到祖国未来的大事,"儿童是祖国的未来,是我们社会主义事业的接班人……在他们中间,是否能涌现一大批符合四化需要的人才,都与我们现在对他们的培养教育有密切的关系"。因而，作为最早对儿童进行教育的父母，要认识到自己的"神圣职责"，即养育孩子并不仅仅是父母的责任，还具有为祖国培养栋梁之材的重大意义。所以，父母既不能只生不养，也不能把孩子当成自己的私有财产随便对待，而是要有意识地对孩子施以良好的教育，"使他们早日成才，更好地为四化贡献力量"。父母应该承担起这种神圣的责任，认识到"我们的后代应当是……有益于四化建设的人才。为了更好地做到这一点，就应当从小抓起"。

一、培养孩子成为品德高尚的人

对新一代人进行品德教育是国民教育工作中的重大目标之一。德育包括两个重要方面，一方面是政治思想教育，是指有关一个社会的重大政治思想方向的教育。例如，封建社会是地主阶级统治的社会，提倡三纲五常，臣民要绝对服从皇帝，妇女要绝对服从丈夫，儿女要绝对服从父母；资本主义社会，是资产阶级统治的社会，表面提倡自由、平等、博爱，实际是提倡金钱至上、剥削自由、自私自利。我们是社会主义社会，我们反对人剥削人，人压迫人；对绝大多数人民实行民主集中制，只对极少数反革命分子和犯罪分子实行压迫和专政。这是现阶段及今后一个时期的最好的社会政治制度。我们的德育就是要从儿童很小时起进行社会主义的政治思想教育，使他们长大后能坚持社会主义道路，坚持人民民主专政，即无产阶级专政，坚持共产党的领导，坚持马列主义、毛泽东思想，以保证社会主义四化的顺利进行。

德育的另一个重要方面是道德品质教育。政治思想教育是偏于宏观的，可以说是大是大非问题。道德品质教育则偏于微观的方面，着重于个人的道德品质修养，如舍己为人、团结互助、遵纪守法、诚实不欺、文明礼貌等。

德育的这两方面不是截然分开的，而是密切联系的。

要把我们社会主义社会的新一代培养成为有理想的品德高尚的人。新中国成立初期，就把"五爱"定为国民公德，即"提倡爱祖国、爱人民、爱劳动、爱科学、爱护公共财物为中华人民共和国全体国民的公德"。这是对人民的最基本的道德要求，也是儿童道德教育的最基本要求。所有的父母，托儿所、幼儿园的教养人员，小学、中学教师，以及一切儿童社会文化工作者，都要把对儿童进行"五爱"教育作为教育的中心任务之一。

热爱祖国，就是热爱中国共产党领导的我们伟大的祖国。要通过有关祖国的自然风光、社会文化历史、爱国英雄人物、各项伟大建设成就等具体事例，使儿童从小就有热爱祖国的崇高感情、捍卫祖国的决心，立志把祖国建设得更加富强、更加美丽。

热爱人民，就是让儿童从小就知道工人、农民、知识分子、军队国家干部怎样为祖国的繁荣富强而辛勤地劳动着、工作着，他们都是劳动人民。要培养儿童从小热爱劳动人民,从小就互相帮助、互相尊重、讲究文明礼貌的品德和习惯。

热爱劳动,就是从小培养儿童热爱劳动、爱护劳动成果的优秀品质,以劳动为荣,以懒惰和不劳而获为耻。

热爱科学,就是让儿童从小能懂得科学在四化建设中的重大作用。愚昧无知,不懂科学,就不可能建成富强的祖国,就会落后、挨打,无法立于现代强国之林。因而要教育孩子从小就具有勤奋学习科学知识技能的品质和兴趣。

爱护公共财物,就是使儿童从小能懂得公共财物是祖国四化建设的物质基础,是人民生活、工作、学习的必不可少的条件,要从日常生活中养成勤俭节约的优良品质,反对铺张浪费,反对破坏公共财物。

对儿童进行"五爱"教育,不能只靠说教。要用儿童所能理解的语言,通过具体事实材料,抓住各种机会,生动活泼地对儿童进行道德教育。特别重要的是父母要以身作则,做出榜样。对孩子不符合"五爱"的行为,也要耐心教育,切不可用打骂的办法。因为一种正确的思想,一种良好的行为习惯,都要经过一番细致的、坚持不懈的努力过程,才能真正地形成和建立起来。

二、培养孩子成为知识丰富和智力发展的人

在科学文化高度发展的今天,要想把我国建设成为社会主义强国,不掌握现代科学文化是绝对不行的。列宁早就指出:"只有用人类创造的全部知识财富来丰富自己的头脑,才能成为共产主义者。""四人帮"鼓吹的"知识越多越反动"的种种流毒,到现在还给我们留下很多后遗症。我们必须教育孩子,使其懂得科学文化在发展生产、建设祖国中的重大作用,使每一个孩子从小养成爱学习的兴趣和习惯,逐步成为知识丰富、智力发展的人才。

现在科学文化正以惊人的速度向前发展,出现了所谓"知识爆炸"的现象。国外有人指出:20世纪60年代以来,科学技术上的新发现、新发明,比过去2000年的总和还要多。仅仅在宇宙空间技术领域内,就出现了12 000种以上不曾有过的新产品和新工艺。同时,由于科学文化的加速发展,知识的陈旧期也随之加快。有人统计:18世纪时,知识陈旧周期是80~90年,19世纪到20世纪初期,缩短为30年,近50年来,又缩短为15年,而有些领域中的知识陈旧周期则已缩短为5~10年。在这国际科学文化知识的大比赛中,我们的孩子若不努力学习,奋起直追,怎么能够保证四化建设的胜利前进呢?

为了使孩子能成为知识丰富的人,就要让孩子从小养成学习科学文化的浓厚兴趣,培养他们的好奇心和求知欲。从日常生活中使他们掌握有关自然、社会文化的最基本的知识。在这里,父母应当注意的是,只有善良的愿望,而不注意儿童心理规律,不

讲求教育方法，一味强制灌输知识给孩子，是不对的。这不但不能唤起孩子的求知欲，反而会使孩子厌恶学习。孩子越小，抽象思维能力越差，在教他们掌握知识时，一定要从具体到抽象，要循序渐进，要采取多种方法如看图片、讲故事、做游戏等。孩子是喜欢发问的，要耐心地回答、启发，不要粗暴地打击孩子发问的积极性。孩子上学了，要在家中积极为孩子创造学习条件正确地帮助孩子学习，及时和老师联系，了解情况，提出意见。

在这里，应当特别指出的是，不能只抓孩子对知识的掌握，同时更要注意发展孩子的智力。在现代知识浩如烟海的情况下，一方面要帮助孩子掌握基本的知识技能，另一方面要大力发展孩子的智力。知识好比金子，而智力则好比"点石成金"的指头。

所谓智力，包括观察力、记忆力、抽象思维能力、创造力等。抽象思维能力是智力的核心，而创造力则是智力的最高表现。当父母教孩子观察一个事物（如观察某一动物或有关动物的图片）时，不但要求他观察什么，而且要求他按一定目标去观察，怎样去观察，怎样进行比较等等，使观察更有目的性、组织性，更有效果，这样就发展了儿童的观察力，发展了儿童的智力。教孩子记住什么，不要强迫他死记硬背，要帮助他找窍门来记，即所谓的信息加工。我们对一个没有意义的电话号码，也可以找出一些联系来记，至于抽象、概括更是这样。

儿童早期，特别是7岁以前，是智力迅速发展的时期。一位美国心理学家研究指出：儿童从出生到5岁是智力发展最快的时期。若以出生后17岁所到的智力水平为100，则儿童从出生后到4岁之前的智力，就已获得了50%，4岁获得30%，而最后的20%则是在8岁～17岁获得的。幼儿时期，也可以说是智力发展十分重要的时期。例如，儿童时期是语言学习的敏感期，如能及时进行适当的教学，可以有意想不到的效果。因此，为了使儿童教育有一个更早的起点，许多国家都在强调早期教育。但是，这里也应指出，早期教育也必须适当。第一，要着重在知识学习过程中发展儿童的智力。五六岁以前的孩子，一般不敢进行大量的识字和计算活动。第二，不但要抓早期的智力教育，同时也要抓早期的道德教育、健康教育。第三，不要因为孩子稍有一点突出表现（如认字多些、画画好些）就宣传孩子是什么天才。第四，有早期智力表现的孩子，仍然有待进一步培养；没有早期表现的孩子，在良好教育下，也可以有很大成就。

三、培养孩子成为身心健康的人

对于每一个人来说，健康的身体是为实现祖国四化而进行学习、劳动、工作的物质基础和主要条件。没有健康的身体，什么事业成就都将成为一句空话，或至少会感到力不从心，壮志难酬。

儿童时期正是身体旺盛生长发育时期。对待儿童身心健康，如果稍有疏忽，往往会给孩子留下难以挽回的缺陷。因此，做父母的，首先要注意孩子的保健问题。怎样使孩子成为身心健康的人？

第一，要为孩子制定合理的家庭生活作息制度，对孩子一天的生活，如饮食、睡眠、游戏、学习、体育锻炼等，都要作出合理的安排，使孩子的生活规律化。现在有不少家庭，往往因为让孩子无节制地看电视，影响孩子的睡眠、学习以致视力，这是一个常见的违反儿童保健的事例。

第二，要从实际出发，保证孩子有一定的营养。婴儿时期的儿童，身体生长发育最快，半岁时的体重比出生时约增长一倍，满周岁时就要增长两倍。如果缺乏一定的营养，就会引起各种身心缺陷和疾患。幼儿园儿童、小学和中学学生，都处于长身体的时期，适当的营养是非常重要的。所谓适当的营养，并不是要求大鱼大肉，而是要求多吃一些价廉物美的、新鲜的、具有多种营养成分的主食和副食，如蔬菜、豆制品、蛋类、水果等等。

第三，要教育孩子参加体育锻炼。孩子本来是热爱游戏和锻炼的，要鼓励孩子多从事户外活动，如跑步、做操、打拳等等。不让孩子参加体育锻炼是不对的，对于孩子的体育锻炼采取自由放任的态度也是不好的。

第四，注意培养孩子的卫生习惯。从孩子很小的时候起，就要逐步养成各种卫生习惯，如饭前便后要洗手，要经常洗脸、洗澡、剪指甲，要保持周身整洁，要保持室内整洁卫生，少吃零食，不喝生水等等。

第五，要预防疾病。要结合日常生活对孩子讲解预防疾病的道理和方法，如怎样预防感冒，怎样预防传染病，怎样预防近视等等。

第五节　家庭教育的内容

应当把孩子培养成什么样的人，是家庭教育的首要问题。朱智贤认为父母应当明确自己的培养目标，有意识地把孩子培养成德智体全面发展的人才。在德育方面，他主张"培养孩子成为品德高尚的人"，这主要从宏观和微观两方面着手。宏观方面，父母要对孩子进行政治思想教育，使孩子长大后能坚持正确的政治方向，成为国家的有用人才；微观方面，父母要对孩子进行道德品质教育，注重对孩子个人道德品质修养的培养，帮助孩子养成团结互助、诚实不欺等优良品质。在智育方面，他主张"培养孩子成为知识丰富和智力发展的人"。他认为在知识更新周期越来越短的当代，父母应当有意识地培养孩子爱学习的好习惯，要让孩子成为知识丰富的人，就要从小培养孩子学习科学文化的浓厚兴趣，让孩子从日常生活中掌握有关自然、社会、文化的最基本知识。朱智贤还强调父母必须认识到，仅让孩子掌握丰富的知识是远远不够的，更为重要的是必须注意发展孩子的智力。他提出要着重在学习知识过程中全面发展儿童的智力。在体育方面，他主张"培养孩子成为身心健康的人"，因为"健康的身体是为实现祖国四化而进行学习、劳动、工作的物质基础和主要条件"。父母要关注孩子的身体健康，为孩子制定出合理的家庭生活作息制度，保证孩子的营养，积极让孩子参加体育锻炼，还要注意培养孩子的卫生习惯，同时要预防疾病对孩子的感染。当然，仅有身体健康还是不够的，"心理健康也同样重要"，朱智贤认为做父母的一定不能轻视孩子的心理问题，要及早发现、及早引导，把孩子培养成身心健康的人。

第六节　家庭教育的原则

1. 正面教育，积极引导

朱智贤认为，父母对孩子进行教育，要坚持一条根本性的原则——正面教育和积极引导的原则。落实这一原则，应从三方面入手：其一，要注意讲清道理。当父母对孩子有要求时，要给孩子讲清楚为什么，让孩子从思想上接受这件事，才能产生积极的效果。对年龄较小的孩子进行教育时，要根据孩子的认识水平，多用具体生动的事例，少谈抽象空洞的道理；在讲清道理的时候，要注意榜样的力量，要善于运用榜样的力量感染孩子。同时，父母也要特别注意自己的榜样作用，因为"父母的一举一动的变化、特点，只要引起孩子注意与兴趣，都容易被孩子模仿"。所以父母要时刻注意自己的言行，起到榜样示范的作用。其二，要注意在孩子有缺点和错误的时候，坚持说服教育。朱智贤反对父母用高压和体罚解决问题，提倡说服教育。他认为父母对待孩子的错误，不应简单粗暴，而要研究孩子缺点和错误产生的根源，分清问题的性质，有针对性地解决和处理问题；要以理服人，帮助孩子提高对问题的认识，使他能自觉改正，从思想上解决问题。其三，要注意耐心教育，持之以恒。孩子的成长与发展是一个漫长的过程，父母要耐心地、坚持不懈地对他们进行教育。

2. 热爱与严格要求相结合

朱智贤指出，父母教育孩子"一定要做到热爱与严格要求相结合"。爱孩子是父母的本能，但一定要把握好度，不要让热爱变成溺爱。父母溺爱孩子，是一种不负责任的行为。他认为对于孩子的合理要求，应该给以适当的满足。如果对孩子的无理要求处处迁就，反而有害。特别是独生子女的父母，更应该认识到问题的重要性，要学会用正确的方式来教育孩子。年龄较小的孩子，由于认识能力有限、是非观念不清，不能很好地控制自己的行为，更需要父母和成人对其行为严格要求。父母一定要学会采取适当的方法，帮助孩子养成良好的行为习惯，如卫生习惯、文明礼貌等。对于孩子的不当行为，一定要坚定不移地纠正。同时，父母要认识到，培养孩子是个长期的过程，对孩子的严格要求不是一次就可以完成的，必须始终一贯地坚持，才能最终实现教育目标。

3. 提供丰富多彩的生活内容

朱智贤认为，生活环境，尤其是教育，对于心理发展起决定性作用；而生活内容则是儿童心理面貌以及德、智、体诸方面发展的源泉。因此他提出，父母在教育孩子时，"必须注意生活内容的丰富多彩"。他批判了那些认为丰富生活内容是教养大孩子要求的家长，并用心理学的研究成果证明，丰富多彩的刺激物对婴儿心理发展也有明显的作用。他提倡从新生儿开始，就要注意在教养中安排丰富的生活内容。父母要学会合理利用丰富的生活内容，使儿童从小接受生活中健康优美、丰富多样的养料，这有利于孩子德、智、体全面发展。反之，单调枯燥的生活环境，不但会影响孩子知识和智力的发展，而且也会影响他们情感、意志和个性的发展。

4. 用发展的观点看待孩子

所谓发展的观点，一是指个体从出生到成熟再到衰老的过程中生理和心理的发生、发展；二是指人生活的现实生活环境的变化，必然会对个人的生理和心理的变化和发展产生影响。儿童从出生到成熟，是一个巨大的变化过程。不管是身体的生长发育，还是心理的成熟定型，童年阶段都是一个可塑性最大的时期，也是受教育的最好的时期。因此，朱智贤提出："尤其是对于孩子，更应该从发展的观点来看待他们。"[①] 家长认识到了这一点后，就应该"在教养子女的过程中，要时时从发展观点看待儿童，不可抱有成见、偏见"。既然孩子的成长是一个发展变化的过程，父母在教养孩子时就必须要讲究方法。朱智贤认为，父母应该积极寻找合适的教养方法，做到"教子有方"。他认为深入细致、耐心说服是父母教养子女的基本态度和基本方法；对症下药、教养方式多样化，是父母对子女教养方法的另一个出发点；循序渐进、逐步提高要求，是父母教养孩子不可违背的原则。他认为父母应善用批评与表扬，奖惩分明的父母可以使孩子了解自己行为的后果及评价，在孩子心理上起到及时强化的作用。

5. 家庭教育要统一要求

家庭教育是儿童心理发展最早的、起主导作用的因素。但家庭成员又是多样化的，

---

① 林崇德. 朱智贤教育文集 [M]. 南京：江苏教育出版社，2011：465.

不同的家庭成员之间，由于受不同的生活经历、文化程度等因素的影响，也会有不同的教育观点和教育方式，在对待孩子的教育上往往会出现态度不一、各行其是的现象。朱智贤认为，要想让孩子全面发展，家庭成员之间就要勤于商量，做到"统一口径"。这是个不容忽视的原则。朱智贤提出，口径不一，往往使孩子得不到一贯的、正确的教育；教育要求不一致，也会为孩子的不合理愿望、欲望、需要和坏习惯制造机会。这样，显然不利于孩子的全面发展。

6. 家庭教育要正确认识孩子成长的先天与后天条件

朱智贤认为，要把孩子培养好，父母必须认识孩子成长的先天与后天条件。先天条件，就是良好的遗传。朱智贤先生认为，遗传物质是否正常、健全，确是儿童身心发展的生物前提、自然条件，不重视这个条件是不行的。他还举了许多遗传疾病直接影响儿童智力的例子，从而提醒父母要及时进行孕检，避免生出不健康的孩子。后天条件，就是良好的环境。朱智贤认为，遗传固然有不可控因素，但也不能过分夸大遗传的作用，因为遗传只能给孩子的成长发展提供生物的自然前提或可能性，但不能预定或决定孩子身心发展的方向和成就。父母要认识到，环境对孩子的重大影响作用。环境可以分为自然环境和社会环境，对于人类来说，社会环境影响力更大。朱智贤认为，教育在一定意义上，也是一种环境，一种社会环境。良好的教育，对儿童的成长与发展有着积极的促进作用。做父母的要想教育好孩子，也要学习、学习、再学习。朱智贤提倡每一位做父母的，特别是中青年父母，为了给自己的孩子以良好的教育影响，就必须学习一点儿童教育学、儿童心理学、儿童卫生保健等方面的知识。他主张父母要按照儿童的心理特点和规律进行教育。教育在儿童发展上，只是一种外因，外因必须通过内因起作用。所谓内因，就是儿童自身内部的因素。我们要教育孩子，首先要了解孩子的发展水平、动机兴趣，然后给以适当的刺激、鼓励、帮助、指导，引导儿童不断向上、不断前进，如果不注意儿童的特点，不考虑儿童的内因，就不能顺利地教育孩子。父母对此应该有充分的认识，唯此才能对孩子进行合适的教育，包括适当的、全面的早期教育。

家庭教育历来是教育孩子的基础阵地，家长如果没有科学的教养方法，认识不到儿童心理发展的特点，就有可能吃力不讨好，甚至对孩子的成长和发展起反作用。朱智贤的家庭教育思想，在儿童心理发展的基础之上，确立德智体全面发展的培养目标，对父母提出了一些可资借鉴的科学施教方法。

第三篇

百年师范　薪火相传

第九章

朱智贤教育思想的特点

朱智贤一生对教育事业勤勉而执着，自师范学校读书期间他就开始进行教育研究。他的教育思想正是他长期从事教育教学实践活动的产物。通观朱智贤的教育实践过程及其教育思想形成和发展的脉络，可以看出他始终坚持以辩证唯物主义为指导来从事教育教学和研究工作，他的教育实践活动和教育思想有着显著的特点，对于当代教育改革和发展具有重要启示。朱智贤教育思想的内容十分丰富，但概括起来，其主要特点体现在以下几个方面。

第一节 注重儿童心理特点研究

朱智贤求学于解放前，但他的主要成就和贡献则在 50 年代以后，改革开放后更是重获新生。由于众所周知的原因，即解放后我国大学的教学组织，从苏联学习了教研室制度，这种制度使不同学科教研室之间壁垒森严，互不侵犯。朱智贤在北京师范大学工作的 40 余年，基本上是局限于儿童心理学这个科学领域，其突出成就也是体现在心理学，尤其是儿童心理学领域。他被称为我国心理学界的一位大师。几十年来，他为全面系统地推进和发展我国的儿童心理学事业，做出了巨大贡献，献出了毕生的精力。

但在确定儿童心理学的研究方向时，朱智贤指出，儿童心理学在理论上必须坚持马列主义、毛泽东思想；在实践上必须坚持为实现我国社会主义四个现代化服务，并提出儿童心理学最重要的实践意义是"儿童心理学要以自己的科学规律来为新一代的教育事业服务"。他历来倡导心理学工作不仅要走出书本，而且还要摆脱实验室的束缚，积极投身到中小学教育实践中去，使学校教育真正符合儿童心理发展规律，使我国儿童、青少年能在德、智、体诸方面协调发展而做出实际的努力。针对我国的儿童心理学研究从起步以来，一直效法西方和模仿苏联，难以迈出自己步子的状况，朱智贤积极倡导并致力于领导"中国儿童心理发展特点与教育"的课题，花了7年的时间主持了这个综合性的心理发展的系统工程，填补了许多空白，建立了一套充分体现我国儿童青少年发展特点的常模资料，从整体上第一次较全面系统地揭示了中国儿童心理发展特点，为我国的教育工作提供了科学的依据，并为建设中国的儿童心理学奠定了基础。

第二节　关注教育实际问题

纵观朱智贤一生的教育和科研生涯，可以看到，他并不是孤立地研究儿童心理和教育，而是时时注意联系实际，特别是教育实际。这种坚持把儿童心理、儿童教育研究与教育实际紧密结合的精神是十分可贵的。

1928年师范毕业前夕，朱智贤撰写的《儿童字典的研究》一文发表在《中华教育界》杂志上，这是朱智贤在师范学校读书时有关教育方面论文的代表作。朱智贤通过分析提出，儿童字典解释用的语句应该适合儿童的经验和想象，要使儿童一看就懂才行，这是一篇比较全面地从儿童心理的角度研究儿童字典的文章。针对当时很少有儿童适用字典的现实状况，在文章的开头，朱智贤就提出：我为什么要研究这个问题？这完全因为感到实际的困难……什么时候书局里能出一本完全适用的儿童字典呀？接着，朱智贤先对"儿童字典"的定义进行了剖析，明确了字典的目的。再对现行书局里的儿童字典的形式和内容加以比较，并做出评述，给出了编制儿童字典的注意事项：

一是从儿童读物、口语中收集必需的、常用的字词组成字典内容；

二是通过实验决定儿童查字典的方法；

三是适应儿童的需要和理解，选择恰当的解说办法和音释方法；

四是注意儿童字典的排版和装订。

除此以外，朱智贤从儿童观的发展、自由原则，儿童知识增长的需要、独自解决问题的能力以及发音准确性的需要等方面论述了儿童字典的功用和价值。在儿童使用字典的指导方式上也有所介绍。这一时期朱智贤对儿童字典的研究显示了其超凡的眼光和科学的预见性。

中央大学四年级时，朱智贤又完成了一部30万字的《教育研究法》。在这本书的自序中，他写道：几年来，我个人因为职务上的关系，常和地方教育人员、师范生以及学习教育者相接触，深深感到他们在修养上，关于研究教育的知识和方法，实在欠缺。尤其使人惊异的是，一个进了大学教育院的学生，往往连一篇论文都不知怎样做，研究是更谈不到了。因为这些感触的驱使，朱智贤便起意写一本浅显的教育研究方法的书籍，来弥补这个缺憾。这本书后来被许多大学的教育系列为教学参考书。

改革开放后，在从事繁忙的教学和科研工作的同时，朱智贤也更为关注教育的实际问题。1979年北京出版社约请有关专家编写《家庭育儿百科全书》，为广大幼教工作者和家长提供良师益友，以便更好地培养教育下一代。在邀请朱智贤做主编时，他欣然应聘。《家庭育儿百科全书》由北京出版社出版，该书比较全面、系统地为年轻的父母们解答了育儿方面的诸多问题，受到年轻父母们的欢迎和好评。1981年4月，应美国儿童发展研究会的邀请，朱智贤率领我国儿童发展心理学工作者赴美国参加儿童发展会议。他边参观，边讲学，边联系我国实际进行思考。美国的婴儿发展研究成了热门，为避免国内跟风似的进行婴儿心理研究，他中肯地提出了自己的建议：根据我国的实际，适当地搞一点采用现代化的婴儿研究是可以的，但我们不宜把大部分力量都放在婴儿的研究上。因为我们现在还不可能把许多现代化的设备用在这方面，在我国培养、教育新一代的工作当中，家庭教育、托幼教育、小学教育、青少年教育都很重要，各个年龄阶段的儿童发展问题都需要研究，特别是大量幼儿、小学儿童、青少年发展中有许多现实问题迫切地需要研究。朱智贤不仅关注教育实际问题，而且始终为我国广大教育工作者在实践工作中把握着前进的方向。

第三节 重视教育科研工作

重视教育科研工作的思想始终贯穿于朱智贤教育实践活动的全过程，朱智贤对科研工作的重视主要体现在三方面：

1. 相当重视科研

朱智贤在心理学和教育学领域取得的巨大成就是他重视科研的重要体现。自师范学校毕业后，他的科研活动就没有停止过。据统计，他的论著有200余种，广泛涉猎发展心理学、儿童教育、理论心理学等多种领域，有影响的著作包括《教育研究法》《儿童心理学》等等。其中，《教育研究法》一书被指定为许多大学的参考教材。《儿童心理学》则是一部贯彻马克思主义观点，吸收国内外科学成就，联系我国实际，能够体现我国当前学术水平的综合大学和高等师范院校的儿童心理学教科书，曾受到高度评价，并于1987年获全国高等学校优秀教材奖。朱智贤还主持并领导全国200多名心理学工作者承担了跨"六五""七五"规划的国家级重点科研项目"中国儿童青少年心理发展特点与教育"，并将科研成果主编成《中国儿童青少年心理发展与教育》一书，该书被誉为"心理学研究中国化"的典范。这些论著充分体现了朱智贤精深的造诣、独特的见解和对一系列有关教育实际问题的真知灼见。

2. 特别重视学生科研能力的培养

朱智贤提出心理学研究必须坚持理论联系实际。他提倡培养学生的科研能力，就要让他们到实践中去踏踏实实搞调查研究，搞科学实验。但搞科研，绝不是单纯为了取数据，写论著，更重要的是为了大面积地培养人才，提高中华民族的素质。

林崇德是朱智贤的第一个博士生，也是我国第一个教育学博士。1978年林崇德回母校伊始，朱智贤就语重心长地对他说："你不要满足于大学实验室，应该继续到中小学实验中去。实践出真知嘛！"他鼓励林崇德不要单纯钻书本堆和实验室，而要珍惜自己13年的中小学教育实践经验。为了中国的教育科学的研究，要选准美国的杜威和苏联的赞可夫为对手，通过教改实验，学习他们，赶上他们和超过他们。朱智贤的谆谆教诲给了林崇德极大的鼓舞，从此他的科研有了目的，有了对手，有了参照体系和评价对象。自1978年起，林崇德就开始深入北京市朝阳区幸福村学区开设培养学生思维品质的实验班。在朱智贤的指导下，林崇德的实验班像滚雪球一样在北京市中小学铺开了。后来，实验班不断地扩大，直到扩大到26个省、市、自治区的3000多个中小学实验班。实验班频频传来捷报，几乎每个实验班的教学质量都提高了，学生过重的负担减轻了，出现了全面发展、学有特色的景象。受益的中小学生达20多万人。辛勤的耕耘换来了丰硕的成果，这个实验课题1986年被列为国家教委"七五"跨"八五"规划的重点科研项目，使儿童心理学的基础理论的研究和应用研究在教育实践中获得了统一。朱智贤培养林崇德的成功经验《博士生要有实践经验，并要特别注意能力的培养》也被公开交流和广泛学习。

3. 重视教育科研方法的探讨

朱智贤结合自己进行研究的实践经验，广泛吸取中外各家的长处，积累了相当丰富的材料，于1934年完成了30万字的《教育研究法》一书。在这本书的"自序"中，他写道："研究是一条大道。由这条道路上，推动了人们的智慧，使它一天一天地接近真理。一切的事业，一切的知识，都要继续不断地去研究。唯有研究，才能明白；唯有研究，才能进步。"在该书中他详细论述了教育研究的性质、研究价值，系统介绍了多种常用的研究方法。这是在我国出版较早、影响较大的教育科学研究方法方面的一本专著，直到20世纪90年代，台湾一些大学的教育系仍将其作为教学参考书之一向学生介绍。

4. 强调德育为先

朱智贤认为德育是教育的重要组成部分，应该放在教育的首位。他主张通过德育教育，培养学生的道德品质和公民素养，使学生成为具有高尚品德和良好行为习惯的人。

5. 强调教师的作用

朱智贤认为教师在教育中起着至关重要的作用，他主张加强教师队伍建设，提高教师的专业素养和教育水平，使教师成为学生成长的引路人。

第十章

朱智贤教育思想对现代教育的启示

朱智贤的教育思想具有很强的前瞻性和实践性,对于现代教育改革和发展具有重要启示。

第一节 全面发展、德才兼备的教育培养目标

朱智贤一贯主张要培养德智体全面发展的人才。不仅提出早期教育要贯彻德、智、体全面发展的方针,而且在研究生教育中,也多次强调必须坚持教书育人方向,为国家培养德才兼备的专门人才。因此,正确理解全面发展、德才兼备的精神实质,对于引导当前教育走出重智轻德、学生课业负担沉重的误区,对于有效实施素质教育有着重要的现实意义。

1. 切实减轻学生的课业负担

长期以来,我国中小学生课业负担重是一个不争的事实。有一首改编歌曲这样唱道:"起得最早的是我,睡得最迟的是我,书包最重的是我,作业最多的是我,是我是我还是我。"课程多、教材多、教辅资料多、作业多、考试多、补课多,活动少、娱乐少、睡眠少,是中小学生,尤其是中学生生活的真实写照。这种不顾学生身心承受能力,每天长时间、高强度的学习,挤占甚至剥夺了学生自由支配的时间,妨碍了正常活动的开展,造成学生长期睡眠不足,缺乏体育锻炼,个性特长得不到发挥,完全背离了全面发展的教育宗旨。因此,减轻学生过重的课业负担,全面提高教育质量,是全社会的共同愿望,是广大师生的迫切要求,也是关系到培养什么人的大事。事实上,学生的学习时间、学习内容的编排是具有科学性的,我们的教育工作者为什么不尊重科学、尊重教育规律呢?在教育部"减轻学生过重的课业负担"的三令五申下,学生的课业负担为什么反而越减越重?这是值得我们深思的。因为减负的背后

隐含着激烈的升学竞争，以及相伴而生的就业竞争。学校因升学率而设置教学目标，家长因望子成龙的心态而严于督促，学生自然不得不为自己的未来而打拼，减负也就注定成为一个空想而难以落到实处。因此，只有改变目前评价学校教育质量的标准，改变考试定终身的制度，建立起科学的社会用人机制和人才评价体系，减负工作才能落到实处，学校才能全面推进素质教育，全面发展、德才兼备的培养目标才能真正实现。

2. 加强青少年思想道德教育

当代青少年是祖国的未来，民族的希望。他们肩负着实现中华民族伟大复兴的历史重任。要完成这一光荣使命，不仅要求他们具备丰富的科学文化知识，更重要的是具有优良的道德品质。一个没有优良品德的人，是不可能成为社会栋梁之材的。所以，加强青少年思想道德教育，提高青少年的道德素质是全面发展人才的首要要求。

目前，家庭教育仍存在这样一些误区：有的家长只关注孩子的学习成绩，却忽略孩子道德修养的完善；有的家长"望子成龙"心切，把自己的意愿强加在孩子身上；一些家长说教多，沟通少，长辈教育方式不一致；还有的家长自身道德行为失范……因此，青少年在思想道德方面存在的问题，许多是与家庭教育不当有密切关系的。

苏霍姆林斯基曾说过："家庭是人生启蒙的也是终身的学校。家庭教育的成败，不仅影响到学校的教育，还影响到一个人的终生。"时代的发展对家庭教育提出了新的要求，家长不仅是孩子的保护者与抚养者，也是培养孩子良好道德行为的教育者。要做合格的、成功的家长，就要不断学习，努力提升自身的道德修养和素质，为孩子作出表率。同时还要掌握教育孩子的科学方法，抓住孩子一生的奠基时期，培养他们良好的道德和行为，是家长义不容辞的责任。

青少年在家庭中接受抚养，在学校里接受教育，在社会上体验处世。因此，加强青少年思想道德教育是一项系统工程，也是全社会的共同责任。它既贯穿于青少年成长发展的全过程，又涉及学校、家庭、社会各个方面，需要全社会各个方面形成合力，共同参与。此外，青少年的身心发展有其自身的规律，对青少年的思想道德教育一定要从青少年成长的特点出发，从社会实际出发，坚持不懈地教育才会取得成效。1994年颁布的《中共中央关于进一步加强和改进学校德育工作的若干意见》中明确指出："要遵循青少年学生思想品德形成的规律和社会发展的要求，根据德育工作的总体目标，科学地规划各教育阶段的具体内容、实施途径和方法。"因此，针对青少年不同的成长阶段，要开展各具特色的道德教育；针对不同的青少年群体，道德教育也应该各有侧重。只有这样，才能全面提高青少年的道德素质。

第二节　教育科学研究应结合国情走好自己的道路

朱智贤多次提出发展心理学研究的中国化问题。他还提出：坚持在实践中，特别是在教育实践中研究发展心理学，这是我国心理学前进道路上的主要方向。他反对脱离实际地为研究而研究的风气，主张研究中国人从出生到成熟的心理发展特点及其规律。他说："中国儿童和青少年，与外国的儿童与青少年有共同的心理特点，既存在着普遍性，又有其不同的特点，即具有其特殊性，这是更重要的。只有我们拿出中国儿童与青少年心理发展的特点来，才能在国际心理学界有发言权。"[①] 因此，他致力于领导"中国儿童与青少年心理发展特点与教育"的课题，克服了许多困难，填补了多项空白。他主张将发展心理学的基础理论与应用结合起来研究，也就是说，他不仅提倡在教育实践中研究发展心理学，而且积极建议搞教育实验和教学实验，主张在教育实践中培养儿童与青少年的智力和人格。

目前我们的研究中，"闭门造车"的风气还是很浓的，研究者不了解儿童青少年的实际，也不了解教育实践。研究的课题凭主观臆断，过狭或过偏。发表的文章，不仅使实际工作者认为不符合实际，而且让专业的理论工作者也感到莫名其妙。这种经院主义的研究成果，脱离教育实际，毫无应用价值，对基础理论建设也没有什么意义。可见，只有在教育实践中坚持理论来自实践又指导实践的途径，才是科学研究的正确道路。

第三节　儿童教育要遵循儿童心理发展规律

当今教育界一种不可回避的现实，那就是愈演愈烈的"超前教育"。从幼儿园就开始学习上的竞争，不要让孩子输在起跑线上之类的观念深入人心。有人戏称现在的幼儿园越来越像小学，小学越来越像初中……逼得孩子们整天疲惫不堪地应付来自各方的"高标准，严要求"，无暇享受童年的乐趣与成长的快乐。一位幼儿园园长对此感触颇深。她说："作为幼教工作者，我们非常清楚幼教的职责。幼儿园教育应培养孩子良好的习惯，学会与人的交往与沟通，让孩子的个性充分发展。但为了满足家长的需要，就只好违背教育规律。即使这样，每年的这个时候，大班的孩子仍有很多转走去学前班的。"

---

① 黄永言. 朱智贤传［M］. 北京：人民教育出版社，2000：378.

现实中很多家长对学龄前儿童进行超前教育和训练，其愿望是想让孩子将来在进入小学以后的学习起点比别人高，能在学习的竞争中占有优势。其实，自然永远都有着自己的规则，瓜熟蒂落，水到渠成。孩子的成长也有自己的时间表，到什么时候自然就做什么事。只有顺应孩子智力发展水平的学习，才能事半功倍。因为支配孩子心理发展的因素，除了后天的学习，还有自然的成熟。儿童的成长是受生理和心理成熟制约的，人为地任意提前训练，效果不见得更好，也不见得有必要，反而会给儿童在生理和心理上造成负担，弄不好还可能失去对学习的兴趣，甚至产生逆反心理。可见，"超前教育"从总体来讲是违背教育规律的，其教育结果很可能与父母培养孩子的初衷背道而驰。

因此，朱智贤的"儿童教育要遵循儿童心理发展规律"的思想对于引导今天的儿童教育走出误区，仍有很强的现实指导意义。针对我国独生子女越来越多，而有些年轻父母不懂得怎样教育孩子的情况，朱智贤认为：做父母的要想教育好孩子，也要学点儿童心理学，因为只有懂得孩子，才能教育好孩子。的确，家长本身素质的高低，在相当程度上已成为家庭教育成败的决定因素。家长如果不懂教育子女的科学知识，不了解儿童心理发展的特点，就有可能花了力气不讨好，甚至对孩子成长起副作用。孩子只有一个童年，而童年应该是快乐无忧的。因此，家长不要过早地让孩子承担那么多的负荷，不要把自己的观念强加给孩子，不要剥夺孩子玩的权利。要懂得孩子，理解孩子，并按照孩子的成长规律使他们成长，把自由还给他们，把欢乐留给他们，让孩子度过一个完整快乐的童年。

第四节 师范院校要突出师范教育的特点

1996年9月，国家教委在北京召开的全国师范教育工作会议上提出：必须把师范教育放在教育事业中优先发展的战略地位。大力办好师范教育，培养和培训高水平的教师，已经成为参与国际竞争的一项先导性战略措施。科技兴国，教育为本，振兴教育，师资先行。如何提高教师素质，培养适应新世纪教育要求的高素质教师队伍一直是教育界关注的一个热点问题。师范教育作为培养中小学教师的摇篮，其课程设置直接关系到未来教师的知识结构和能力素质，关系到教育质量的提高。但是，反思我国目前的师范教育，一个突出问题是在课程设置、教材内容以及教育实习等方面并没有体现出教师职业的独特性。

第五节 教育应该为最广大的人民群众服务

我国从西方引入学校教育制度后,便形成了学校之外没有教育的弊端。能够接受学校教育的人毕竟有限,大多数的民众被摒弃于学校之外,没有受教育的机会。同时,由于学校教育的内容与实际生活隔绝,学校教育的思想充满封建教育的遗毒,造成过分看重书本知识、忽视实际能力培养的状况,这样的学校教育不可能培养出身心健全的社会公民。朱智贤与其他民众教育家一样,站在时代的前列,充分认识到民众才是社会的主体,教育事业应该着眼于最广大的民众。只有通过教育民众,使民众充分发挥出自己的潜力,才能真正完成改造社会、复兴民族的重任。因此,他积极倡导教育的范围应从学校扩大到社会,教育的内容应紧密结合社会实际,要采用灵活多样的方式,为广大民众提供学习机会,真正实现教育机会均等。

据1997年统计,全国基本普及九年义务教育和基本扫除青壮年文盲的人口覆盖率仅为65%。同时,教育投入不足,教育教学内容及方法不同程度地脱离实际、办学条件较差、东西部教育发展不平衡等各种现实问题依然存在。看一个社会的成熟,不是视其有多少伟大者,而是要观察它的普通民众品行锻造到何种程度。因此,准确把握教育发展脉络,更新教育观念,大力发展各级各类教育,提高民众素质,才能真正促进教育改革和发展,才能真正展示一个民族乃至一个社会的素质与风貌。教育应该为最广大的人民群众服务,将民众教育提高到应有的战略高度,是朱智贤民众教育思想带给我们的最重要的启示,也是当今教育改革应当特别借鉴之处。在1993年2月13日印发的《中国教育改革和发展纲要》中,提出了建设中国特色社会主义教育体系的主要原则:必须从我国国情出发,根据统一性和多样性相结合的原则,实行多种形式办学,培养多种规格人才,走出符合我国和各地区实际的发展教育的路子。

要解决当今我国社会的各种教育问题,提高全民素质,就需要从目前的教育实际出发,借鉴朱智贤的民众教育理念,开创多渠道、多形式、多层次的教育途径,努力促进学校教育与社会教育、正规教育与非正规教育、职前教育与在职教育的结合。教育是实现我国现代化的根本大计,只有坚持为最广大的人民群众服务的方向,教育的路子才会越走越宽广。

第十一章

百年师范"智贤教育思想"传承

第一节 以智贤精神为起点,确立"启智达贤"育人目标

一、智贤精神的内涵

"智贤"精神可以理解为对智慧和贤能的崇尚与追求。为了发扬与传承智贤精神,连云港师范高等专科学校坚持教育师生要崇尚智慧、追求真理,培养学生的创新思维和学习能力。通过各种文化活动和媒体渠道,传播"智贤"精神,让更多人了解其内涵和价值,形成尊重知识、崇尚智慧的社会氛围。树立智贤人士的榜样,通过宣传他们的成就和事迹,激励更多人追求智慧和贤能,为社会的进步和发展贡献力量。连云港师范高等专科学校全体师生秉承"敬业乐群,师表八荒"校训,结合工作与学习实际,不断深入挖掘朱智贤教育思想内涵,传承与发扬智贤精神。

图 11.1 关于成立朱智贤心理科学研究所的决定

第十一章 百年师范"智贤教育思想"传承

赴赣榆智贤中学学习智贤精神

2023年5月10日上午,副校长丁红星带队赴赣榆智贤中学,就深入挖掘朱智贤教育思想,强化升本考察点内涵建设进行考察交流。教务处、初等教育学院、学前教育学院(音乐学院)、马克思主义学院主要负责同志陪同考察。

交流会上,双方就进一步合作传承智贤教育精神进行深入交流。赣榆智贤中学校长刘永先介绍了该校在智贤文化体系的形成、建设和完善过程中的举措,分享了智贤文化浸润心灵,智贤精神发扬光大的办学心得。丁红星介绍了我校的发展现状以及对智贤教育思想的历史传承脉络。会后,在万象集团执行董事张良的引导下,我校一行参观了朱智贤博物馆,该博物馆共分金陵深造、高校执教、薪火相传等十个展区,以图文和实物相结合的方式生动展示了朱智贤教授严谨治学、鞠躬尽瘁的学术人生。

此次考察交流为我校升本考察点内涵建设提供了丰富素材。学校将以升本考察点建设为契机,深入打造智贤文化,传承智贤精神,办好师范教育。

资料来源:http://10.10.101.51:8089/spa/document/index.jsp?id=37168&router=1#/main/document/detail?_key=70qvzg

二、确立"启智达贤"育人工作思路

连云港师范高等专科学校确立的"智贤型"幼儿教师培养目标,以朱智贤"热爱、接近、理解儿童"的教育思想为基础,培养适应城乡幼儿园教育需要的德才兼备、声望卓著的专科层次"智贤型"卓越幼儿教师。既要让学生掌握知识、提升能力,成为有智慧之人,同时又注重对学生进行师德修养教育,使之成为有德行之人。一是教书启智目标,培养专业理论知识扎实、幼儿保教能力突出的实践型人才;二是育人达贤目标,培养职业理念坚定、师德高尚的高素质人才。形成"懂儿童·尚师德·通学用"的人才培养模式,创建"三阶递进·三境共育·三场联动"的职业素质养成路径,在实践探索中取得了显著成效。突出对学生专业实践能力的培养,强调学生要在幼儿园教育实践的过程中得到发展,同时强调培养德才兼备、具有专业情怀的"智贤型"幼儿教师。

懂儿童·尚师德·通学用:培养学生学会从儿童的视角看问题,形成尊重儿童人格及身心发展规律的科学儿童观与教育观,培育儿童意识,引导学生读懂儿童;培养学生掌握以童心、爱心、耐心、细心、责任心(五心)为特色的幼儿园教师职业道德规范,涵养师德情怀,增强践行师德的能力,引导学生崇尚师德;培养学生形成以保育、教育、合作、反思与创造（五能）为关键的幼儿园教师职业能力，坚持理论与实践教学一体化，创设多元实践场域，学中用，用中学，引导学生学用贯通。

三阶递进·三境共育·三场联动：构建以儿童意识培育为主线的模块化课程体系，创设认识儿童、欣赏儿童、理解儿童的"三阶递进"路径，实现"懂儿童"；构建以培育"五心"为特色的师德养成体系，创设课程情境、活动情境、职业情境的"三境共育"路径，实现"尚师德"；构建以"五能"培育为关键的实践能力培养体系，创设学习场、练习场、实习场"三场联动"路径，实现"通学用"。以高校（U）、政府（G）、幼儿园（K）协同构建的U-G-K共同体为平台，"三条路径"相辅相成，解决存在问题，实现培养目标，提升智贤型幼儿园教师的培养质量。

第二节 以智贤文化为背景，打造"尊师重教"校园文化

多年来，连云港师范高等专科学校坚持以"智贤文化"为特色，以"智贤"作为学校的文化符号和象征，不断丰富其内涵，将让每一位师生都成长为富有"智贤精神"的"智贤人"作为一种追求。树立"育人为本、和谐发展、注重品德、张扬个性"理念，把学生培养成为"行为规范、基础扎实、志向高远、体魄健美"的智贤型卓越师范生，着力构建"关注生命的生态校园、文化浓郁的书香校园、花香树茂的园林校园、师生和谐生活的精神家园"，将智贤的精神融入校园文化中。智是"智慧"，是对全校师生在做学问上的要求——会学习、会思考、会创新。"贤"即贤达，是对全体师生在做人上的要求——兢兢业业，厚德载物，见贤思齐，见不贤而内自省。

一、打造智贤文化长廊

将校风、教风、学风、校训、校徽、校歌、智贤人物名言等镌刻在学校的建筑、设施、景点布置上，在花草树木的种植、布局设计等方面体现智贤文化，真正做到让学校的每一面墙壁都说话，让每一块土地都育人，构建一个底蕴深厚、和谐健康、催人奋进的校园环境。

图 11.2 朱智贤先生文化墙

第十一章 百年师范"智贤教育思想"传承

图 11.3 朱智贤先生铜像揭幕

二、建设校园师道广场

学校党委、行政部门一直高度重视校园环境建设,通过校园基础设施建设和绿化的提档升级使校园环境有了明显提升。师道广场项目位于学校图书馆北侧,东临规划主轴西轴,西临问渔湖河道,北至智贤楼南道路。南北长约 100 米,东西宽约 90 米,面积约 12 140 平方米。该工程由连云港市大能建筑有限公司承建,于 2019 年 12 月开工,2020 年 5 月 1 日前竣工。师道广场建成后,为师生提供了一个集休闲、学习、娱乐的场所,为"四美"校园建设增加了一道亮丽的风景。

图 11.4 朱智贤先生铜像落成仪式

第三节 以课程建设为抓手,培养"乐教善教"卓越师范生

遵循"教书启智、育人达贤"的培养理念,设置启智达贤的课程目标,选择以幼儿为本的课程内容,构建三位一体的课程实施机制,建立多元取向的课程评价体系,提升未来卓越幼儿园教师培养质量。

构建"智贤"大课堂。围绕"懂儿童·尚师德·通学用"的职业素质养成目标,重构以儿童意识培育为主线的模块化课程体系。认识儿童阶段,通过基础课程模块的学习,建立专业认知,了解儿童发展特点;欣赏儿童阶段,通过发展模块学习,尊重儿童发展规律,掌握保教知识与能力;理解儿童阶段,通过综合课程学习,读懂和帮助儿童,引领儿童发展。课程模块覆盖理论课程、技能课程、实践课程和校本课程,层层递进、紧密衔接,儿童意识浸润专业课程,贯通性培育儿童意识。

图 11.5 启智达贤三阶递进课程结构图

启智达贤的课程目标。坚持"教书启智、育人达贤"的培养理念,结合卓越幼儿园教师培养工作实践,围绕"启智""达贤"两个维度设定课程目标。一是"达贤"目

标，即以培养职业理念坚定、师德高尚的高素质保教人才为目标。孔子说"其身正，不令而行；其身不正，虽令不从"，所以说高尚的品德是卓越幼儿园教师必须具有的素质，这种品质是通过后天的学习而获得的职业角色认同。《幼儿园教师专业标准（试行）》也把专业理念与师德作为首要维度，摆在幼儿教师专业发展的核心位置。幼儿园教师的专业理念不仅影响他们今后的专业发展及专业活动，也影响保教活动的效果和质量；同样，师德也是未来幼儿园教师提升自主发展和自主学习能力的内在动力，特别是在"虐童"事件时常发生的今天，社会对幼儿园教师的师德要求越来越高，师德教育就显得愈发重要。笃实的专业信仰、热爱幼儿教育事业的热情、富有责任心的人格特征等"达贤"目标的实现，需要通过显性的德育课程来体现，更需要通过开展丰富多样的课外活动进行有机渗透来完成。二是"启智"目标，即以培养专业理论知识扎实、幼儿保教能力突出的实践型人才为目标。这里所说的"智"不仅包括广博的人文社科知识、厚实的学科专业知识、娴熟的专业技能和丰富的教育实践知识，也包含创新与超越、批判与反思能力。幼儿园教师的工作就是要紧紧围绕幼儿的生活经验，借助于统整性的学习活动实现幼儿的全面发展，这就决定了要想真正培养出保教能力突出、综合素质全面的卓越幼儿园教师，必须通过全科型的培养方式来实现。在设定"启智"课程目标时，既要重视精深的专业知识，又要重视广博的人文素养；既要考虑专业技能的提高，又要考虑实践反思能力的提升。

"育人达贤"的通识课程。开设通识教育课模块的目的就是让未来卓越教师能够拥有厚实的文化底蕴，具备良好的人文素养，形成饱有学识的卓越气质和形象。这一模块课程既不是狭隘的百科全书式的课程模式，又不是带有明显职业特色的工具性课程，而是能够秉承博雅教育内涵和精神实质的基础性和发展性课程，课程设置涵盖了自然科学、人文社会科学等广博的知识。依据《教育部关于实施卓越教师培养计划的意见》，卓越幼儿园教师培养必须把社会主义核心价值观融入教育全过程，这一模块主要包括思想道德修养、马克思主义基本原理、形势与政策等对大学生进行公民教育和马克思主义理论教育的课程，也涉及职业规划与就业指导、幼儿园教育指导纲要解读等提升职业信念和职业情操的职业教育课程，还包括用以提升学生健康与国防意识的体育与国防教育课程等。这种人文、自然和社会相互融合交叉的模块化课程不仅丰富了学生的文化底蕴，而且对他们的知识结构、精神品质和专业能力都具有重要的推动作用。

"教书启智"的专业课程。学前教育专业课程是卓越幼儿园教师培养的核心课程，不仅是未来卓越幼儿园教师专业品质养成、专业知识掌握与专业技能形成的重要载体，更是卓越幼儿园教师独有品质的保障。因此，依据《幼儿园教师专业标准（试行）》有针对性地选择专业课程内容，为学生搭建科学合理的知识结构和能力结构，真正实现"教书启智"的目标就显得十分重要。在实践过程中，我们综合运用模块式课程设计理念，在编制和设计模块课程的实践过程中，把"教书启智"的专业课程模块分为专业基础课程、专业核心课程、专业技能课程和专业实践课程等四大模块。一是专业基础课程模块。主要目的是夯实卓越幼儿园老师的专业基础，提高其社会适应能力，以保证他们以后能够自如地运用知识。这就要求高师院校必须科学地设定课程比例，优化专业基础课程结构，处理好卓越幼儿园教师知识和能力结构中的广博与精深的关系。只有拥有广博的专业理论知识和精深的学科专业知识，才能做到知识的运用自如、融会贯通，这里的"广博"与"精深"不仅是指学生掌握专业知识的广度与深度问题，更是指他们能够运用所学的专业知识实现与幼儿分享和交流，进而促进幼儿的理解与发展。因此，这一模块的课程内容主要涉及学前教育领域的历史、现状及未来发展趋势，包括学前教育学、儿童心理学、教育心理学、幼儿园游戏理论与实践、幼儿园课程、学前儿童保育学、学前教育史、幼儿园管理等课程。二是专业核心课程模块。该课程的开设是为了保证卓越幼儿园教师在今后的教学中能够独立承担幼儿园各类教学活动的设计与实施、组织与评价。内容主要涉及学前儿童健康教育、学前儿童艺术教育、学前儿童语言教育、学前儿童科学教育、学前儿童社会教育等幼儿园五大领域教学法课程。三是专业技能课程模块。"全能型"卓越幼儿园教师培养理念要求学生要拥有深厚的学前教育理论功底，还要具备深厚的艺术素养，以及环境创设和教玩具制作等能力。该模块主要包括键盘、舞蹈、乐理与试唱、幼儿园环境创设、美术、手工等保证幼儿园日常教育教学工作正常开展的技能类课程。

三场联动的实践课程。该课程模块涵盖校内外的见习、实习、研习、技能训练、毕业论文和毕业设计等。围绕"智贤型"人才培养目标，秉承百年师范"早接触，长流水，不断线"的教育实践传统，学生入学即实行"专业技能通关"制度。将在校三年应当掌握的专业技能及考核时间、要求、成绩等列入"通关手册"，学生定期参加考核，教师及时审核、记录。学习期满，通关手册上的各项成绩达到规定要求，才能准予毕业。从实施情况看，极大地提高了学生业技能训练的积极性。定期开展师范生三字一话、集体舞、大合唱等技能训练与展示活动。每年面向全国用人单位举办毕业生就业实习推介会，展示专业学习成果，共商卓越幼儿园教师培养大事，省、市电视台、报社等媒体多次进行专题报道，社会反响很好。以培养学生"五能"为关键，构建实践能力培养体系。U-G-K共同体协同搭建产教融合集成平台，构建学习场、练习场、实习场的"三场联动"路径。院园共建"学习场"，课程教学融入岗位任务，学生理论联系实践，学以致用，提升专业实践能力；校内外实训基地构筑"练习场"，虚拟仿真与岗位实景相结合，双导师与小先生制并举，以"赛、训、研、学、展"形式开展实践锻炼，逐步实现从专业实践能力向岗位能力转化；校外优质实践基地营造"实习场",教育实践贯穿三年学习始终,综合提升岗位能力。三场联动,有序衔接"学、练、用",提升学生岗位能力,缩短职业角色转换周期。

智贤型卓越幼儿园教师的培养是一个渐进、动态的过程,他们掌握专业理论知识的程度需要在实践中进行验证,依据验证效果可以不断地修正专业理论课程的内容和形式,所以,专业实践课程模块与专业理论课程模块是相辅相成的。实践效果是衡量学生学习效能的重要指标,只有不断强化实践教学环节,遵循"教学做合一"的原则,有步骤、有计划、全程渗透实施实践课程模块,才能切实提升卓越幼儿园教师的实践能力并真正意义上达成课程目标。

构建师德养成体系。创建"三境共育"路径,丰富师德体验,落实立德树人根本任务,构建以"五心"为特色的幼儿园教师职业道德养成体系。借助U-G-K共同体平台,创建课程情境、活动情境与职业情境相融合的"三境共育"路径。通过"师德课程+思政课程+师德案例研修"形成课程情境,深植五心意识,提高道德认识,涵养学生师德情怀;通过文化引领+环境创设+社团活动形成活动情境,营造育德氛围,浸润五心养成,陶冶师德情意,坚定师德信念;通过"主题教育+师风工程+教学实践"形成职业情境,形成五心特色,规范师德行为,提升践行师德能力。"政校园"三方协同,将师德规范融入课程学习、活动体验、职业实践,"三境"共育,"五心"凸显,拓宽师德养成路径,丰富学生师德体验。

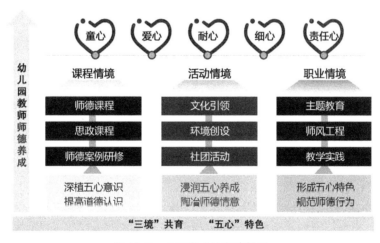

图11.6 "三境"共育路径图

形成"智贤型"教学评价体系。根据"智贤型"人才培养方案和市场对人才的特殊要求,建立教务委员会、教师、学生共同参与的教学评价机制,制定有针对性的教学评价体系。评价标准要考虑到理论教学标准与实践教学标准,关注学生的专业能力和职业素质要求,制定全面的专业考核标准,在不同的学期、分项目加以考核。形成用人单位和学生对教学内容与课程体系的评价制度、课堂教学评估制度、实践教学评估制度、教师听课制度、学生定期反馈制度及教学督导制度等，建立与完善各项评价制度，保证卓越幼儿园教师培养质量。

第四节 以实践活动为媒介，做活"智贤服务"文化品牌

一、智贤教师培养活动

实行青年教师导师制。采用"老带新"的办法，为青年新入职教师聘请教育教学经验丰富、责任心强的老教师担任导师。一方面，要求青年教师虚心求教，深入钻研，尽快适应人才培养的需要。另一方面，要求导师尽心尽责，全力扶持青年教师的专业成长。对导师工作要进行定期考核，对于指导认真、成效显著的导师给予相应的奖励。要求青年教师要坚守"立德树人"的使命，一是"为人"，要弘扬师专精神，以仁爱之心、求善之心，塑造高尚的品格和道德情操；二是"为师"，要坚守教书育人和立德树人理想信念，努力成为有道德情操、有扎实学识、德才兼备的育人者，潜心扎根智贤育人讲台。

传薪火赓续传统，"老带新"立德树人
——学前教育学院（音乐学院）举行智贤青年教师培养工程"老带新"帮扶结对仪式

2021年11月3日下午，学前教育学院（音乐学院）（简称学音院）在智贤楼D410室召开智贤青年教师培养工程"老带新"帮扶结对仪式。校党委委员、组织部（统战部）部长李大勇，党总支书记嵇仙峰，院长刘娟及26位结对教师参加会议，会议由副院长赵宜君主持。

首先，赵宜君宣读《学前教育学院（音乐学院）智贤青年教师培养工程"老带新"帮扶工作计划》及结对名单。随后，李大勇、嵇仙峰为指导教师颁发聘书，新教师向老教师鞠躬行拜师礼。

李大勇在会上指出，"老带新"帮扶结对是对师范教育传统的传承与延续，更体现学院领导对师资队伍建设的重视、对青年教师成长的关注。同时，向青年教师提出三点建议：一学"老"教师无私奉献、关心关爱学生的精神；二学"老"教师良好的师德师风；三学"老"教师的能力与方法。他特别强调，新教师应该积极主动向老教师学习和请教，特别要在方法上快速地提高。

刘娟代表学院感谢学校党委、组织部（人事处）对学音院师资队伍建设的大力支持，并布置帮扶任务，她强调："老"教师长期奋战在教学第一线，经验丰富，教学方法多样，新教师充满激情和活力，"老"教师应该发挥引领作用，全身心地帮扶新教师，让新教师在最短的时间内获得最快的成长。

此次"结对帮扶"活动的开展，为新教师的成长添柴加薪，新老携手奋进，相互激励，对学院教师团队的壮大和发展起到有效的促进作用。

资料来源：http：//10.10.101.51:8089/spa/document/index.jsp?id=17826&router=1#/main/document/detail?_key=w9qqlo

图 11.7　"老带新"帮扶结对颁发聘书

图 11.8　"老带新"帮扶结对拜师仪式

立德树人　薪火相传
——学前教育学院（音乐学院）举办"智贤型"青年教师人才培养工程启动仪式

9月16日下午，学前教育学院（音乐学院）在儿童戏剧实训室举办"智贤型"青年教师人才培养工程启动仪式。校党委委员、组织部部长、人事处处长李大勇，院党总支书记冯继，院长刘娟，院重大项目办公室主任胡碧霞教授和其他院领导及 30 名青年教师参加了活动。刘娟院长主持仪式，李大勇部长、冯继书记和胡碧霞教授分别就青年教师专业发展的要求、师德师风建设及专业发展规划作出讲话，学前理论教研室主任、青年教师代表李享作了表态发言。

　　李大勇认为我院对青年教师专业发展的重视与学校的培养计划不谋而合，青年教师是我校现在以及将来发展的主力军，学前教育学院（音乐学院）为青年教师的发展搭建了良好平台。他对青年教师提出要求：首先，要尽快实现从学生向教师角色的转变，明确高校教师的责任，尽快适应教育教学工作；其次，要全面提升业务能力并在岗位上求进步，要多向有经验的优秀教师学习；最后，要做好个人职业生涯规划，时刻以"卓越"的标准来要求自己。冯继作了"青年教师师德师风建设"的主题发言，从"结缘师专能否不忘初心""能否做'四有'好老师"两方面对青年教师做出深刻提问。他强调：作为教师要保持终身学习的理念，不仅要有丰富的专业知识，更要有坚定的理想信念与道德情操。胡碧霞教授则围绕"态度、目标、恒心、反思、团队合作"五个关键词对青年教师如何做好专业发展规划提出了建议。李享代表全体青年教师承诺：将不辜负学校、学院领导的殷切期望，充分利用学院搭建的专业发展平台，尽快提高专业水平，为学校及学院发展作出应有贡献。

图 11.9　"智贤型"青年教师培养工程启动仪式

最后，刘娟院长作总结发言。她强调：学院将任人唯贤、量才使用，充分发挥教师的主动性；将因势利导、以老带新，让两代教师共同成长；还将用新的观念、思想指导青年教师，给青年教师搭建发展的平台。她希望：大家积极参加"智贤型"青年教师人才培养工程活动，在团队合作的过程中共同进步、不断成长。

实施"智贤型"青年教师人才培养工程是学前教育学院（音乐学院）强化师资队伍建设、全面提升教师专业水平的重大举措。我院将组织系列培训活动进一步激发青年教师的工作积极性与使命感，不断提高青年教师的专业素养与核心竞争力，让"师专师道"的光芒薪火相传，真正做到"敬业乐群，师表八荒"。

资料来源：http://10.10.101.51:8089/spa/document/index.jsp？id=35124&router=1#/main/document/detail?_key=uezrji

实行青年教师挂职锻炼制度。每年选派政治思想素质好，有强烈的事业心和良好的职业道德，积极进取，锐意创新，在本学科专业领域具有较扎实的理论基础和专业知识，具备一定教学科研能力的专业教师赴幼儿园挂职锻炼，挂职期间及期满后需完成中期与终期成果总结汇报。

表 11.1 专业教师申请企业交流实践个人信息表

姓　　名		性　　别		出生年月	
来校工作时间		专业技术职务		政治面貌	
学　　历		学　　位		所属教研室	
拟挂职方式	是否接受全职挂职锻炼（　　　　）				
近五年教科研业绩					
近五年奖惩情况					
学院审核意见					

开展青年教师课堂教学观摩与竞赛活动。以月为周期，以教研室为单位，定期开展"每月一课"观摩课活动；组织35岁以下青年教师赛课活动。通过开展全院范围的

观摩课、赛课等活动，督促青年教师开展教研活动，不断提高课堂教学质量，同时为专业认证的"推门听课"做好准备。开展青年教师教学竞赛、"每月一课"、"师徒结对"、"兼职教师教学观摩"等活动，为青年教师的快速成长创造条件。

举办"智贤杯"教师教学能力大赛

为进一步促进青年教师专业成长，加快教师团队建设，推动课堂教学改革，为2023年江苏省职业院校教学能力比赛选拔种子团队，学前教育学院（音乐学院）举办第三届"智贤杯"教师教学能力大赛。本次比赛邀请连云港中等专业学校信息化国赛、省赛一等奖获得者王玥、张伟老师，校教务处副处长刘军担任专家评委，院长刘娟、副院长赵宜君及大赛团队参加本次赛事。

本次比赛共有8支队伍、35位教师参加，涵盖了老、中、青不同年龄段，各团队按抽签顺序依次进行展示。比赛由教学实施报告介绍、2段无生教学展示、专家点评等三个环节组成。各参赛团队准备充分，激情饱满，语言表达清晰准确，教学过程设计合理，教学实施运用恰当，表现出扎实的专业功底和较强的教学技能。三位专家分别对各参赛团队进行了精彩点评，并针对参赛作品提出了针对性的指导建议。本次比赛共评选出一等奖三名，二等奖五名。刘娟感谢三位专家的专业指导，肯定了各参赛团队在教学能力大赛上做出的努力，希望全体教师坚持以赛促学，以赛促练，革新课堂教学，以赛促改，以赛促教，夯实人才培养质量。

图 11.10 智贤杯"教师教学能力比赛

本次比赛是对学院教师教学能力的一次检验，也是教师个人专业水平与团队合作的一次全面展示。学院将持续以大赛为抓手，强化专业内涵建设，提升师资队伍整体专业化水平，不断提高教育教学质量。

资料来源：http：//10.10.101.51:8089/spa/document/index.jsp？id=36341&router=1#/main/document/detail?_key=p4qfdn

选派教师参加各类学术交流活动。在与各类高校、幼儿园同行的交流中，本专业教师的学术视野得以开阔，专业水平得以提升，专业自信得以增强。

二、智贤学生培养活动

组建卓越智贤班。学前教育专业智贤班是依托"江苏省卓越幼儿园教师培养计划"项目建立的试点班，秉承"立德树人，启智达贤"的院训，坚守"铸文化、强实践、擅专业、重融合"的培养理念，实行"早接触、不断线、长流水"的实训实践方式，以培养"懂儿童·尚师德·通学用"的智贤型幼儿园教师为目标。根据人才培养目标和用人单位需求，在新生入学后通过二次选拔组建卓越智贤班，实行滚动管理机制，配备双导师，为用人单位培养卓越幼儿园教师和管理后备力量。

从2015级开始，学前教育专业每年在新生中进行二次选拔，择优选出30人组成"智贤班"，重点培养一批贤达智慧、品学兼优的学生。新生入学一个学期之后进行二次选拔，重新编班。学校发布《连云港师专学前教育专业智贤班招生简章》，公布选拔范围和条件。学生自主报名，提交书面申请。符合报名条件的学生参加学校统一组织的笔试和面试，按照成绩排名确定录取名单。在"智贤班"学生中，实行退出与递补的滚动管理机制。每学年结束时，对"智贤班"学生进行学业成绩综合考核，不能达到要求的学生，退回普通班学习。因少数学生退出而产生的差额，按照选拔程序在同年级学生中补足。为"智贤班"的每位学生配备校内、校外两名导师。校内导师应具有高级职称或硕士以上学位，应具有责任心、先进的教育理念、较高的学术素养和丰富的教学经验，每人指导"智贤班"学生不超过5名。校外导师从"U-G-K"共同体内的幼儿园中产生，应具有幼儿园教师中级以上职称，应具有责任心、扎实的专业基础和丰富的幼儿园一线工作经验，每人指导"智贤班"学生不超过3名。学校制定《"智贤班"导师工作章程》，对导师的任职资格、工作任务、业绩考核、工作量认定及报酬等相关事宜做出规定。每学期末，由连云港师专学前教育学院（音乐学院）和相应幼儿园对"智贤班"学生的导师进行工作考核，并根据工作业绩给予相应的奖励。引入国外先进的教师教育理念和方法，组织"智贤班"的优秀学生参加国内、国外的各种学术交流活动，并给予一定的经费资助。

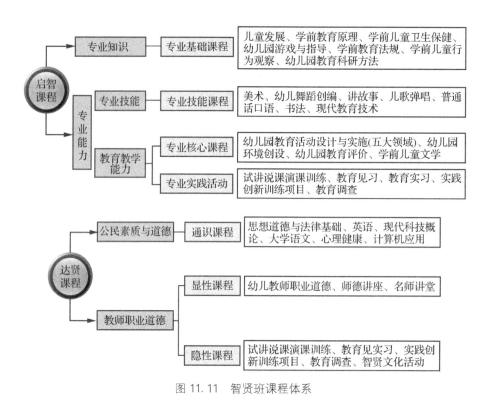

图 11.11 智贤班课程体系

图 11.12 智贤班学习成果汇报

第十一章　百年师范"智贤教育思想"传承

卓越智贤班选拔方案

（一）笔试安排：

1. 考核形式：

线下闭卷考试。

2. 考试内容（总分100分）：

近五年幼儿园教师资格证笔试《保教知识与能力》中的学前儿童心理学、学前儿童卫生保健部分知识；《综合素质》中的文化素养、阅读理解、写作等内容。

试卷总分100分，考试时间120分钟。

（二）面试安排：

1. 考核形式：

线下面试。

2. 考试内容（总分100分）：

面试项目分为5项内容，即故事讲述、舞蹈基础、弹唱基础、书画基础、专业认知及其他特长展示。具体要求如下：

——故事讲述（20分）

（1）测试内容

自备儿童故事一篇，考生用普通话进行2分钟的展示（语言结合动作）。

（2）考核标准

普通话标准，声音洪亮、吐字清楚、流畅自然，不读破句；能够结合动作，富有感染力地表现故事内容。

——舞蹈基础（20分）

（1）测试内容

自选舞蹈伴奏及舞蹈类型，主题不限，以儿童舞、民族民间舞、古典舞等为主（不得选择爵士、拉丁舞、街舞等流行舞蹈），时间不超过1分钟。

（2）考核标准

①五官端正，体态正常，动作协调；

②体型适中，能够根据音乐的情景与节奏，完成舞蹈内容；

③具有一定的舞台调度感。

——弹唱基础（20分）

（1）测试内容（二选一）

①自选一首少儿歌曲弹唱，歌曲长度不超过2分钟。

②自选一首儿歌歌曲演唱，歌曲长度不超过2分钟。

（2）考核标准

音准、节奏正确，声音响亮，吐字清晰。

——书画基础（20分）

（1）测试内容

临摹抽到的简笔画，笔、纸类型不限。

（2）考核标准

时间30分钟，能画出相应图形，造型生动、形象，线条流畅、有力。

——专业认知及其他特长展示（20分）

（1）测试内容

除以上四项考核内容外，考官现场会围绕专业相关问题进行现场提问，考生回答时间不超过2分钟；回答结束后可以自选某项特长进行展示，类型不限。

（2）测试要求

测试时间2分钟，考生自备特长展示所需的材料。

（3）考核标准

①专业认知部分，考生应具备正确的"教育观、儿童观、教师观"，具有专业热情及专业情怀。

②特长展示部分根据考生所考内容确定。

组建卓越管理班。为顺应职业教育发展和人才培养新趋势，与用人单位合作，在"情境学习理论"指导下，对具有管理潜质的学生进行个性化培训，以提高学生的管理能力，实现职前职后一体化，缩短上岗适应周期，2017年，连云港师范高等专科学校学前教育专业与连云港市钟声幼教集团共同出资、联合打造"卓越管理班"。学员由连云港师范高等专科学校学前教育专业2015级本科班、2016级专科班和2014级五年制班级学生中品学兼优且具有领导潜质的学员组成。卓越管理班人才培养遵循"1＋0.5＋1"的培养模式，坚持"全面发展、个性突出"的培养理念，采用"目标导引、任务驱动"的教学模式，重在培养学员的幼儿园管理能力，主要利用周末及节假日对学员进行为期两年半的持续培养。2017年12月，连云港市钟声幼教集团向连云港师范高等专科学校学前教育专业提出"订单式"人才培养意向，双方就"培养什么样的人""如何培养""如何开展合作"等问题多次展开讨论，学院内部也多次召开研讨会议，最终签订合作协议。内容包括培养经费使用、双向服务条款、学员选拔管理等。2018年2月，双方就"合作培养幼儿园管理人才"达成一致之后，邀请来自高校、幼儿园、行政部门、企业的多位学前教育专家共同讨论培养方案的制定工作。在深入了解幼儿园实践一线对毕业生的实际需求及吸取其丰富的管理人才培训经验后，经过反复斟酌，确定了管理班"1＋0.5＋1"的培养模式，旨在培养学员管理能力、缩短毕业生上岗适应周期。

"1＋0.5＋1"的培养模式主要是指：

"1"：一年理论学习阶段（2018.2—2019.2）

学员从这一阶段开始接受系统的管理能力的培训。首先是在校内进行的理论培训。主要采取专题学习的方式，以幼儿园管理人才为培养目标，与业内诸多专业人士多次商讨，最终确定了八个学习专题，包括园本课程开发、幼儿园危机管理、优质园办园经验分析、幼儿园质量评价、幼儿园与家庭、社区合作方法等。邀请在各专题具有丰富研究成果的高校教师或幼儿园园长为学员授课。同时，组织学员参加与专题相关的学术活动，与专家面对面，拓展教育视野，提高深度思考和学习的能力。如2018年10月参加以"培养健康完整的儿童"为主题的全国幼教高峰论坛，学员不仅在现场聆听专家讲座，还身着统一班服全程参与了此次活动的接待、引导等志愿服务工作。通过这一阶段的学习，学员收获了幼儿园管理方面的理论知识，为进入实践阶段奠定了坚实基础。

"0.5"：半年教育实践阶段（2019.2—2019.7）

这一阶段学员进入钟声幼教进行教育实习活动。在全程指导下，学员全面参与钟声幼教的保育、教育科研、文体活动、日常管理等所有事务。值得一提的是，管理班每周日晚还会定期举行研习活动，即实习反思交流。学员将一周实习的所思所想与他人分享，大家建言献策、热烈讨论，形成教育问题，并进行深入研究。另外，范宇同学被选派赴市教育局基教处实践锻炼，加强了连云港师范高等专科学校与教育行政部门的联系和合作。通过这一阶段深入的实践锻炼，学员的专业情谊在心底生根发芽，发现问题、研究问题和解决问题的能力大大提高。

这一阶段结束正值学员从连云港师范高等专科学校毕业进入工作岗位之际，学校为管理班举行了隆重的结业典礼，学员以别开生面的方式，如教育故事讲述、模拟研讨等，将管理班这一年半的学习成果进行展示，也为自己的大学生活画上圆满句号。

第二个"1"：一年持续指导阶段

学员虽然离开学校进入工作岗位，但我们对学员的持续指导并没有结束。从学员对工作岗位的选择到入职后的各项工作，指导教师都全程关注并给予专业指导，让学员尽快进入工作状态，并加快专业成长步伐。

组建卓越特色班。首先组建了男生舞蹈班。将整个年级所有男生集中编班上舞蹈课，由男舞蹈教师执教，根据男生特点和学前教育专业人才培养要求制定专门的课程大纲，进行有别于女生的舞蹈教学。实践证明，男生舞蹈班有利于调动男生学习舞蹈的兴趣，充分发挥男生的特长。卓越男生舞蹈班多次参与专业学习成果汇报、学校的迎新活动以及对外文艺交流活动，产生了较好的社会影响。此外，还相继组建了"卓越女子合唱班""卓越钢琴班"等富有特色的临时班级，在专业教师的指导下进行学习，满足学生"学有所长"的需要。在每学期一次的专业学习成果汇报等活动中，上述特色班级学生的专业水平得到师生的一致好评。

组建智贤艺术团。智贤艺术团汇聚艺术特长生，开设声乐、器乐、舞蹈、戏剧、美术等特长班，秉承"不断线、长流水"的技能训练传统，促进全体学生的技能发展。智贤艺术团组建以来，先后成功承办了连云港市水利局"节水中国 你我同行"宣传晚会、连云港市第四届"山海同歌"艺术节开幕式暨大型革命情景史诗《青春组歌》文艺展演、连云港市首届青年艺术周开幕式等大型晚会。智贤艺术团负责晚会总策划、统筹与节目编排，晚会效果受到校内外一致好评。智贤艺术团一直活跃在校园文化舞台上，为丰富学生的业余文化生活、活跃校园艺术氛围做出了良好的贡献，向社会各界展示了连云港师范高等专科学校当代大学生的精神面貌和综合素质，为树立学校的社会公共形象做出了自己的成绩。

连云港市"节水中国 你我同行"宣传活动在我校举行

2023年3月22日是第31届"世界水日"，3月22日—3月28日是第36届"中国水周"。由连云港市水利局主办、连云港师范高等专科学校承办的"节水中国 你我同行"宣传活动在我校举行。校党委书记杨浩、市水利局局长颜建出席活动，校党委副书记刘长虹、副校长王布新及市发改委、工信局、住建局、教育局等部门有关负责同志参加活动。

下午5时许，"节水中国 你我同行"宣传活动启动仪式在我校彦涵楼广场举行，拉开了"节水中国 你我同行"宣传活动序幕。活动展示了我校近年来取得的节水成效和连云港市水利局为节水护水所做的大量工作。活动现场，向广大师生发放节水宣传手册，营造了节约用水、绿色生活的浓厚氛围。

晚上7时许，"节水中国 你我同行"节水宣传晚会在我校彦涵楼音乐厅举行，晚会同步采取网上直播方式进行，在线观看人数接近20万人。晚会采用构思巧妙、群众喜闻乐见的艺术形式展示节水工作成效，达到了"创新引领、形式多样、贴合实际、深入人心"的宣传目标，使节水意识更加深入人心。

为确保此次活动圆满完成，学校多次组织召开协调会，办公室、后勤与基建管理处、学前教育学院（音乐学院）等部门、学院积极沟通对接，推进此次宣传活动。

资料来源：http：//10.10.101.51:8089/spa/document/index.jsp? id＝35124&router＝1#/main/document/detail? _key＝uezrji

图 11.13　智贤艺术团节水宣传晚会开幕式

图 11.14　智贤艺术团节水宣传晚会

三、智贤社会实践

1. 组建智贤实践小分队。为更好地传承"智贤"精神，连云港师范高等专科学校学前教育学院（音乐学院）组建了智贤实践小分队，开展丰富多彩的社团活动，培养智慧、贤达的优秀人才。朱智贤从小自强自立，逆境成才。为了传承、发扬朱智贤"智慧""贤达"的精神事迹，追随他的师范教育使命，学校确立了核心育人理念——"爱"（让爱传承，大爱无边）。学校时刻关注师生健康，关注师生生命质量，坚持用"爱"培养人、塑造人、发展人，立足长远，全面推进素质教育向纵深发展，全面提高了育人质量。智贤实践小分队是学前教育学院（音乐学院）以学生党支部建设为抓手重点打造的大学生志愿服务团队。以"智贤观"教育大学生志愿者树立坚定的理想目标、培养高尚的道德情操。智贤实践小分队多年来始终将"人道、博爱、奉献"的精神传播与学校"知识、能力、人格"的人才培养模式紧密结合，探索用学生工作倡导"红十字精神"，努力开创"知行型"的"红十字精神"与大学生志愿实践活动同频共振，使社会主义核心价值体系更紧密地武装学生，依托"智贤实践小分队"，构建了"知行型"大学生志愿服务新模式。

2. 打造特色志愿服务项目。智贤实践小分队结合自身优势积极打造特色的志愿服务项目，搭建大学生服务活动的平台，着力提升大学生文明素质和服务社会能力，从健康、语言、社会、科学、艺术五大领域进行活动教育指导，各领域的内容相互渗透、有机结合，促进儿童急救、情感、态度、能力、知识、技能等方面的发展。智贤实践小分队拥有一支有文化、有纪律、有组织、责任心强、做事原则性强的志愿者队伍，志愿者有 600 余人。志愿者始终坚持聚焦问题导向，强化初心爱心契合点，增强了师生群众的获得感、幸福感、安全感；坚持培养服务意识，增强党性修养向心力，为党员加强党性修养提供了实践平台；坚持践行发展理念，加深志愿服务聚合力，赢得了群众赞誉，提高了对党组织的认同感和满意度；坚持厚积薄发，打造服务品牌长效性，提升了美誉度，践行了"请党放心、强国有我"的铮铮誓言；将爱国主义教育和理想信念教育聚焦志愿服务，强化思政引领，不断提升志愿服务能力。志愿活动曾四次入选江苏省博爱青春暑期实践支持项目，多次获省市嘉奖。根据"一带一路"政策方针，打造了"知行型"新媒体融合幼儿艺术教学系列志愿服务，为儿童送去医护常识培训、生活关怀、知识帮扶、心理帮扶。

智贤小分队已开展项目概况：

(1) 2017 年开展博爱青春"一带一路民族情，先锋智贤西部行"暑期社会实践

项目实施地：西藏自治区山南市扎囊县吉汝乡德吉林村卓玉双语幼儿园、新疆维吾尔自治区阜康市博峰社区、云南省昭通市镇雄县娃飞小学、甘肃省定西市渭源县新寨镇东坡小学。

项目内容：开展应急救援知识宣传教育，健康课、语文课、数学课、英语课、体育课、舞蹈课、美术课、手工课等教学内容。针对留守儿童开展"说说悄悄话""我的小秘密"等心理活动。举行主题班会、升旗仪式等形式的爱国主义教育。

项目获奖：2017 年江苏省"博爱青春"暑期志愿服务"最具网络人气奖""优秀项目奖"，是全省唯一荣获两项殊荣的项目。

项目宣传：获光明网、视觉江苏等多家媒体报道转载。

(2) 2018 年开展博爱青春"一带一路陇滇行，不忘初心智贤情"暑期社会实践

项目实施地：云南省丽江市永胜县顺州镇顺州小太阳幼儿园和甘肃省定西市渭源县新寨镇东坡村东坡小学。

项目内容：除了 2017 年项目开展的内容之外，增加五步拳、弹奏乐器、科学小实验、航模等有利于启发孩子们思维的教学课程。并发挥专业特长，为两个支教幼儿园进行环境创设，分别以"海洋"和"中华传统美德"为主题绘制主题墙。

项目获奖：2018 年连云港市"博爱青春"十佳优秀项目奖、第四届连云港市精神文明建设工作十大品牌提名奖、2018 年连云港市十佳青年志愿服务项目。

项目延续：2018 年 12 月 17 日至 21 日，志愿者在学校组织开展了"温暖冬日，物薄情长"爱心募捐活动，收到了来自全校师生捐赠的共 435 本图书、511 件衣物、101 双鞋、学习用具 58 件及 36 张祝福卡片。经过分类、消毒，邮寄到支教学校。

项目宣传：获光明网、视觉江苏、大学生网等多家媒体报道转载。

(3) 2019 年开展博爱青春"一带一路西部行，智贤献礼建国情"暑期社会实践

项目实施地：云南省曲靖市麒麟区珠街乡侨光幼儿园和越州镇马房新希望幼儿园。

项目内容：除了延续 2017 年、2018 年的项目活动之外，还开设了特色课程"垃圾分类",通过课堂讲解、教具操作、走访宣讲,提高了幼儿以及当地周边居民的知晓率和参与率,有效地将垃圾分类引领成为生活新时尚。另外,结合"五四运动"100周年以及中华人民共和国成立70周年,志愿者实地参观当地红色革命基地,在幼儿园开展爱国主义教育。进行"一带一路西部行专场宣讲活动",在周边悬挂横幅、发放宣讲传单。根据云南的地理条件,进行了"爱心助农"活动,为身体不便的老人修葺房屋;向当地居民学习编制传统手工艺品;指导当地居民利用网络商户平台进行网络销售,并为其宣传。

项目延续:2019年12月9日至13日,志愿者在学校组织开展了"不忘初心 情暖冬季"爱心募捐活动,收到了来自全校师生捐赠的520本图书、780件衣物、53双鞋、132件学习用具。经过分类、消毒,邮寄到支教学校。

项目宣传:获光明网、视觉江苏、中国大学生网、大学生网报、大学生知识网、大学生联盟网等多家媒体报道转载。受云南省曲靖市电视台采访,全程拍摄"垃圾分类"课程。

(4) 2020年开展博爱青春"一带一路苏滇行 智贤逆行传温情"暑期社会实践

项目实施地:江苏省连云港市赣榆区石桥镇村级爱心驿站、云南省大理市宾川县定光幼儿园。

项目内容:除了延续2017年、2018年、2019年的项目活动之外,还开展爱国主义教育、垃圾分类生活教育、应急救护知识教育、"海州五大宫调"教学,还进行留守儿童家访,宣传科学家庭教育理念和方法。另外,得知当地部分果农因疫情经济损失严重,进行了爱心助农,志愿者主动帮助果农劳作,指导果农使用网络销售时令水果并为其宣传销售。

项目延续:志愿者开学返校后,回到连云港赣榆区石桥镇看望部分留守儿童,为他们带去了文具用品。征集微心愿,记录下每一位孩子的微心愿,返校后开展多项活动募捐,寒假后再次返回,力所能及地为孩子们实现微心愿。

项目宣传:在授课场地张贴"博爱青春"旗帜和横幅,志愿者身着红十字队伍,并佩戴工作证。项目开始前,志愿者接受连云港市红十字会组织的相关业务培训,云南籍学生返乡后,继续在当地卫生所接受培训。江苏和云南两地均开设红十字知识、红十字精神教育课程,讲解应急救护知识和技能,进行地震等灾难演练。

(5) 2021年开展博爱青春"一带一路中国心 智贤为爱跟党行"暑期社会实践

项目实施地:江苏省连云港市图书馆。

项目内容:除了延续2017、2018、2019、2020年的项目活动之外,利用图书馆的绘本资源,组织大量的绘本阅读活动,丰富了孩子们的课后生活,极大地提高了孩子们的兴趣,使孩子们的阅读范围和视野变得更加宽阔。

项目延续:9月10日,志愿者返校后,利用周末和节假日到连云港市图书馆帮助管理员归置书籍,为馆内前来阅读的小朋友们提供阅读支持。

项目宣传:获今日头条、新浪微博等多家媒体宣传报道转载。

(6) 2022年开展博爱青春"一带一路党团行 青春献礼智贤情"暑期社会实践

项目实施地:江苏省连云港市板浦镇+线上新疆。

项目内容:除了延续2017、2018、2019、2020、2021年的项目活动之外,以"云"上新疆+线下连云港的形式开展。"云"上新疆,探索"云"支教。每天固定时间、限时开展视频教学,通过"云"打破线下时空的限制,随时随地交流。线下连云港,助力乡村振兴。开展丰富多彩的艺术教学,力争开拓孩子们的视野、陶冶他们的情操,通过寓教于乐的方式让他们体验到五彩缤纷的美育学习乐趣。

项目宣传:获今日头条、新浪微博、连网等多家媒体宣传报道转载。

（7）2023年度智贤小分队社会服务项目实施日程

活动时间	2023年6月26日
活动地点	连云港市灌云县伊山镇青龙社区
参与人员名单	宋玉、史安琪、陈美君、司念、温友恒、徐成志、谢绮林
活动内容	活动主题：相见盛夏——智贤的夏天 开班班会。相见，认识新老师和新伙伴。志愿者们进行自我介绍，孩子们也介绍自己。然后，与孩子们一对一聊天沟通。 歌唱活动。志愿者和孩子们一起唱罗大佑的《童年》。 手工活动。一起制作"我的小名片"，一起制作小红花。 游戏活动。"欢乐抱抱抱"游戏，拉近与小朋友的距离。 赠送礼物。给孩子们赠送团队的文创产品。 爱传千里。画出自己心中想见到的人，并写下对他（她）想说的话。鼓励儿童勇敢表达自己的爱，给父母写一封信或说一句话，为孩子和家长架起一座沟通交流的桥梁，帮助孩子获得心灵慰藉和情感支持。 户外活动。绿树荫浓夏日长，蝉鸣微风系暖情。夏天是一个快乐的季节，志愿者们带领儿童寻找盛夏的色彩。 自然拓展。以"我是小小探险家""寻宝活动"为主题，让孩子们走到户外进行田野调查，培养观察力和耐心。以"只有云知道"为主题，让孩子们抬头仰望，培养想象力和创造精神。
活动图片	

第十一章 百年师范"智贤教育思想"传承

活动时间	2023年6月27日
活动地点	连云港市灌云县伊山镇青龙社区
参与人员名单	宋玉、史安琪、陈美君、司念、温友恒、徐成志、谢绮林、高姗姗、陈点点、朱鑫悦、马月轩
活动内容	活动主题:"爱不留守,情暖盛夏"走访活动 　　集体社区调研。为了更真实地了解社区居民的需求以及社区留守儿童的现实情况,志愿者们针对家庭的孩子教育、健康生活、法律常识、安全防范等方面设计社区居民调研报告,通过走访商铺等形式,询问并记录下社区居民的工作生活状况。 　　走访家庭。团队成员与儿童和家长交谈融洽,深入透彻地了解留守家庭面临的实际问题。 　　防诈骗教育。走进"留守老人+儿童"的家庭,关注老人孩子网络使用情况,引导留守"一老一小"们驻足健康和谐安全的网络环境,增强其抵御网络诈骗、识骗防骗的能力。志愿者还制作了"反诈普法手册"进行发放宣传,传授几项预防网络诈骗的措施,让小朋友们自小就能养成时刻提防诈骗的意识,也进一步扩大反诈宣传覆盖面,增强社区居民的防骗意识。 　　关爱老人。本地志愿者通过家乡话和社区老人们进行沟通,了解他们的日常生活习惯,询问他们的现实需求。关爱留守老人的身体健康,志愿者们为老人晾晒床单,清扫屋内高处积灰,清除院中杂草,改善老人的生活居住环境,提升老年人的生活幸福感。
活动图片	

活动时间	2023 年 6 月 28 日
活动地点	连云港市灌云县伊山镇青龙社区
参与人员名单	宋玉、史安琪、陈美君、司念、温友恒、徐成志、谢绮林、高姗姗、陈点点、朱鑫悦、马月轩
活动内容	活动主题：弘扬传统文化 语言活动。以小暑和大暑为节点，讲解二十四节气的相关知识，感受传统文化的博大精深。 音乐活动。学习二十四节气《节气歌》。 绘画活动。在了解完二十四节气之后，志愿者带着小朋友一起制作他们喜欢的节气团扇，在制作过程中发现，小朋友们都对色彩有独特的见解，并且有着自己独特的想象力。 语言活动。讲授国学经典，弘扬传统文化。学习《弟子规》，让孩子们全方面了解"孝"的含义；带领小朋友们感受三字一句、朗朗上口的《三字经》；引导小朋友身临其境、角色代入演绎"孟母三迁"等典故。 舞蹈活动。志愿者以舒缓的节拍、熟稔的动作锻炼孩子们的肢体灵活性与协调性，达到强身健体、修养身心的效果。 书法活动。一笔一画，横平竖直，志愿者带孩子们走入书法的世界，让幼小孩童对书法知识有一个懵懂的体验。
活动图片	

第十一章　百年师范"智贤教育思想"传承

活动时间	2023 年 6 月 29 日
活动地点	连云港市灌云县伊山镇青龙社区
参与人员名单	宋玉、史安琪、陈美君、司念、温友恒、徐成志、谢绮林、高姗姗、陈点点、朱鑫悦、马月轩
活动内容	活动主题：学雷锋，做精神明亮的人 观影活动。一起观看爱国短片，根据短片的部分片段进行角色扮演，开展生动的党史爱国沉浸式教育。 寻找身边的榜样。带领儿童开展志愿服务活动，帮助身边的人和事。开展"青少年服务幼儿"的志愿模式，打造同龄群体之间志愿行为示范和志愿精神传播的场景，从志愿服务启蒙和志愿行为榜样示范两个视角，调动青少年参与志愿服务的积极性。 社会活动。开展"小分队红色寻访"活动，不同地点的小分队成员探访当地红色人物、红色记忆。 故事讲述。先带领孩子们一起走近雷锋叔叔，了解雷锋事迹和雷锋精神。红色探访结束后，所有的小朋友们要进行展示汇报，讲述自己探寻的红色人物，找出这些人物身上的闪光点。
活动图片	

活动时间	2023 年 6 月 30 日
活动地点	连云港市灌云县伊山镇青龙社区
参与人员名单	宋玉、史安琪、陈美君、司念、温友恒、徐成志、谢绮林、高姗姗、陈点点、朱鑫悦、马月轩
活动内容	活动主题："感党恩·庆七一'花圃党课'说" "'花圃党课'说"活动。为庆祝七一建党节的到来，教育引导广大青年坚定感党恩、听党话、跟党走的理想信念，推出"花圃党课"模式，将小小花圃庭院打造成学习园地，在花圃中传递党的好声音，让党的二十大精神深入社区，深入留守儿童，持续走深走实。活动邀请到灌云县伊山镇关工委常务副主任黄德才为学生党支部入党积极分子、预备党员以及社区留守儿童们上了一场特殊的党课。他声情并茂地讲述了"小小红船"的故事，展现了一位有担当的老共产党员的光辉形象。黄主任结合自身实际，从生活中、工作中的小事说起，用生动鲜活的语言向大家讲述如何做好一名共产党员。 "小小红星闪闪亮"——红色基因传承之旅。学生党支部预备党员董雪凡为社区留守儿童们讲述了长征途中红军战士一路披荆斩棘的经历，分享了《七根火柴》的故事。让孩子们初步了解了红军革命的历史，缅怀先烈的同时，激发出他们的爱国主义情感。 合唱红歌。志愿者和社区留守儿童一起学习演唱了《红星闪闪》，让红星闪闪暖胸怀，让红星闪闪传万代，祝福伟大的中国共产党，生日快乐！
活动图片	

第十一章 百年师范"智贤教育思想"传承

活动时间	2023年7月1日
活动地点	连云港市灌云县伊山镇青龙社区
参与人员名单	宋玉、史安琪、陈美君、司念、温友恒、徐成志、谢绮林、高姗姗、陈点点、朱鑫悦、马月轩
活动内容	活动主题:"博爱港城·垃圾巧分类"小课堂 　　大手牵小手,垃圾大作战。绿色的环境有利于幼儿身心的健康发展,保护环境,人人有责。志愿者们通过图片展示告诉小朋友们日常生活中垃圾的来源,普及什么是垃圾以及如何进行垃圾分类。通过此次的教学和实践活动让留守儿童了解垃圾分类的知识,养成垃圾分类的良好习惯,能够通过实际行动达到保护环境的目的。 　　实践小课堂。为了加深对垃圾分类的了解,志愿者们准备自制的"垃圾桶"和各种垃圾小卡片,让小朋友们尝试按标志给垃圾进行分类。实践课堂上,通过游戏和贴标签的方式,四位志愿者分别扮演一种"生活垃圾站"——可回收垃圾站、有害垃圾站、厨余垃圾站和其他垃圾站,让小朋友通过寻找正确分类的方式进行粘贴。志愿者活灵活现的表演激发了留守儿童的求知欲:"老师,树叶是什么垃圾?""老师,鱼骨头是什么垃圾?"个别小朋友在有分类错误的情况下,通过志愿者们的引导,也能及时地将垃圾摆放到正确的位置,学会了如何投递生活垃圾。
活动图片	

活动时间	2023年7月2日
活动地点	连云港市灌云县伊山镇青龙社区
参与人员名单	宋玉、史安琪、陈美君、司念、温友恒、徐成志、谢绮林、高姗姗、陈点点、朱鑫悦、马月轩
活动内容	活动主题:"劳动一夏'暑'你最美"劳动教育 　　爱心送凉茶。在这个酷暑难耐的夏季,为了让留守儿童感受户外工作者的辛苦,加强社区居民的精神文明建设和物质文明建设,志愿者带领留守儿童上街为户外工作者送上一杯爱心凉茶,定格暖心瞬间。此项活动也让留守儿童产生了浓厚的兴趣,他们为默默坚守在岗位的环卫工人、维修师傅等户外工作人员递上爱心凉茶,让他们感受到夏日的清凉和温情,孩子们得到了声声赞美,从而体会到了工作的辛苦和关爱的幸福。 　　语言活动。以"做家务"为主题进行劳动教育,通过动画视频了解种植粮食的辛苦。 　　实践活动。志愿者和孩子们一起吃午饭,以身示范,教导他们吃饭不浪费,向"舌尖上的浪费"说"不"。 　　舞蹈活动。志愿者教导手势舞《劳动歌》,开展舞蹈互动,我劳动我快乐。 　　素质拓展活动。组织大手拉小手的小小运动会比赛,开展"心有千千结""坐地起身""趣味拔河"等系列活动,加强孩子彼此之间的沟通,形成优秀的团队合作精神,增强儿童心理素养。
活动图片	

第十一章 百年师范"智贤教育思想"传承

活动时间	2023 年 7 月 3 日
活动地点	连云港市灌云县伊山镇青龙社区、河南省驻马店市上蔡县邵店镇王营村中华红丝带家园
参与人员名单	宋玉、史安琪、陈美君、司念、温友恒、徐成志、谢绮林、高姗姗、陈点点、朱鑫悦、马月轩、侯星宇、屈怡雯、陈美君、梁国勃、杨静月、钟欣宇
活动内容	活动主题：红十字"救"在身边 　　语言活动。认识红十字，开展红十字运动、红十字知识、红十字精神、红十字标志等知识教育。为了检验孩子们对知识的掌握程度、增强课程的趣味性，设计问答环节，给答对问题的孩子们奖励小礼品。 　　急救常识小课堂。留守儿童和致孤儿童在心理健康、身心健康以及安全意识等方面长期缺乏关注，为进一步保障儿童健康成长，筑建安全防火墙，志愿者们开展"海姆立克急救法"和"心肺复苏"普及教育。志愿者对案例进行分析，通过图文并茂和视频案例的形式为儿童讲解"海姆立克急救法"和"心肺复苏"的急救知识，更直观地了解掌握急救措施的重要性。 　　情景模拟。通过亲身示范，以简单易懂的方式向小朋友们讲解校园安全、交通安全、饮食安全、消防安全等方面相关知识，帮助小朋友们了解自我保护常识，切实增强安全意识。 　　实战演练。志愿者们现场进行"海姆立克急救法"和"心肺复苏"操练，强调操作流程中的重要细节，以防操作不当对儿童进行二次伤害。志愿者手把手教学，孩子们踊跃上台操练。
活动图片	

活动时间	2023年7月4日
活动地点	连云港市灌云县伊山镇青龙社区、河南省驻马店市上蔡县邵店镇王营村中华红丝带家园
参与人员名单	韩苏、高姗姗、陈点点、陶姿旭、刘甜甜、徐赐锦、方鑫彤、赵艺萱、刘畅、何秋林、谷越、钱沛瑜、侯星宇、屈怡雯、陈美君、梁国勖、钟欣宇
活动内容	活动主题：我心目中的家——"我爱祖国"感恩主题教育 　　为了给留守儿童送去温暖与关爱，在他们的成长路上增添一些烂漫的色彩，让他们都可以在祖国的怀抱里健康茁壮地长大，志愿者们开展"我心目中的家——我爱祖国"感恩主题教育创意手工活动。 　　讲解准备。志愿者以讲述"七七事变"为本次课程的开端，用历史告诉孩子们要树立远大理想，报效伟大祖国，树立感恩意识。随后，志愿者们帮助孩子准备相应的工具和材料，引导孩子用手中的褶皱纸做出想要送给祖国母亲的图案，图案内容可以是爱心、飞船、鲜花等等，并在作品旁写下对祖国母亲的祝福。 　　手工制作。志愿者们在旁辅助，及时解答孩子们提出的问题。在充实有趣的手工制作过程中，留守儿童收获了满满的快乐与喜悦，并且对祖国的历史有了进一步的了解，对未来有了更多的期待与盼望。 　　放声歌唱。孩子们拿着制作好的创意画和自己合影，脸上露出开心的笑容。志愿者和留守儿童一起合唱《我爱你中国》，祝福我们伟大的祖国繁荣昌盛、国泰民安。
活动图片	

第十一章 百年师范"智贤教育思想"传承

活动时间	2023年7月5日
活动地点	连云港市灌云县伊山镇青龙社区、河南省驻马店市上蔡县邵店镇王营村中华红丝带家园
参与人员名单	韩苏、高姗姗、陈点点、陶姿旭、刘甜甜、徐赐锦、方鑫彤、赵艺萱、刘畅、何秋林、谷越、钱沛瑜、侯星宇、屈怡雯、陈美君、梁国勃、杨静月、钟欣宇
活动内容	活动主题：防溺水大作战 　　夏天是溺水的高发期，为了让留守儿童掌握防溺水安全的有关内容，帮助每一个小朋友提高安全意识，志愿者们开展'防溺水'知识普及小课堂，把防溺水安全知识普及课堂开到留守儿童的"家门口"。 　　河南籍学生与江苏志愿服务同频共振，志愿者在上蔡县邵店镇王营村蔡明园为孩子们开展一场"防溺水"知识普及小课堂，使致孤儿童了解了生命的来之不易，感悟生命的可贵，培养了他们掌握安全技能、提升安全防范意识的能力。 　　案例讲解。为了上好这节"防溺水"必修课，志愿者通过课程讲解、视频案例让留守儿童了解溺水伤亡的惨痛悲剧。 　　实践操作。志愿者还准备了救生圈，多措并举，对留守儿童在如何自救、施救方法等方面进行了讲解，志愿者也提醒小朋友们不要盲目施救。
活动图片	

活动时间	2023年7月6日
活动地点	连云港市灌云县伊山镇青龙社区、河南省驻马店市上蔡县邵店镇王营村中华红丝带家园
参与人员名单	韩苏、高姗姗、陈点点、陶姿旭、刘甜甜、徐赐锦、方鑫彤、赵艺萱、刘畅、何秋林、谷越、钱沛瑜、侯星宇、屈怡雯、陈美君、梁国勃、杨静月、钟欣宇
活动内容	活动主题：童心向党，培育信仰 户外活动。志愿者们带领孩子们一起升旗，举行升旗仪式。 音乐活动。带领孩子们唱《我爱我的国》《红星闪闪》。 语言活动。带领孩子们朗读《我是中国人》，教他们学习经典古诗词。 舞蹈活动。以学习百年团史手势舞为中心，学习"五讲四美三热爱"，鼓励小学"红领巾"讲团史，追寻信仰之光，传承红色基因。 手工活动，巧手童心。为了给留守儿童送去温暖与关爱，让他们可以在祖国的怀抱中茁壮成长，举行以"童心向党"为主题的手工绘画课，让孩子们以黏土为原料，描绘自己心中对党对祖国的满腔热爱。孩子们都对粘贴画非常感兴趣，他们都有自己独特的想象，每个人的理解都不同，志愿者们在旁边陪伴着孩子们。 爱国主义教育课。志愿者们介绍建军节、建党节、国庆节等节日以及少先队、共青团、共产党的相关知识。给小学生发放红领巾，带他们重温入队仪式，志愿者和小朋友互相行队礼，让他们从小就在心中植下一颗爱党爱国的种子，厚植爱国主义情怀。 社会活动。带领孩子们结对到社区、到广场讲英雄青少年的故事，如机智勇敢的放牛娃王小二、抗日小英雄张嘎、送鸡毛信的12岁海娃、英勇不屈的抗日英雄刘胡兰等。
活动图片	

第十一章　百年师范"智贤教育思想"传承

活动时间	2023年7月7日
活动地点	连云港市灌云县伊山镇青龙社区
参与人员名单	韩苏、高姗姗、陶姿旭、刘甜甜、徐赐锦、方鑫彤、赵艺萱、刘畅、何秋林、谷越、钱沛瑜
活动内容	活动主题：情系留守儿童，爱在幸福港城——留守儿童家访活动 　　为持续关注乡村留守儿童及困境儿童的教育和他们的身心健康，志愿者们走进灌云县伊山镇青龙社区，开展"情系留守儿童，爱在幸福港城"关爱留守儿童家访活动。 　　准备爱心助学礼包。在活动出征前，志愿者们通过自发募捐的形式等得经费为小珊家庭和小宁家庭准备了生活物资和爱心助学礼包。志愿者发挥学前教育专业优势，在助学礼包上亲手绘制图案并附一句阳光格言，激励孩子们勇敢、积极地生活。 　　课业辅导。孩子们刚开始有些腼腆和抗拒，志愿者详细介绍了本次活动的课程安排，并热情地邀请他们积极地参与到本次的活动当中。孩子们从最开始的抗拒到慢慢接受、点头。孩子们殷切的眼神也让志愿者们明白了此次活动的意义，并更加坚定了持续关注留守儿童的信念。 　　留守儿童家访。在给孩子们进行完课业辅导后，志愿者们护送他们回家，与家长进行交流沟通，并送去了生活物资和文具。通过家访，志愿者们对留守儿童家庭情况有了更深层的了解，有助于更好地开展志愿活动。一句句话语、一个个文具饱含着志愿者殷切的祝福和浓厚的寄托。
活动图片	

活动时间	2023年7月8日
活动地点	河南省驻马店市上蔡县邵店镇王营村中华红丝带家园
参与人员名单	侯星宇、屈怡雯、陈美君、梁国勋、杨静月、钟欣宇
活动内容	活动主题：飘扬童趣 放飞梦想 语言活动。面对红丝带温馨家园里的致孤儿童，志愿者为了让孩子们多多表达自己，和孩子们一起交流梦想，让孩子们大胆地将自己的梦想说出来。 绘画活动。让孩子们拿起画笔，将奇思妙想描绘在白纸上。 手工活动。开展了"画童心 放梦想"风筝制作活动和"纸飞机放飞梦想，图画绘出愿望"折纸飞机绘制活动。志愿者们为小朋友们准备了各色彩纸，依据小朋友们的喜好分好彩纸。孩子们在小老师的指导下，折好了各种款式的纸飞机，在上面画上喜欢的图案。小老师们给孩子们写上了寄语，希望孩子们茁壮成长。 户外活动。放飞纸飞机，放飞风筝，放飞对美好未来的期待，让致孤儿童弥补亲情缺失，快乐地成长。 集体阅读。为了给致孤儿童送去温暖与爱，志愿者在红丝带温馨家园中与孩子们度过了一段美好且安逸的时光。孩子们对外面的世界都很好奇，听着书本里的故事，总会有十万个为什么，志愿者们凭借着自己已有的知识，来解答孩子们的各种问题，同时也不忘激励他们好好学习。
活动图片	

第十一章 百年师范"智贤教育思想"传承

活动时间	2023年7月9日
活动地点	河南省驻马店市上蔡县邵店镇王营村中华红丝带家园
参与人员名单	侯星宇、屈怡雯、陈美君、梁国勋、杨静月、钟欣宇
活动内容	活动主题:"夏日浇灌 点缀心灵"心理健康教育 观影活动。陪伴孩子们一起观看电影《心灵奇旅》。 主题阅读沙龙。志愿者带领孩子阅读绘本《我的情绪小怪兽》和《神奇的色彩女王》,让孩子们了解并学会调整自己的情绪,对情绪的敏感度逐渐加强,引导孩子们树立正确的价值观。 绘画活动。让孩子们拿起彩笔来描绘今天的心情,用不同颜色来表达喜悦、愤怒、哀伤、害怕等情绪,一起做色彩的主人,更要做自己情绪的主人。 手工活动。除了让孩子们了解书本上的知识,我们还为孩子们准备积木,来发挥他们的想象力,通过自己的双手来拼凑自己所想象的事物。 团辅游戏。开展了"数字炸弹""击鼓传花""你画我猜""看这边"等有趣的团辅游戏,活跃气氛,增进志愿者与留守儿童之间的关系。 体能活动。玩指压板游戏,让孩子们释放自己,更好地感受运动的乐趣以及各种新鲜事物。
活动图片	

活动时间	2023 年 7 月 10 日
活动地点	河南省驻马店市上蔡县邵店镇王营村中华红丝带家园
参与人员名单	侯星宇、屈怡雯、陈美君、梁国勋、杨静月、钟欣宇
活动内容	活动主题:"青春新 young 本·点亮留守梦"——关爱留守儿童志愿服务活动 　　结对帮扶。制作"爱心联络卡",通过交换结对卡的形式,互留双方联系方式,后续为他们解决一些生活困难、情感烦恼。 　　社会活动。带领孩子们外出,到广场上一起唱红歌、录制快闪,表达对祖国的热爱以及对社会的感恩。 　　手工活动。为每个孩子拍摄一组照片,记录炎炎夏日的美好时光,和孩子们一起制作相册。 　　集体生日联谊会。"童年有爱 成长有伴",致孤儿童的童年难免孤单,志愿者们为他们庆祝生日,共唱生日歌,让他们体验到被关心、被温暖的感觉。 　　开展"实现微心愿"活动。向致孤儿童发放明信片,引导他们写上未来的心愿。
活动图片	

（8）智贤实践小分队志愿者感言

姓名	志愿者感言
宋玉	为期十五天的支教，虽短，但我的感触颇多。在支教过程中我遇见新朋友，互帮互助，攻克难关；我遇见一群孩子，与他们共同进步；我遇见新的自己，超越自我，永无止境。 第一次体验备课，我是慌乱的；第一次尝试讲课，我是紧张的。但在这样的过程中毫无疑问我是愉悦的。一点一点细致地查找资料，在脑海里模拟讲课时的情景，预判各种的突发情况和应对措施，孩子的反应会是怎样的？我讲的这个点会不会不容易理解？有没有更有趣的办法来描述这个点？我会一遍遍地询问自己这些问题，不断地推倒重来以求完美。 从开始到结束，我和我的同伴们一路坚持了下来，在欢笑和辛苦中我们细细品味着这一份特殊的收获；走出校园，来到农村，再回到校园，无论是我们的想法观念，还是自身行动能力都有了明显的变化，经过亲身体验，我们不仅把更多有趣的知识带到了灌云县伊山镇的小课堂，更是在每个实际的备课、课堂、课后等教学环境中去不断实践和提升自己，同时也在思想上去重新审视自我。这次的支教同样给我的人生上了重要的一课，这笔宝贵的财富会值得我们用一生去体悟和学习。向未来张望时光，也许孤独而漫长，希望努力过后都是晴朗，尽管走，走到灯火通明，走到春暖花开，走到苦尽甘来。
高姗姗	时光荏苒，岁月如梭。不等我细细整理，一周的支教生活早已从指缝中溜走。转过头回望一下，这一周的支教生活中，有成功，有失败，有过快乐，也有过辛酸。但这都不重要，重要的是这段时光是我最值得回忆和珍惜的。在过去的时间里，我学到很多，感受很多，领悟很多。 首先，在实习过程中，真正的付出之后实现了自我的价值，也认识到一次的支教仅仅是职责感的体现并非职责感的实现，要真正地实现我们的社会职责，需要更多的人一起努力，需要更多的人前赴后继来到这里，将支教事业传递下去，将爱心留存下去，需要我们整个社会的共同努力，才能够聚沙成塔，集腋成裘，才能够真正地帮忙到他们。 其次，在这一周的支教中我们开展了很多主题活动，比如爱国主题粘贴画，防溺水主题宣讲，我心目中的国家主题画以及我爱我的祖国合唱活动。孩子们也从刚开始的谨慎羞涩，变得礼貌胆大。孩子们点点滴滴的改变，我们都记在心头，因为这些都是我们努力付出的回报。看着孩子们的进步，我们欣慰自己的付出实现了价值。
陈点点	2023年的暑假，是我第二次参加大学生暑假支教活动。在这期间，我感受到了同一地区不同社区的志愿群体的默默付出。7月6日，我们为期一周的支教生活正式结束。 短短的一周时间，我不知道我给小朋友们带去了什么，但我成长了很多，也收获了许多。短短一周时间的集体生活教会了我很多很多。当不同地域和性格的人碰撞在一起之后，没有不和谐，虽然避免不了会有思想上的不同，但更多的是相互的帮助。在大家一起用心维护的这个小家里，我感觉到的是浓浓的感情，相互间的包容与扶助。 在与小朋友的相处中，我体会到了教师的意义。从我们第一次接触这群小朋友到后来的相互熟悉，从第一次的好奇到后来的改变，每一次小朋友带来的变化都令我惊喜。我望着这一张张天真可爱的笑脸，心里十分欢喜，真心爱上了他们。每天放学后回到家，虽然身体很疲惫，但内心却很充实。 在一周的支教生活已经结束时，我不得不向小朋友们说声再见。这次的支教很匆忙，但我对自己，对老师这个职业，有了更加深刻的认识。活动室里那一张张洋溢着热情的笑脸让我体会到了什么是责任，什么是希望。他们活泼开朗，用他们独有的天真，无畏地挥洒着青春与活力。这次经历将是我人生道路上最值得珍藏的回忆！ 我很荣幸得到这次去社区支教的机会，它不仅给了我一个锻炼的舞台，还让我能够结识这么多可爱的孩子。虽然我做得不够好，但我会总结经验教训。我爱那些调皮又可爱的小朋友们，他们坚韧，独立，又懂事得让人心疼，希望还能有机会走近他们。

续表

姓 名	志愿者感言
杨静月	7月6日到7月10日我们河南支教小分队顺利完成了2023暑期支教任务。在7月5日，开展了蔡明园防溺水宣传活动。接着几天，先后开展了红丝带温馨家园致孤儿童志愿活动、"用心实现陪伴，关爱孤寡老人"的敬老实践活动、"积木筑亲情，阅读心连心"的亲情桥积木搭建和幼儿绘本阅读活动。大家在志愿活动中发挥各自所长，听取并记录了当地的具体要求，并拍摄大量照片进行总结。每个人都得到了成长。 为期六天的志愿服务活动，大家深切地感受到了此次活动的重要意义。我们希望志愿服务的意义不仅停留在服务，而是真正地为小朋友，为老人，为每一个家庭带来益处。我们不但了解了当地的风土人情，而且心灵也得到了启迪，为今后的学前教育专业发展打下基础。
徐赐锦	2023年7月，我参加了"青春新Young本·点亮留守梦"——关爱留守儿童志愿服务活动。第一次作为一名支教的志愿者，让我有幸以一名老师的身份去接触这些孩子。这次不一样的经历，给了我不一样的感慨。 通过和社区负责人的交谈，我了解到了留守儿童的真实情况和实际需求。他们的生活并不像我们一样过得如此美好，在许多地方都存在着困难。在那里我见到了贫困家庭有多么艰苦，无论是在网上还是电视上看到多少都不会比亲眼所见更有感触。只有自己亲身体会到了才能更加懂得对生活对生命的珍惜，才能明白有种幸福叫做知足。 在那里我们给孩子们进行课业的辅导，负责孩子们的接送，与家长进行交流沟通……同时我们也开展了儿童防溺水知识普及活动、我爱祖国手工制作等活动。 这次活动使我体验了人生，提高了自我，给了我一份难忘的记忆。希望我们给予孩子们的关爱，能让他们在艰苦和压力的环境中感受到温暖，同时也希望他们的生活能越来越好。
胡倚菲	短期支教能开拓学生视野、带给孩子们新的课堂模式，但它更像是一次假期实践，主要受益人还是本人。在大二暑假这一年，我们志愿者怀着激动又忐忑的心情，来到了服务社区，在工作人员的带领下，进行了社区调研，了解社区居民们的需求和留守儿童的真实情况。 第一次的支教活动带给我的更多是惊喜和考验。惊喜的是社区小朋友在我们开展活动时特别配合，而且积极参与其中，考验的是这也是我第一次参加支教活动，对于其中的项目比较生疏，但是在队长的带领下，我们也顺利地开展了一系列的活动。 此次志愿服务也为我们提供了一个认识、了解社会，提升技能，完善自我的机会，为留守儿童传递来自党和社会大家庭的关心关爱。让我们一起为留守儿童撑起一片爱的天空，守护他们健康成长。
屈怡雯	"恰同学少年，风华正茂。"人们总希望在老来时忆起青春年少，是丰富多彩的，是五彩斑斓的，亦是刻骨铭心的。作为一名新时代青年大学生，于我而言，志愿服务在我的人生中留下了浓墨重彩的一笔。 很荣幸能够参加本年度博爱青春暑期支教项目，感谢学院给了我们一个锻炼和学习的舞台和机会，借此开阔了我们的眼界，丰富了我们的内心世界，在净化心灵的同时感受到了奉献带来的快乐与满足感。回想起支教的点点滴滴，无论过多久，孩子们的笑容与情态在脑海里清晰如同昨日。 当我们的一个笑容、一个手势或是一个拥抱等一个个小小的举动，都能给孩子们带来力量与帮助的时候，我们的心在那一刻也被孩子们注入了一股无形的力量，被他们可爱的举动所治愈，冲走了一天的忧愁与疲惫。 当今社会对新时代大学生青年所赋予的期待与厚望不断提高，这也对我们自身素质与能力的培养提出了要求。人们常说："被需要也是一种幸福。"我深知，要做一名出色的志愿者需要在各个方面严格要求自己，全身心地投入社会实践中，把志愿服务变成自己的生活内容，深入基层，扎根基层，微笑面对他人，用爱回馈社会，尽自己最大的努力为新时代中国特色社会主义文明社会的建设奉献一份自己的力量！

续表

姓 名	志 愿 者 感 言
董雪凡	本次支教活动的重点是关爱留守儿童,年幼的他们缺少父母的关爱,从小与老一辈的爷爷奶奶或外公外婆生活在一起,给他们那幼小的心灵造成了很大的心灵创伤。而作为新一代年轻的我们,他们眼里的大哥哥、大姐姐们,理所应当尽自己所能,给予他们帮助。我们少玩几次游戏、少逛一次街,也许就能给他们多买一件新衣服,多买一个文具盒,用我们的关爱填补他们内心缺失的爱。 在整个过程中,我锻炼的不仅是观察能力,还有设身处地的思考能力。素质拓展课上,更多培养的是耐心,也许会有调皮的学生,也许会有一直理解不了游戏规则的学生,还有一些求胜心切无意中违反了规则的学生,这一切都要靠耐心去引导,去讲解,去改正。这次的活动,对于我个人而言,是一次极大的反思,让我有机会认清自己的不足。同时,能看到学生们在欢笑中有所收获,我已觉得不虚此行。
史安琪	支教是一种成长,让懵懂的小老师们和可爱的同学们共同成长、有所收获。这是我第二年参加支教活动了,我对支教活动仍然充满热情和希望,我尽我自己最大的努力和方法为同学们展现出自己最好的教学。 2023年6月26日我们来到了灌云县伊山镇居委会,在这里展开了此次的支教活动。在这个民风淳朴的小镇上,我感受到了村民们的淳朴、友好、大方。美好的时光总是短暂的,在我们离开之后,虽然我们不再做他们的老师,但我相信我们教给他们的知识和技能,会让他们在以后的日子里更好地运用在他们的学习和生活当中。不管有多么的不舍,我们总要回到自己的生活当中,来继续完成自己的学业。只不过,经历了这次的活动,我对老师这个职业的理解更加深刻。 通过这次支教,我学到了很多,也明白了很多。这是一个很好的能够锻炼自己的机会,我很荣幸可以获得此次机会。人的一生要走过很多地方,每个地方都有爱,每个足迹都是美好的回忆。短短几天的支教结束了,我很感谢和我一起工作的同事,希望你们以后可以传播更多的爱。感谢每一个认真听我讲课的同学,希望你们在未来的日子里可以闪闪发光!
陈美君	这个世界的美好,背后总是有很多人在默默地守护。在西北苦寒的边境,年轻的巡逻战士们顶着风雪守护祖国疆界;在西南泥泞陡峭的山沟里,奉献的老师们攀山越岭为孩子们带去成长的知识。为期十多天的支教志愿活动早已落下帷幕,回想起那些时光的点点滴滴,我感悟了很多,收获了很多,锻炼了很多,也成长了很多…… 一开始选择进入师范院校将来去当老师,或许是听从父母的建议,抑或是觉得教师这一行业更适合自己,其实对自己对未来并没有很清晰的计划目标。本次支教服务,使我对教师这个职业有了不一样的体验和感悟。我觉得这次把握了这种为数不多的支教活动机会是非常正确的选择。

结 语

朱智贤先生无疑是我国现代最著名的教育家之一。1928年从师范学校毕业后，勤奋和天赋使他从此踏上了教育家的道路。他具有深厚的马克思主义教育理论基础，在长期的教育实践中积累了丰富的经验，提炼了一些富有创造性的思想见解，内容涉及教育本质、儿童教育、师范教育、民众教育等诸方面。"百年教书育人春风桃李满天下，毕生勤苦治学成果丰硕遍寰中"是对其一生最好的写照。在62年的教育和学术生涯中，朱智贤经历了近30年的动乱岁月，可谓道路坎坷。但是，他始终信念坚定，毕生致力于他所钟爱的教育事业，努力探索发展教育和教育兴国之路，特别是为创建新中国的教育体系和教育思想，初步建立具有中国特色的社会主义教育学说做出了突出贡献，发挥了重要作用。探索和研究朱智贤教育思想的精髓，既具有学术价值又具有现实意义。

就学术价值而言，学术界对朱智贤的研究主要集中在他的心理学成就方面，而对其教育思想的研究还相当薄弱。本书通过对朱智贤教育实践活动的梳理，通过对其教育思想主要内容、显著特点的分析研究，比较全面地反映出他为我国现代教育发展所作出的突出贡献。同时，也期望引起学术界对朱智贤教育思想研究的重视，为进一步深入、系统地研究朱智贤奠定基础。

此外，研究朱智贤教育思想，能加深对我国现代教育发展轨迹的了解，对解决当代教育改革和发展过程中存在的突出问题，比如超前教育、重智轻德、学生课业负担沉重、师范教育缺乏职业特点等具有一定的现实意义。朱智贤提出的正确处理教育与儿童年龄特征的关系、儿童品德教育要遵循儿童心理发展规律、早期教育要贯彻德智体全面发展的方针、师范教育关系国家民族前途、教育应该为最广大的人民群众服务、教育科学研究应结合我国实际走自己的道路等教育理念，能够为我国的教育改革和发展提供一定的决策依据。

附录

朱智贤重要事件年表

1908 年
12 月出身于江苏省赣榆县城一个城市贫民家庭。

1914 年　6 岁
进赣榆县城初等小学读书。

1918 年　10 岁
进县城高等小学读书。

1923 年　15 岁
考入江苏第八师范学校（在灌云县）读书。

1928 年　20 岁
师范毕业后留在母校附属小学任教师兼儿童自治指导主任。写作出版了《儿童自治概论》（中华书局）、《小学课程研究》（商务印书馆）、《小学历史科教学法》（商务印书馆）等书，以及《儿童字典的研究》等文。

1930 年　22 岁
被师范学校保送到南京中央大学教育系学习。出版《教育研究法》（正中书局），《儿童教养之实际》（开华书局）、《小学学生出席与缺席问题》（商务印书馆）、《小学行政新论》（儿童书局）等。

1934 年　26 岁
被聘为厦门集美师范学校研究部主任。主编《初等教育界》《儿童导师》两种儿童教育刊物。

1935 年　27 岁
到山东济南任省立民众教育馆编辑部主任，主编《山东民众教育月刊》《小学与社会》《民众教育副刊》三种刊物，并写了《民众学校实施法》《通俗讲演实施法》等书。

1936 年　28 岁
进日本东京帝国大学文学部大学院教育学研究室做研究员。翻译了野上俊夫的《青年心理与教育》（商务印书馆），编写了《小学研究工作实施法》（商务印书馆）等书。

1937 年　29 岁
抗日战争全面爆发后，从日本回国。

1938 年　30 岁

到桂林江苏教育学院任教授，写作《一个教育定义的商榷》《理学上三个行为公式之批评》《论人性的改造问题》《研究心理学的方法》等。

1941 年　33 岁

被国民党反动派无理解聘。失业半年。后到四川教育学院任教授。

1943 年　35 岁

先到国立社会教育学院，后到广东中山大学任教授。

1947 年　39 岁

被中山大学反动当局无理解聘。在广州处境危险，转到香港达德学院任教授兼教务长，同时兼任生活教育社主办的中业学院院长。

1949 年　41 岁

北平解放。受命参加"中华全国教育工作者协会"的筹备工作（后停止筹备）。不久，到华北人民政府教育部"教科书编审委员会"工作。10 月，中央人民政府成立，改任中央出版总署编审局副处长兼教育组组长。写了《论新民主主义教育》一书，由文光书店出版。

1950 年　42 年

任人民教育出版社副总编辑。

1951 年　43 岁

到北京师范大学教育系任教授，并兼任儿童心理学教研室主任、心理教研室副主任等职。写了《儿童心理的发展》等论文在《心理学报》等刊物上发表。

1956 年　48 岁

参加我国十二年科学远景规划的拟定工作，写了《批判实用主义者杜威在心理学方面的反动观点》（人民教育出版社）等书。

1962 年　54 岁

参加全国文科教材会议，编写了高等师范院校和综合大学用的《儿童心理学》教科书。

1966 年　58 岁

"文化大革命"开始，被当作资产阶级反动学术权威遭到批判。

1978 年　70 岁

写了《皮亚杰儿童思维心理学评价》《儿童心理学研究中的若干基本问题》（1978 年全国心理学会年会报告）等论文。

1979 年　71 岁

加入中国共产党。

1981 年　73 岁

北京师范大学建立心理学系后,改任心理学系学术委员会主任兼副系主任。应邀参加美国儿童发展会议,并参观访问了九所大学的心理学系或儿童发展中心。写了《美国儿童发展心理学考察散记》《当前儿童心理学的进展》《小学生字词概念发展的研究》《儿童发展心理学问题》等文章与专著。担任了中国教育学会副会长、中国心理学会常务理事、北京心理学会顾问、中国科学院心理研究所学术委员、北京师范大学校学术委员会(文科)副主任、中国大百科全书心理学卷"发展心理"分卷主编、《心理学报》编委、北京市家庭教育研究会顾问、北京市幼儿教育研究会顾问等社会职务。

1982 年　74 岁

和林巧稚、叶恭绍等共同主编《家庭育儿百科全书》,并获得全国优秀科技图书二等奖。

1983 年　75 岁

为我国培养出第一位教育学博士林崇德。

1984 年　76 岁

和林崇德博士共同写成心理学专著《思维发展心理学》,1986 年出版,1990 年获国家教委颁发的首届教育科学优秀成果一等奖。

1985 年　77 岁

任中国教育学会职业教育访日团团长访问了日本,为祖国赢得了荣誉。

1986 年　78 岁

领衔主编我国第一部大型综合性心理学工具书《心理学大词典》,1990 年出版,该书同年被评为第四届中国图书奖一等奖,1991 年在北京市第二届哲学社会科学优秀成果评奖活动中荣获特等奖。

1986 年被评为北京市高教系统教书育人先进工作者。

1987 年　79 岁

所著《儿童心理学》获得全国高等学校优秀教材奖。与林崇德合著《儿童心理学史》(北京师范大学出版社),第二年正式出版。

1988 年　80 岁

主编《中国儿童青少年心理发展与教育》(中国卓越出版社),被誉为"心理学研究中国化"的典型。

1989 年　81 岁

被评为全国优秀教师并获优秀教师奖章。所著《儿童心理学》获全国优秀教育理论著作荣誉奖。

1990 年　82 岁

由朱智贤领衔的北京师范大学发展心理学博士点被国务院学位委员会北京市专家检查组誉为达到国际水平。

1991 年　83 岁

《发展心理学的研究类型》一文发表在《北京师范大学学报》1991 年第 1 期上。

《朱智贤心理学文选》被评为"光明杯"社科优秀图书荣誉奖。

3 月 5 日在北京与世长辞。

5 月，他创建的儿童心理研究所在全国高校社科研究所评比中，获独立所第一名，总分（系所合一）第三名。

7 月获全国教育科学规划领导小组特发的荣誉证书。

11 月出版《发展心理学研究方法》（与林崇德、董奇、申继亮合著）。

朱智贤教育文献整理

1. 心理学、教育学专著

儿童心理学（师范院校、综合大学教科书）　人民教育出版社　1962、1979

儿童发展心理学问题　北京师范大学出版社　1982

儿童心理学教学参考资料（主编，共六个分册）　北京师范大学出版社

心理学（中等师范学校课本，合编）　人民教育出版社

教育学（中等师范学校课本，合编）　人民教育出版社

批判实用主义者杜威在心理学方面的反动观点　人民教育出版社　1956

论新民主主义教育　文光书店　1949

心理学的基本问题（编译）　中华书局　1961

2. 关于儿童心理学理论的论文

关于心理学的对象问题　《心理学报》1956年第1期

关于心理学对象的一些看法　《人民日报》1959年7月6日

关于人的心理的内部矛盾问题　《心理学报》1962年第1期

关于人的心理的阶级性问题　《心理学报》1959年第1期

马克思主义关于儿童心理发展的理论　《心理学报》1960年第2期

儿童心理的发展　《心理学报》1951年1期

有关儿童心理年龄特征的几个问题　《人民日报》1962年3月3日

有关儿童智力发展的几个问题　《北京师范大学学报》1981年第1期

儿童心理学研究中的若干基本问题　《北京师范大学学报》1979年第1期

70年代西方儿童心理学评述　《教育研究》1979年第1期

苏联儿童心理学的发展　《教育研究丛刊》1979年第1期

中国儿童教育心理学三十年　《教育研究》1979年第1期

美国儿童发展心理学考察散记　《北京师范大学学报》1982年第1期

当前儿童心理学的进展　《北京师范大学学报》1983年第1期

儿童心理规律与提高教学质量　《教育研究丛刊》1980年第1期

思维心理研究漫谈　《外国心理学》1982年第4期

皮亚杰儿童思维心理学评价　《北京师范大学学报》1980年第1期

皮亚杰的心理学思想　《教育研究丛刊》1980年第3期

批判杜威教育即生活的反动学说　《新建设》1956年第3期

3. 关于儿童心理学实验的研究

儿童左右概念发展的实验研究　《心理学报》1964 年第 3 期

七岁儿童某些能力的调查　《发展心理教育心理论文选》人民教育出版社

儿童掌握让步连接词的年龄特征　中国《心理学第一届学术年会资料》1963

小学生字词概念发展的研究　《心理科学通讯》1982 年第 3 期

小学生字同概念综合性归类的实验研究　《心理学报》1982 年第 3 期

小学生理解能力发展的研究　北京师大《心理学资料》

中学生心理特征资料的初步分析　北京师大《心理学资料》

4. 译著

心理学（苏联　斯米尔诺夫主编）（合译）人民教育出版社

心理学（苏联　查包洛塞兹）（合译）人民教育出版社

心理学（苏联　彼得罗夫斯基）（合译）人民教育出版社

普通心理学（苏联　彼得罗夫斯基主编）（合译）人民教育出版社

中小学学生心理学概论（苏联　沙尔达科夫）（合译）人民教育出版社

小学儿童心理学概念（苏联　沃罗基廷娜）（合译）人民教育出版社

实验心理学（美国　武德沃斯）（合译）科学出版社

发展心理学（美国　利伯特等）（合译）人民教育出版社

5. 科普读物

家庭育儿百科全书（主编）　北京出版社

其他短文散见《光明日报》《辅导员》杂志、《自然辩证法研究通讯》等报刊。

朱智贤学术思想评述

论朱智贤心理学思想

林崇德

今年9月1日,是我国著名心理学家、教育家朱智贤教授从事教育工作60周年,12月31日是他80寿辰。

作为在他身边工作的学生,我已收到了不少心理学界、教育界同行的来信,询问如何开展庆祝活动。我觉得,庆祝活动固然要搞,但更要紧的是应该对朱智贤教授的心理学思想开展一些必要的讨论。

记得1982年10月,杭州大学前校长陈立教授收到朱智贤教授(以下简称朱老)的《儿童发展心理学问题》一书后,给朱老来了一封热情洋溢的回信,信中有这么一段话:"解放后,心理学界能就一方面的问题,成一家之言者,实所少见。老兄苦心深思,用力之勤,卓著成果,可谓独树一帜。"

自那时在朱老处看了陈老的信以来,我一直在思考着这么一个问题:什么是朱老"独树一帜"的心理学思想?

从1983年起,朱老领导国内上百位心理学家承担了跨"六五""七五"规划的国家重点科研项目"中国儿童心理发展特点与教育"(这也是"六五"规划期间在国家重点科研项目中唯一的心理学课题)。在共同的科研工作中,不少心理学家向我作过建议:"朱老的心理学思想,构成一个独特的学术观点,我们应当建立自己的学派。"我翻阅了字典,没有找到"学派"一词的确切定义。但通过近年来与朱老合著《儿童心理学史》一书,从国外不同学派的形成和发展的过程中,使我认识到,学派者,是指同一学科中由于学说、观点不同而形成的派别。这又使我回想起陈老的"独树一帜"的评价,自然而然地使我思索着朱老与众不同的心理学的主张和见解。

朱老有其独特的儿童心理学、心理学的思想和观点。主要表现在以下四个方面:

一、用辩证唯物主义的观点探讨了儿童心理发展中关于先天与后天的关系,内因与外因的关系,教育与发展的关系,年龄特征与个别特点的关系等一系列重大理论问题

(一)先天与后天的关系

人的心理发展是由先天遗传决定的,还是由后天环境、教育决定的?这在心理学界争论已久,在教育界及人们心目中也有不同的看法。本世纪20年代,这个问题曾引起国际心理学界展开了一场激烈的论战。由于这场论战在不分胜负的情况下不了了之,于是此后大部分心理学家就按遗传和环境"二因素"作用观点来解决心理发展的问题。这个平静状态大约保持了25年,然而这个争论又由于詹森(A. Jensen)在1969年发

表关于种族的智力差异观察,强调遗传决定而重新燃起,使已经保持了四分之一世纪休战状态的遗传环境的争论,再一次成为发展心理学家考虑的主要课题。朱老从50年代末开始,一直坚持先天来自后天、后天决定先天的辩证唯物主义观点。首先,他承认先天因素在心理发展中的作用,不论是遗传素质还是生理成熟,它们都是儿童与青少年心理发展的生物前提,提供了这种发展的可能性;而环境和教育则将这种可能性变成现实性,决定着儿童心理发展的方向和内容。朱老不仅提出这个理论观点,而且还坚持开展这方面的实验研究。我对双生子的智力、性格的心理学研究,正是朱老指导的结果,我的研究材料,完全证实了朱老的理论观点。

(二)内因与外因的关系

环境和教育不是像行为主义所说的那样机械地决定儿童心理的发展,而是通过儿童心理发展的内部矛盾而起作用。朱老认为,这个内部矛盾是儿童在实践活动中,通过主客体的交互作用而形成的新需要与原有水平的矛盾。这个矛盾是儿童与青少年心理发展的动力。有关内部矛盾的具体提法,国内外心理学界众说纷纭,国内就有十几种之多。但目前国内大多数心理学家都同意朱老的提法。这是因为在他提出的内部矛盾中揭示了这个问题的实质。他初步解决了"需要"理论、个性意识倾向理论、心理结构(原有水平)理论等一系列的理论问题,同时也涉及儿童与青少年学习积极性、能力发展、品德发展等一系列的实际问题。在发展理论研究上,皮亚杰(J. Piaget)曾列举了心理学史上的各种代表性的观点:一是只讲外因不讲发展的,如英国的罗素(B. Russell);二是只讲内因不讲发展的,如维也纳学派彪勒(K. Buhler&C. Buhler);三是只讲内因、外因作用而不讲发展的,如格式塔学派;四是既讲外因又讲发展的,如联想心理学派;五是既讲内因又讲发展的,如美国桑代克(E. L. Thorndike)的尝试错误学说。皮亚杰则认为他既讲内因、外因作用又讲发展。当然,皮亚杰无疑是一大进步。在这个问题上,朱老不仅是内外因交互作用的发展观,而且提出了心理发展中内因与外因的具体内容,在这个意义上说,应该说是进步,是开拓。

(三)教育与发展的关系

儿童与青少年心理如何发展,向哪儿发展?朱老认为,这不是由外因机械决定的,也不是由内因孤立决定的,而是由适合于内因的一定外因决定的,也就是说,儿童与青少年的心理发展主要是由适合于他们心理内因的那些教育条件来决定的。从学习到心理发展,儿童与青少年心理要经过一系列的量变和质变的过程。他还提出了一个表达方式:

在教育与发展的关系中。如何发挥教育的主导作用?这涉及教育要求的准度问题。

朱老提出，只有那种高于儿童与青少年的原有水平，经过他们主观努力后又能达到的要求，才是最适合的要求。如果苏联维列鲁"文化历史发展"学派提出的"最近发展区"是阐述心理发展的潜力的话，那么朱老的观点则指明了挖掘这种潜力的途径。

（四）年龄特征与个别特征的关系

朱老还指出，儿童与青少年心理发展的质的变化，就表现出年龄特征来。心理发展的年龄特征，不仅有稳定性，而且也有可变性。在同一年龄阶段中，既有本质的、一般的、典型的特点，又有人与人之间的差异性，即个别特点。

当然，对上述四个问题的分析和阐述，在中外发展心理学史上有过不少，但像上述那样统一地、系统地、辨证地提出，这还是第一次，因此，正如有人所指出的，"它为建立中国科学的儿童心理学奠定了基础"（《中国现代教育家传》第3卷，第316页）。

二、强调用系统的观点研究心理学

朱老经常说，认知心理学强调儿童认知发展的研究，精神分析学派强调儿童情绪发展的研究，行为主义强调儿童行为发展的研究，我们则要强调儿童心理整体发展的研究。早在60年代初，在他发表的《有关儿童心理年龄特征的几个问题》（《人民日报》1962年3月13日）一文中，首次提出系统地、整体地、全面地研究儿童心理的发展。他反对柏曼（Belman）单纯地以生理发展作为年龄特征的划分标准，反对施太伦（W. Stern）以种系演化作为年龄特征的划分标准，反对皮亚杰以智力或思维发展作为年龄特征的划分标准。提出在划分儿童心理发展阶段时，主要应该考虑两个方面：一是内部矛盾或特殊矛盾；二是既要看到全面（整体），又要看到重点。这个全面或整体的范围是什么？他认为应包括两个主要部分和四个有关方面。两个主要部分是：认识过程（智力活动）和个性品质；四个有关方面是：心理发展的社会条件和教育条件，生理的发展，动作和活动的发展，言语的发展。朱老的观点在当时为我国心理学界广泛引用，不少心理学家在此基础上写了论文，加以发挥和阐述。

"十年内乱"之后，朱老主张心理学家要学好辨证唯物主义的"普遍联系"和"不断发展"的观点及系统科学（包括所谓的"三论"——系统论、控制论、信息论和"新三论"——耗散结构论、协同论、突变理论）的理论。在他的一篇题为"心理学的方法论问问题"的论文（《北京师范大学学报》，1987年第1期）中，反复阐明整体研究的重要性。其主要观点有：

第一，要将心理作为一个开放的自组织系统来研究。他指出，人以及人的心理都是一个开放的系统，是在主体和客体相互作用下的自动控制系统。为此，在心理学，特别在研究心理发展时，要研究心理与环境（自然的、社会的，尤其是后者）的关系；要研究心理内在的结构，即各子系统的特点，要研究心理与行为的关系；要研究心理活动的组织形式。

第二，系统地分析各种心理发展的研究类型。在对儿童与青少年心理进行具体研究之前，常常由于研究的时间、被试、研究人员以及研究装备等条件的不同，而有不同的研究类型，因此，在研究中应该系统地分析纵向研究与横断研究，个案研究与成组研究，常规研究与现代科学技术相结合的现代化研究，等等。

第三，系统处理结果。心理既有质的规定性，又有量的规定性。心理的质与量是统一的。因此，对心理发展的研究结果，既要进行定性分析，又要进行定量分析，把二者有机结合起来。

朱老自己主要是研究儿童思维的，但他却十分重视非智力因素在儿童思维中的地位和作用。他曾指出，对于儿童思维来说，非智力因素起三个明显的作用，一是动力作用，二是定型（习惯）作用，三是补偿作用。在他指导下，他的不少研究生选择了这个课题的研究，将智力和非智力因素作系统的处理。朱老所主持的国家重点研究项目"中国儿童心理发展特点与教育"就是一项综合性儿童心理发展的系统工程，系统而全面地研究了中国儿童与青少年心理发展的正常值。

三、提出坚持在教育实践中研究具有中国特色的儿童心理学与教育心理学

朱老曾多次富有感情地说："当我们翻开美国儿童心理学与教育心理学，除了引用瑞士心理学家皮亚杰的理论之外，几乎全部是美国自己的研究材料；当我们打开苏联的儿童心理学与教育心理学，书中有一种强烈的俄罗斯民族自豪感，使我们觉得是在'挑战'，似乎唯有他们的研究材料才是最科学的；然而当我们看一下自己的儿童心理学与教育心理学，简直令人惭愧。我们有的研究报告，从设计到结果，几乎全是模仿外国的。如此下去，哪天才能建立起我们自己的儿童心理学与教育心理学。中国的儿童与青少年及其在教育中的种种心理现象有自己的特点，这些特点表现在教育实践中，需要我们深入去研究。"

他指出，坚持在实践中，特别是在教育实践中研究儿童心理学与教育心理学，这是我国心理学前进道路上的主要方向。他反对脱离实际地为研究而研究的风气，主张研究我国儿童从出生到成熟心理发展特点及其规律。他说："中国儿童与青少年，与外国的儿童与青少年有共同的心理特点，即存在着普遍性；又具有其不同的特点，即有其特殊性，这是更重要的。只有我们拿出中国儿童与青少年心理发展的特点来，才能在国际心理学界有发言权。"因此，他致力于领导着"中国儿童心理发展特点与教育"的课题，迎着重重困难，一项一项地突破，填补了许多空白。他主张将儿童心理学与教育心理学的基础理论与应用结合起来研究，也就是说，他不仅提倡在教育实践中研究儿童心理学与教育心理学，而且主张在教育实践中培养儿童与青少年的智力和个性。他积极建议实验教育与教学。我在他的支持下，自1978年开始，开展了"中、小学生

能力发展与培养"的研究,从一个实验班开始,最后发展到全国24省、市、自治区1000多个实验点,并列为国家教委"七五"规划期间的重点科研项目。这样就将心理学的基础理论的研究和应用研究在教育实践中获得了统一。

近年来,"量表"已成为心理学测量的有效工具和手段。朱老反对将智力测验绝对化,但又主张在研究中应有适合中国国情的各种量表,在他的指导与支持下,我们近几年一直以思维品质作为测定个体思维水平的基础,并着手围绕思维品质制定语言(听、说、读、写)能力与数学(运算、空间、逻辑思维)能力的量表,朱老指示我们,要深入实际,搞出中小学教师信服的量表来,一旦被大家公认了,就叫它为"北京师范大学智力量表"。

四、主张组织各方面的人才,融合多学科的知识,来共同研究心理学

朱老赞赏皮亚杰的"国际发生认识论研究中心",认为皮亚杰的杰出贡献给予人们一个启示:今天在科学技术突飞猛进的时代,如果要使儿童心理学与教育心理学有所突破、有所前进,光靠心理学家本身工作是不够的,应该组织交叉学科的人才来共同研究心理学。但他指出,在目前的条件下,集合各类专家来研究心理学是有一定困难的,可是有两个方面是可以做到的,一是组织与心理学有关的多学科专家来研究,例如组织与儿童心理学有关的专家,共同探讨儿童身心发展的问题。在他担任中国儿童发展中心(CDCC)的专家委员时,他积极主张儿童心理学家和其他专家共同探讨儿童身心健康监测等课题。二是心理学专业招收研究生时,适当招收学习其他学科(数学、医学、语言、生物、电子计算机和教育等)对心理学感兴趣的本科生。他指出:心理学的研究队伍应该是一个相当复杂的科学家组织,应该是具备文理知识、既懂理论又会动手的研究集体。把心理学作为一门边缘科学来研究,这是实现我国心理学现代化的一项重要的战略措施。

另一方面,朱老也认为,融合多学科交叉研究心理学,并不排斥一个单位或一个学派有一个统一的学术思想,否则,很难开展步调一致的研究,更不能形成独立的心理学派。

综上分析,有三点是值得我们重视的:

一是朱老是坚持辩证唯物主义的指导思想、坚持理论联系实际的研究方向、坚持洋为中用和古为今用方针政策的典范。他的心理学思想是他长期坚持上述根本研究原则的结果。

二是朱老在学术上有其独特的系统的主张和观点。

1. 这种主张和观点是在反对唯心主义和形而上学的一些心理学派基础上产生的,又在西方的和苏联的心理学中博采众长,广泛地吸收了营养,并且在他自己或他所领导的心理学,特别是儿童心理学与教育心理学的实验研究中加以提炼。

2. 这种主张和观点涉及心理学的研究对象、任务、心理发展的基本理论（或基本规律）、研究方法等一系列的重大理论和实践问题。

3. 这种主张和观点已在朱老自己或他所领衔的大量的论著中表达出来，自成体系，它不仅表现在基础理论上，而且运用这种理论作指导，已获得一大批实验研究和应用研究的成果，且在国内（也逐步扩大于国外）教育界产生了很大的影响。

三是朱老的独特的心理学思想、观点、体系为我国的一个心理学派的建立奠定基础。作为中国心理学家，我们在国际上成百上千的心理学派面前，不能只是采取单纯引用、学习、借鉴的做法，我们应有志气，有能力建立我们自己的学派，且越多越好，这对繁荣我国心理学事业有好处。

朱老的"独树一帜"的心理学思想，说明了我国建立自己的心理学派、体系不是没有条件的。

为了繁荣和发展中国心理科学，我们应该建立自己的各种学派。

在朱老80大寿，暨从教60周年庆祝活动的前夕，我写了这篇小文，一是庆贺朱老为中国的心理学和教育事业作出的贡献，二是希望我国心理学界和教育界涌现出更多的像朱老那样的能就一方面问题成一家之言的专家。

1988年10月

参考文献

[1] 史民德. 对于朱智贤心理学思想的初步研究 [M] //北京师范大学发展心理研究所. 朱智贤教授纪念文集. 北京：北京师范大学出版社，1992.

[2] 黄永言. 朱智贤传 [M]. 北京：人民教育出版社，2000.

[3] 朱智贤. 中国学校教育的新生命 [M] //朱智贤全集（第二卷）：教育研究与方法. 北京：北京师范大学出版社，2002.

[4] 朱智贤. 今日之民众教育者 [M]. 朱智贤全集—第二卷 教育研究与方法. 北京：北京师范大学出版社，2002.

[5] 朱智贤. 一个教育定义的商榷 [M] //朱智贤全集（第二卷）：教育研究与方法. 北京：北京师范大学出版社，2002.

[6] 朱智贤. 论新民主主义教育 [M]. 北京：文光书店，1949.

[7] 朱智贤. 中国教育的新生命 [M]. 朱智贤全集—第二卷 教育研究与方法. 北京：北京师范大学出版社，2002.

[8] 朱智贤. 小学行政新论 [M] //朱智贤全集（第一卷）：中小学教育与心理. 北京：北京师范大学出版社，2002.

[9] 朱智贤. 儿童自治概论 [M] //朱智贤全集（第一卷）中小学教育与心理. 北京：北京师范大学出版社，2002.

[10] 朱智贤. 小学学生出席与缺席问题 [M] //朱智贤全集（第一卷）：中小学教育与心理. 北京：北京师范大学出版社，2002.

[11] 林崇德. 论朱智贤心理学思想 [M]. 北京师范大学发展心理研究所. 朱智贤教授纪念文集. 北京：北京师范大学出版社，1992.

[12] 朱智贤. 朱智贤全集（第四卷）：儿童心理学 [M]. 北京：北京师范大学出版社，2002.

[13] 《中国现代教育家传》编委会. 中国现代教育家传（第三卷）[M]. 长沙：湖南教育出版社，1986.

[14] 朱智贤. 早期教育要贯彻德智体全面发展的方针 [M] //朱智贤全集（第三卷）：心理学基本理论问题. 北京：北京师范大学出版社，2002.

[15] 良泰杨. 暮年壮心：访著名儿童心理学家朱智贤教授 [M] //朱智贤. 朱智贤心理学

文选 [M]. 北京：人民教育出版社，1989.

[16]《幼儿教育》记者. 做幼儿教育的研究者：北京师范大学朱智贤教授一席谈 [M] // 朱智贤. 朱智贤心理学文选. 北京：人民教育出版社，1989.

[17] 朱智贤. 有关儿童智力发展的几个问题 [M] //朱智贤全集（第三卷）：心理学基本理论问题. 北京：北京师范大学出版社，2002.

[18] 朱智贤. 师范学校教学方法之新趋势 [M]. 朱智贤全集（第二卷）：教育研究与方法. 北京：北京师范大学出版社，2002.

[19] 朱智贤. 我对于目前师范学校的几点感想 [M] //朱智贤全集（第二卷）：教育研究与方法. 北京：北京师范大学出版社，2002.

[20] 朱智贤. 师范生参观问题 [M]. 朱智贤全集（第二卷）：教育研究与方法. 北京：北京师范大学出版社，2002.

[21] 朱智贤. 培养合格师资的必由之路 [J]. 师范教育，1985（12）：16-17.

[22] 朱智贤. 中国教育改造的一条新路 [M]. 朱智贤全集（第二卷）：教育研究与方法. 北京：北京师范大学出版社，2002.

[23] 朱智贤. 中国民众教育理论的现状及其去路 [M]. 朱智贤全集（第二卷）：教育研究与方法. 北京：北京师范大学出版社，2002.

[24] 朱智贤. 儿童心理学研究中的若干基本问题 [M] //朱智贤全集（第三卷）：心理学基本理论问题. 北京：北京师范大学出版社，2002.

[25] 朱智贤. 教育研究法 [M] //朱智贤全集（第二卷）：教育研究与方法. 北京：北京师范大学出版社，2002.

[26] 宫异娟. 献给年轻的父母—访著名儿童心理学家朱智贤教授 [M] //朱智贤. 朱智贤心理学文选. 北京：人民教育出版社，1989.

[27] 申继亮，李琼. 从中小学教师的知识状况看师范教育的课程改革 [J]. 课程 教材 教法，2001，21（11）：49-52.

[28] 北京师范大学发展心理研究所. 朱智贤教授纪念文集 [M]. 北京：北京师范大学出版社，1992.

[29]《心理发展与教育》编辑部. 沉痛悼念朱智贤教授 [J]. 心理发展与教育，1991（1）：65-66.

[30] 朱智贤. 给一个小学教师的信 [M]. 朱智贤全集—第二卷 教育研究与方法. 北京：北京师范大学出版社，2002.

[31] 朱智贤. 朱智贤全集（第四卷）：儿童心理学 [M]. 北京：北京师范大学出版社，2002.